見て楽しい!

オールカラー図解

日本史&世界史 並列年表

歴史の読み方研究会

PHP研究所

はじめに Introduction

現代の日本人にとって国内と海外との「距離」は、どれほどのものだろう。大リーグで日本人選手が活躍する様子は、国内のプロ野球情報と同様に報道されている。多くの人にとって、世界は日常と連続した場所となりつつあるようだ。これほど世界が身近になったのは近年のことで、歴史を遡《さかのぼ》れば海外は危険を冒して赴く遠い場所だった。そして日本史と世界史とは、とくに学校で学ぶ場合には別個に語られた。

世界と日本は遠かったとはいっても、歴史が隔絶されていたわけではない。ご存じの通り織田信長が戦術に採り入れた鉄砲は、ポルトガル人が日本に伝えたものである。背景には大航海時代のヨーロッパでの、ポルトガルとスペインの拡大競争があった。日本史の教科書で語られるのはここまでだろうが、当然その前後の歴史もある。当時、ヨーロッパで覇権を握っていたスペイン王国の成立は、カスティリャとアラゴン両王国の王女と王子との大恋愛に遡る。また、鎖国下の日本と交易を続けたオランダは、このスペインから独立した国家である。日本史では触れられない国家の興亡も、日本に影響を与えているのだ。

一方、世界史の中では日本に割くページ数が限られる。たとえば元軍が日本への侵攻に失敗した事件では、迎え撃った執権北条時宗が早世してしまうところまでは言及されない。日本と世界、常に影響し合いながら進行している歴史を対比して見ることで、因果関係がよりよくわかるのではないだろうか。

本書では、同時代の日本と世界の出来事をひと目で捉《とら》えられるように、日本史と世界史の年表を上下に並列で配置した。これにより、「聖徳太子の政治」と「ムハンマドによるイスラーム教の成立」が、ともに七世紀前半だったというような、事実の意外な同時代性を発見できる内容とした。また、各時代の事件や人物にまつわるエピソードも、併せて紹介している。対応する年表と文章との双方に番号を付したので、それぞれに参照しながら時代を味わって頂きたい。軸となる時代の流れを年表で追いつつ、スポーツの実況中継と副音声中継の両方を聞くように楽しみながら、日本史と世界史、双方の流れを俯瞰《ふかん》して頂けたら幸いである。

歴史の読み方研究会

［オールカラー図解］日本史＆世界史並列年表

―目次―

はじめに

序章　アフリカに生まれた人類は世界に拡大し文明を築き上げる［歴史のあけぼの］

【～紀元前1世紀】日本で稲作と弥生文化が始まった頃、アレクサンドロス大王が東征を行う……8
【1～2世紀】奴国の王が金印を授かった頃、イェルサレムでイエスが磔刑に……10
【3世紀】卑弥呼が魏に使いを送った頃、ヴァレリアヌス帝がシャープール一世に捕まる……11
【4世紀】日本で仁徳天皇が活躍していた同じ頃、ローマでキリスト教が公認される……12
【5世紀】倭王武、宋に遣使。同じ頃、アッティラが西ヨーロッパに侵攻……13
コラム　文化のあけぼの　各地ですぐれた哲学が生まれ、世界宗教が拡大！　日本には論語とともに漢字がようやく伝わった！……14

第1章　三大宗教が人々の生活に浸透し、日本では仏教文化が開花する［古代］

【6世紀】磐井が大和朝廷に反旗を翻した頃、ユスティニアヌス帝がハギア・ソフィア大聖堂を建設……18
【7世紀前期】聖徳太子が摂政として活躍していた頃、ムハンマドによりイスラーム教が成立……20
【7世紀中期】中大兄皇子らが蘇我入鹿を討った頃、玄奘、インドから唐に経典を持ちかえる……22
【7世紀後期】大海皇子が壬申の乱に勝利！　ちょうどその頃、ムアーウィアが「ギリシア火」に苦戦……24
【7世紀後期】持統天皇が藤原京遷都を敢行した頃、中国で女帝則天武后が即位……26
【8世紀前期】長屋王の変が起きた頃、カール・マルテルがイスラーム勢力を撃破……28
【8世紀後期】平安京遷都。ちょうどその頃、カール大帝が異民族との戦いに奔走……30
【9世紀前期】最澄が天台宗を、空海が真言宗を開く。その頃、ジャヤヴァルマン二世がカンボジアを統一……32
【9世紀後期】藤原良房が太政大臣に就任した頃、唐で黄巣の乱がおこる……34

【10世紀前期】菅原道真が大宰府に左遷された頃、ヴァイキング・ロロがノルマンディー公国を建国 …… 35
【10世紀中期】平将門の乱で日本が揺れる。その頃、世界では神聖ローマ帝国が成立 …… 36
【10世紀後期】清少納言が『枕草子』を書いていた頃、パリ伯ユーグ・カペーがカペー朝を開く …… 37
【11世紀前期】日本で藤原氏が栄華を誇る。同じ頃、クヌートが北海帝国を成立 …… 38
コラム 宗教が政権と結びつき、壮麗な建築や崇拝の対象となる彫刻などの偶像が権力者によって世界各地で造られる 古代の文化 …… 40

第2章 モンゴルの席捲を挟み、日本で武士支配、ヨーロッパで王権支配の確立へ向かう［中世］

【11世紀中期】源氏の台頭。その頃、「カノッサの屈辱」がおきる …… 44
【11世紀後期】白河上皇の院政開始。同じ頃、第一回十字軍が結成される …… 46
【12世紀前期～中期】平清盛、平治の乱を制す。その頃、サラディンがアイユーブ朝を創始 …… 48
【12世紀後期】鎌倉幕府の成立と同じ頃、第三回十字軍の遠征 …… 50
【13世紀前期】承久の乱がおこる。その頃、イギリスでマグナ・カルタ制定 …… 52
【13世紀後期】日本が元寇に揺れた頃、イギリスでシモン・ド・モンフォールが議会を召集 …… 54
【14世紀前期】室町幕府が成立。その頃、ヨーロッパではペストが大流行 …… 56
【14世紀後期】足利義満によって南北朝統一。同じ頃、ティムールが大帝国を築く …… 58
【15世紀前期】尚巴志が琉球王国を建国。その頃、ジャンヌ・ダルク、オルレアンを解放 …… 60
コラム 日本で武家社会のもと、写実的な芸術が発達する一方、イスラーム社会では抽象的なアラベスクが展開した 中世の文化 …… 62

第3章 再統一された日本が鎖国をしている間に、ヨーロッパ諸国の世界進出が始まる［近世］

【15世紀中期】応仁の乱で日本が荒廃。同じ頃、英仏百年戦争が終結 …… 66

【15世紀後期】北条早雲、小田原城を奪取。その頃、コロンブスはアメリカに到達する……68
【16世紀前期】日本に鉄砲伝来！　その頃、ピサロがインカ帝国を征服……70
【16世紀中期】武田信玄と上杉謙信が激闘を繰り広げていた頃、カール五世がルター派を容認……71
【16世紀後期】織田信長が本能寺の変に倒れる。その頃、スペインの無敵艦隊がイギリスに大敗……72
【17世紀前期】徳川家康が関ヶ原の戦いに勝利した頃、シェークスピアが『ハムレット』を執筆……74
【17世紀中期】島原の乱がおこる。その頃、ガリレオは地動説を放棄……76
【17世紀後期】生類憐みの令が出される。その頃、ルイ一四世が莫大な費用をかけてヴェルサイユ宮殿を建設……78
【18世紀前期】日本で享保の改革が始まる。その頃、ピョートル一世がペテルブルクを建設……80
【18世紀後期】寛政の改革が行なわれていたのと同じ頃、フランス革命が勃発……82
【18世紀後期】ロシアのラクスマン、日本に来航。その頃、ロベスピエールの恐怖政治が始まる……84
【19世紀前期】日本が天保の大飢饉で苦しんだ頃、清ではアヘン戦争がおこる……85
コラム　日本では文化の担い手が、大名から商人、庶民へと移っていったが、ヨーロッパでは芸術の擁護者が、富裕商人から絶対君主へと移っていった　近世の文化……86

終章　科学技術が進歩し緊密になった世界は、対立と衝突を繰り返す【近現代】

【19世紀中期】ペリーが浦賀に来航！　その頃、洪秀全が太平天国を建国……90
【19世紀後期】戊辰戦争がおこる。その頃、ヨーロッパではドイツ帝国が成立……91
【20世紀前期】東郷平八郎がバルチック艦隊を壊滅させる。その頃、アインシュタインが相対性理論を発表……92
【20世紀中期～後期】真珠湾攻撃と同じ頃、独ソ戦が進行する……93
コラム　科学技術の急速な発展により、人間観・世界観が変革し、マスメディアが芸術・文化の市場を作った　近現代の文化……94

序章 歴史のあけぼの

Prehistoric Times
- the 5th century

中国史

前5000頃	仰韶文化
前1600頃	殷王朝成立
前1050頃	周、華北を統一
前770～前221	春秋・戦国時代
前221	秦、始皇帝の中国統一
前202	前漢、劉邦の中国統一
25	後漢、光武帝が建国
220	後漢滅亡。三国時代へ
280	西晋、呉を滅ぼし中国統一
4C	五胡十六国／東晋
439	北魏、華北を統一 南北朝時代

日本史

前1万頃	縄文文化
前400頃	弥生文化
57	奴国王、後漢に遣使 金印を授かる
239	卑弥呼が魏に遣使
316	仁徳天皇が税を免除
478	倭の武王、南朝の宋へ遣使

南アジア史

前2300頃	インダス文明
前563頃	ガウタマ・シッダールタ生誕
前5C頃	仏教の成立
前317頃	マウリヤ朝成立
前1C	サータヴァーハナ朝成立
前45頃	クシャーナ朝成立
320頃	グプタ朝成立

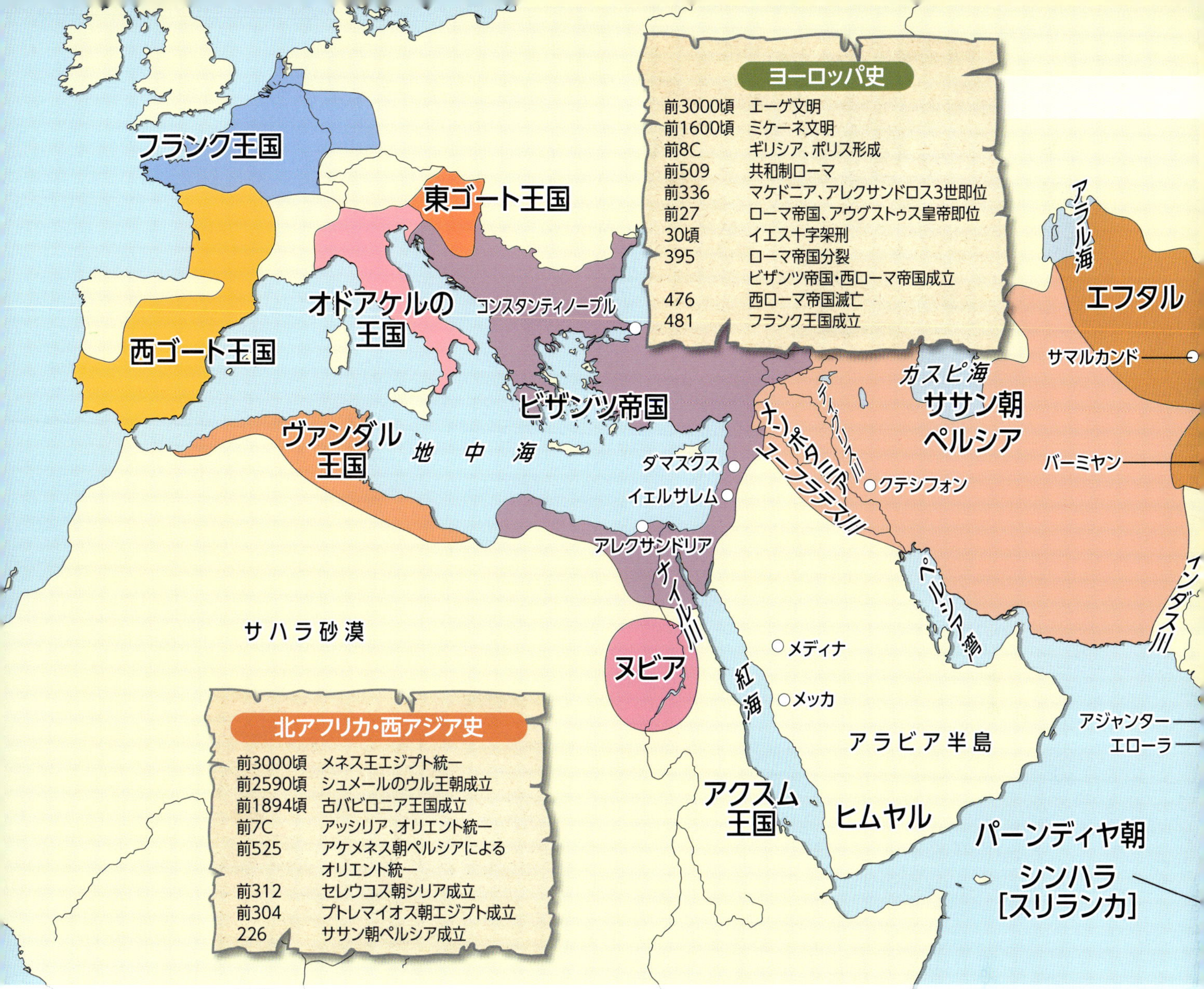

ヨーロッパ史

前3000頃	エーゲ文明
前1600頃	ミケーネ文明
前8C	ギリシア、ポリス形成
前509	共和制ローマ
前336	マケドニア、アレクサンドロス3世即位
前27	ローマ帝国、アウグストゥス皇帝即位
30頃	イエス十字架刑
395	ローマ帝国分裂 ビザンツ帝国・西ローマ帝国成立
476	西ローマ帝国滅亡
481	フランク王国成立

北アフリカ・西アジア史

前3000頃	メネス王エジプト統一
前2590頃	シュメールのウル王朝成立
前1894頃	古バビロニア王国成立
前7C	アッシリア、オリエント統一
前525	アケメネス朝ペルシアによるオリエント統一
前312	セレウコス朝シリア成立
前304	プトレマイオス朝エジプト成立
226	ササン朝ペルシア成立

アフリカに生まれた人類は世界に拡大し文明を築き上げる

大河流域に生まれた四大文明

最古の人類は、アフリカで発掘された五〇〇万年前の猿人とされる。原人《げんじん》、旧人《きゅうじん》を経て、四万年前に新人《しんじん》が現れる。

狩猟・採集を生活の基盤とした旧石器時代ののち、人類は紀元前数千年頃までに、牧畜・農耕を開始。やがてティグリス・ユーフラテス川、ナイル川、インダス川、黄河の四大河流域を中心に定住、高度な文明を築いた。

オリエント文明にやや遅れて地中海に栄えたエーゲ文明は、オリエント文明と融合してヘレニズム文明へと昇華し、ローマ帝国に受け継がれる。

文明の発展に伴い、前六世紀にはインドで仏教が、一世紀にはローマ帝国下でキリスト教が誕生し、のちに世界宗教へと成長していった。

前二二一年に秦《しん》により統一を見た中国では、代わって前三世紀末から約四〇〇年間、漢《かん》が大帝国を築いた。

四世紀になると、中国の混乱に乗じて北方民族が南下し、長江《ちょうこう》を挟んで北朝《ほくちょう》と南朝《なんちょう》が並立することとなる。またヨーロッパではゲルマン民族が大移動を始め、ローマ帝国を崩壊させ、西ゴート王国など、ヨーロッパ各地にゲルマン諸族の国家が誕生した。

歴史の舞台に登場した日本

日本では、一万二〇〇〇年前に縄文時代が始まる。稲作が伝来したのち、弥生時代を経て、一世紀、後漢の史書に「倭」として登場。以後、小国が分立していたが、三世紀、卑弥呼《ひみこ》の邪馬台国《やまたいこく》が台頭し、四世紀には大和《やまと》朝廷が統一を進めた。

YEAR SCALE

BC 2万年 / BC 5000年 / BC 3000年 / BC 1000年 / BC 800年

～紀元前1世紀

日本で稲作と弥生文化が始まった頃、アレクサンドロス大王が東征を行う

この時代の日本史

●紀元前1万6000年頃
旧石器時代
この頃、港川人が活動する。

1 紀元前1万年頃
縄文土器が出現、弓矢が使われ始めるなど、縄文文化が成立する。

2 紀元前5500年頃～4000年頃
青森県三内《さんない》丸山で縄文人が生活を送る。

復元された三内丸山遺跡

1 縄文クッキーは文様つき

縄文人は、製粉とアク抜きの技術を得ており、トチやドングリなど硬い木の実もクッキー状にして食料とした。

さらに山形県押出《おんだし》遺跡からは、スタンプで文様がつけられたクッキーが出土している。縄文人は、食の楽しみを知っていたのである。

2 「縄文」「弥生」の名の由来

縄文土器は、当初「索文《さくもん》土器」と呼ばれたが、縄によって文様がつけられていたことから、のちに「縄文」となった。

弥生土器は、発見された東京の弥生町（現・文京区弥生）にちなんで命名された。いずれも、土器の名が時代の呼称となった。

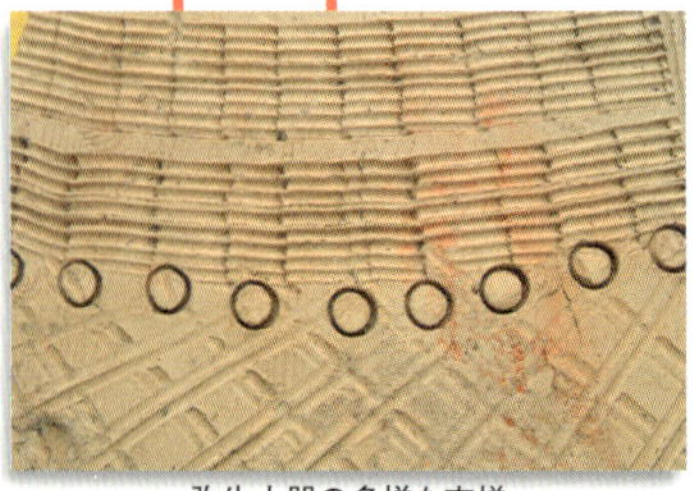
弥生土器の多様な文様

この時代の世界史

●紀元前3500年頃
メソポタミアでシュメール人の都市国家がおこる。
（→メソポタミア文明の始まり）

1 紀元前1700年頃
メソポタミアでハンムラビ法典が定められる。

●紀元前1363年頃
ツタンカーメンが古代エジプト第18王朝の王となる。

●紀元前1050年頃
中国で周の武王が殷を滅ぼす。

●紀元前753年
伝説上でローマ建国される。

1 公正だったハンムラビ法典

「目には目を」で知られるハンムラビ法典は、残酷と思われがちだが、復讐は当事者のみで、同じレベルまでと限定されている。復讐がエスカレートしたり、家族や部族にまで累がおよんだりすることを戒めていたのだ。

2 ペルセポリス放火の真相とは？

アレクサンドロス大王は、占領したペルシアの都ペルセポリスを炎上させた。その理由は、ペルシア戦争で、ギリシア諸都市が燃やされたことへの復讐、自分に服従しないペルシア人への懲罰、酒の席で遊女にそそのかされたなど諸説ささやかれるが、判然としない。

世界遺産に登録されているペルセポリス遺跡

BC500年　BC400年　BC300年　BC200年　BC100年

●紀元前700年頃
東北地方で亀ヶ岡文化が栄え、遮光器土偶が作られる。

3 紀元前400年頃
稲作が伝わり、この頃から弥生文化が始まる。
貧富の差が生まれるとともに争いが始まり、各地に環濠集落が造られる。

●紀元前300年頃
九州北部と北海道に鉄器、九州北部に青銅器が伝わる。

●紀元前3〜4世紀頃
吉野《よしの》ヶ里《がり》に大規模な環濠集落ができる。

吉野ヶ里遺跡

3 集団同士の争いを示す環濠集落

福岡県の板付《いたづけ》遺跡などは、周囲に濠を巡らせた環濠《かんごう》集落になっている。これは敵の侵入を防ぐためで、弥生時代には、すでに集落間の戦いがあった証拠である。

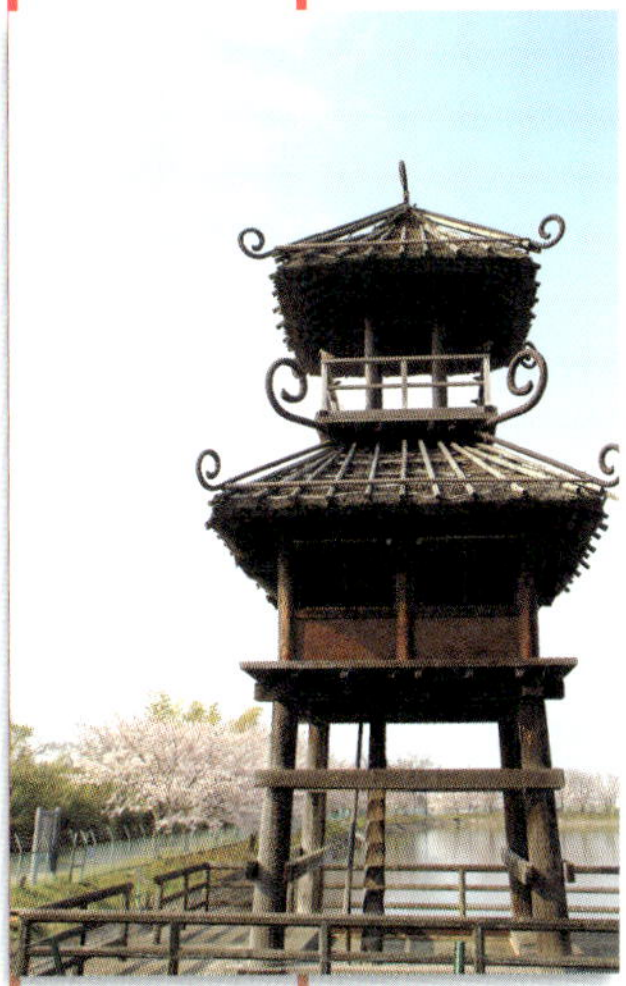
唐古・鍵遺跡の楼閣

代表的な環濠集落

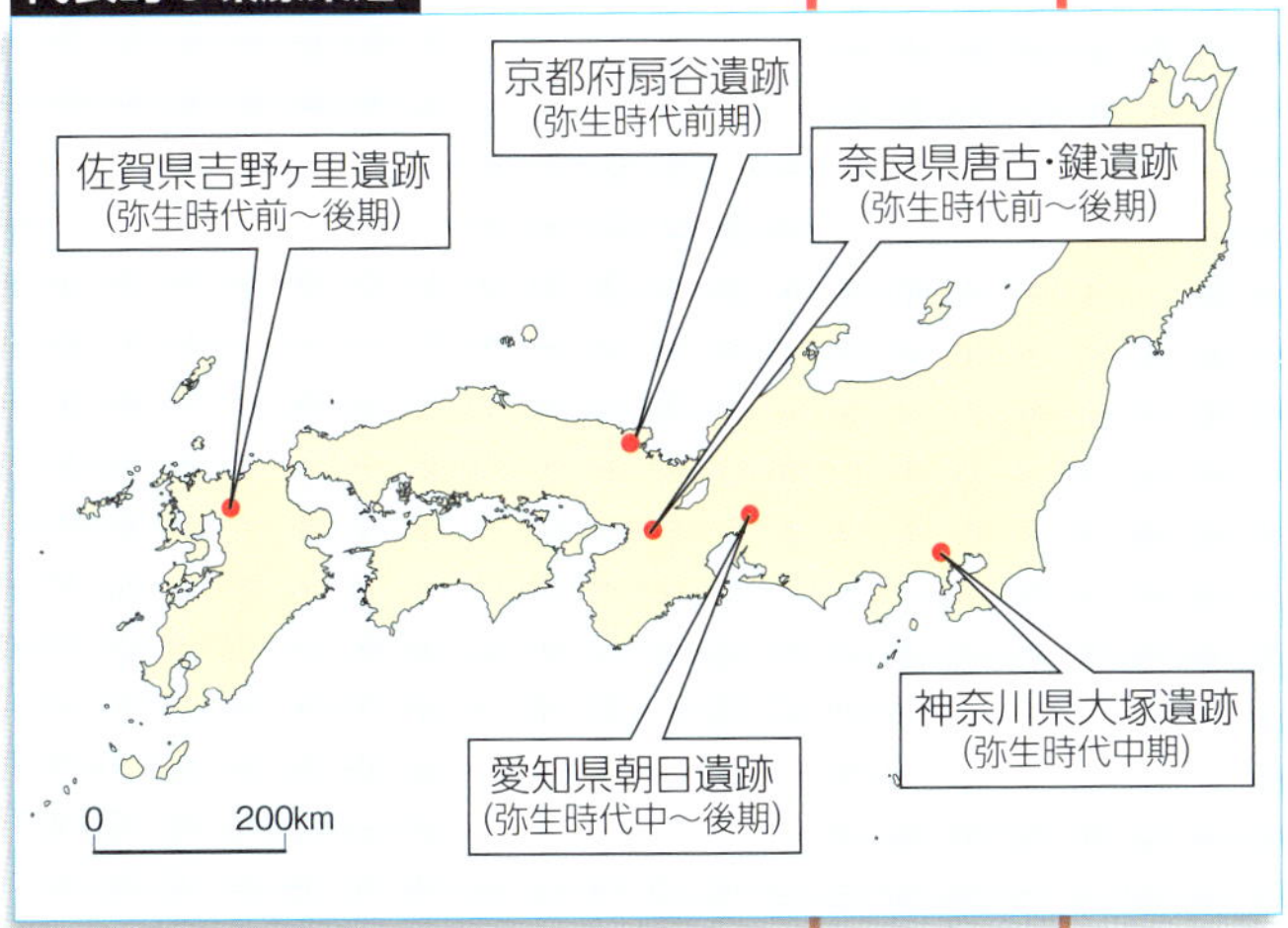
京都府扇谷遺跡
(弥生時代前期)
佐賀県吉野ヶ里遺跡
(弥生時代前〜後期)
奈良県唐古・鍵遺跡
(弥生時代前〜後期)
神奈川県大塚遺跡
(弥生時代中期)
愛知県朝日遺跡
(弥生時代中〜後期)
0　200km

●紀元前525年
アケメネス朝ペルシア、オリエントを統一する。

●紀元前500〜449年
ペルシア戦争（490年：マラトンの戦い）。

●紀元前486年頃
インドで第一回仏典結集が行なわれる。

2 紀元前334〜324年
マケドニアのアレクサンドロス大王、東征を行なう。

3 紀元前221年
秦《しん》の始皇帝《しこうてい》、中国を統一する。

●紀元前202年
前漢の劉邦《りゅうほう》が中国を統一する。

●紀元前154年
中国で呉楚七国の乱が勃発する。

●紀元前73〜71年
ローマでスパルタクスの乱がおこる。

●紀元前44年
カエサル、暗殺される。

●紀元前31年
オクタヴィアヌス、アクティウムの海戦に勝利する（→紀元前27年、ローマ、帝政に移行）。

アレクサンドロス大王の帝国

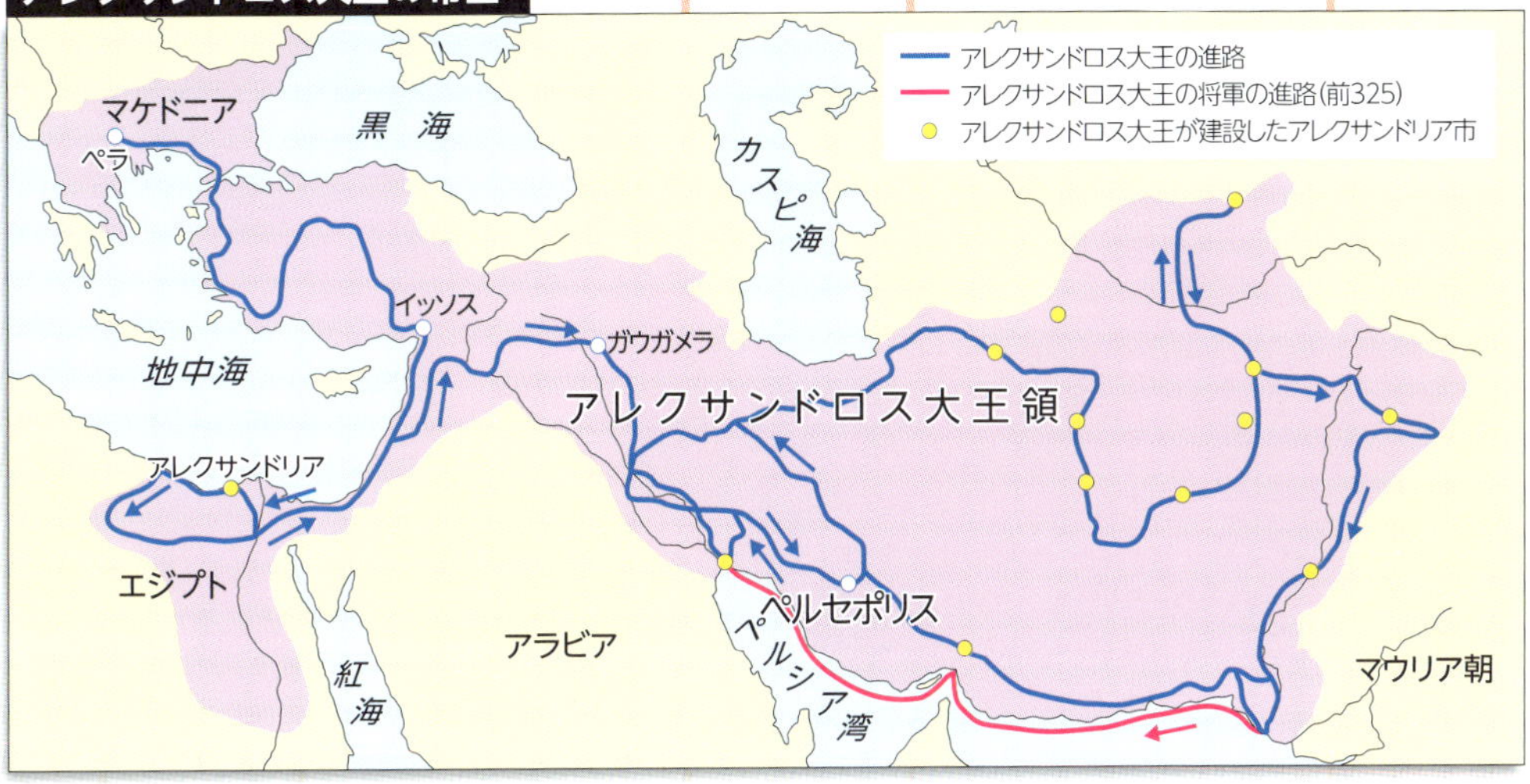
アレクサンドロス大王の進路
アレクサンドロス大王の将軍の進路(前325)
アレクサンドロス大王が建設したアレクサンドリア市
マケドニア
ペラ
黒　海
カスピ海
イッソス
ガウガメラ
地中海
アレクサンドロス大王領
アレクサンドリア
エジプト
ペルセポリス
アラビア
紅海
ペルシア湾
マウリア朝

3 始皇帝は秦の王族ではない？

始皇帝は、秦の荘襄王《そうじょうおう》の子であるが、実の父親は豪商呂不韋《りょふい》だったという。呂不韋は、荘襄王の人質時代からのパトロンで、自分の愛妾をも譲り渡している。このとき愛妾《あいしょう》は、すでに呂不韋の子を身ごもっていたというのである。

1~2世紀

奴国の王が金印を授かった頃、イェルサレムでイエスが磔刑に

1 1年頃
『漢書』地理志、倭国からの遣使を記し、倭国は百余国に分かれると伝える。

2 57年
倭の奴国王、後漢に遣使し、光武帝より「漢委奴国王」の金印を授かる。

● 107年
倭国王帥升《すいしょう》、後漢に生口《せいこう》(奴隷)一六〇人を献上する。

1 147年頃〜189年頃
『後漢書』東夷伝、倭国大乱と記す。

金印の石碑

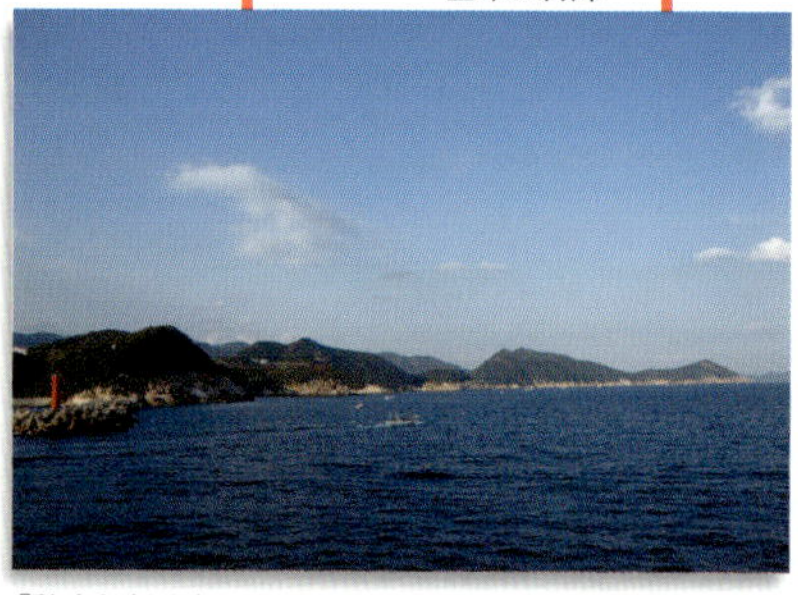

『魏志』倭人伝には邪馬台国への旅程が記されている

この時代の日本史

1 日本が初登場する中国の史書は?

中国では、王朝が「正史《せいし》」として公式な歴史書を著した。確実に日本と思われる「倭国《わこく》」が最初に登場するのは『漢書《かんじょ》』地理志で、『後漢書《ごかんじょ》』東夷伝《とういでん》、『三国志《さんごくし》』の中の『魏志《ぎし》』倭人伝《わじんでん》と続く。

2 金印の蛇鈕が示すものとは?

後漢の光武《こうぶ》帝が奴国に与えた「漢委奴国王《かんのわのなのこくおう》」の金印には、蛇の形のつまみ(鈕《ちゅう》)がついている。鈕には、ほかに動物型、ただのブリッジ型など数種類あり、立場や身分によって区別され与えられた。後漢の頃は、北方民族にはラクダ、南方民族には蛇の鈕が与えられた。

● 8年
王莽《おうもう》が前漢を滅ぼし、新《しん》を建国する。

● 25年
劉秀《りゅうしゅう》(光武帝)が新を滅ぼし、後漢を建てる。

1 30年頃
イエス、イェルサレムで処刑される。

2 79年
ヴェスヴィオ火山が噴火し、ポンペイが埋没する。

● 96〜180年
ローマ、五賢帝時代。

● 105年
蔡倫《さいりん》、製紙法を発明する。

● 150年頃
大乗仏教が興る。

● 166年
大秦国王安敦《あんとん》(ローマ皇帝マルクス・アウレリウス・アントニヌス)の使者、後漢に来朝する。

● 184年
中国で黄巾《こうきん》の乱が勃発する。

この時代の世界史

1 イエスは処刑されていなかった?

イエスは、ゴルゴダの丘で磔刑《たっけい》に処されたとされる。だが民間伝承には、十字架にかけられたのはイエスではなく、別の人物だったという説もある。

2 時を止めたポンペイ

ヴェスヴィオ火山の噴火により火山灰の下に埋もれたポンペイは、一八世紀になってようやく発掘された。

ポンペイ遺跡

3 世紀

卑弥呼が魏に使いを送った頃、ヴァレリアヌス帝がシャープール一世に捕まる

この時代の日本史

●200年頃
卑弥呼が邪馬台国の女王となる。また、この頃から古墳文化が始まる。

卑弥呼像

1 239年
卑弥呼が魏の皇帝に使いを送り、「親魏倭王」の称号と金印、銅鏡を授与される。

●247年
卑弥呼が狗奴《くな》国王卑弥弓呼《ひみここ》と戦う。

●248年頃
卑弥呼没し、男王が立つが国内は治まらず、娘の壱与《いよ》が王となる。

●266年
倭の女王、晋に遣使する。

1 『日本書紀』の卑弥呼

日本初の正史『日本書紀《にほんしょき》』では、朝鮮への遠征伝説を持つ神功皇后《じんぐうこうごう》紀に、『魏志』倭人伝の卑弥呼にまつわる記述の引用が見られる。

この点から当時卑弥呼は神功皇后に擬せられていたのではないか、という説がある。

卑弥呼の墓と伝わる箸墓古墳

1 魏が卑弥呼を厚遇した理由

二三八年、それまで倭と密接な関係にあった公孫《こうそん》氏を、魏が滅ぼした。そのため倭は、魏に対して敵意はないと示す必要が生じた。魏の側も、卑弥呼に「倭王」の称号を与えておけば、朝鮮半島の韓族や呉を牽制できる。そこには互いの外交戦略があった。

この時代の世界史

●208年
赤壁《せきへき》の戦いで孫権《そんけん》が曹操《そうそう》を破る。

赤壁

●220年
中国で魏《ぎ》が建国され、三国時代に突入する。

●226年
ササン朝ペルシア、建国される。

1 260年
ササン朝ペルシア、エデッサの戦いでローマ皇帝ヴァレリアヌスを捕虜とする。

●265年
司馬炎《しばえん》、魏《ぎ》を滅ぼし晋《しん》（西晋）を建国する。

1 乗馬の踏み台にされた皇帝

ササン朝ペルシアのシャープール一世は、捕まえたローマ皇帝ヴァレリアヌスを跪《ひざまず》かせ、その背中を踏んで馬に乗り降りしたと伝えられる。それまで戦死を遂げたローマ皇帝はいたが、生きて捕囚《ほしゅう》の身となったのはヴァレリアヌスが最初であり、軍人皇帝時代の弱体化したローマを象徴する出来事である。

シャープール1世と跪くヴァレリアヌス帝のレリーフ

4 世紀

日本で仁徳天皇が活躍していた同じ頃、ローマでキリスト教が公認される

この時代の日本史

壱与の遣使以降、倭の記録が途切れる。

1 316年
仁徳天皇が民衆の税を三年間免除する（『日本書紀』）。

●4世紀前半
巨大な前方後円墳が数多く造営される。

仁徳天皇陵とされる大山古墳

●369年
倭、朝鮮に出兵し、伽耶《かや》（任那《みまな》）諸国を支配下に入れる。百済《くだら》王の世子、倭国に七支刀《ななしとう》（石上神宮の神宝）を贈る。

●391年
倭、高句麗《こうくり》と戦う。

1 聖帝を悩ませた皇后の嫉妬

『日本書紀』と『古事記』が記す仁政で知られる仁徳《にんとく》天皇だが、多情家という一面もあった。そのため皇后磐之媛《いわのひめ》は、寵姫《ちょうき》たちの行動を見張っては地団駄《じだんだ》を踏んだり、故郷に帰ろうとした寵姫を船から降ろして陸路を歩かせたりと、激しく嫉妬した。

月岡芳年による『大日本史略図会　第十五代神功皇后』。七支刀は神功皇后の時代に百済から贈られたといわれている

この時代の世界史

●304～439年
中国、五胡十六国《ごこじゅうろっこく》時代に突入する。

1 313年
ミラノ勅令により、ローマ帝国でキリスト教が公認される。

●317年
司馬睿《しばえい》により東晋建国される。

●376年
西ゴート族が移動を開始し、ゲルマン民族の大移動始まる。

2 383年
淝水の戦いで前秦の苻堅が大敗を喫する。

●386年
華北で北魏が建国される。

●395年
ローマ帝国、東西に分裂する。

●399年
法顕、グプタ朝が支配するインドに至る。

1 キリスト教公認のきっかけ

コンスタンティヌス一世はローマ古来の神々を信仰していた。

三一二年、マクセンティウスと雌雄を決したローマ郊外のミルウィウス橋の戦いで、中空に十字架の幻を見たことから、キリスト教に改宗したと伝えられている。

ミルウィウス橋の戦い

2 アダとなった名君の理想主義

中国北部に乱立した五胡の中でも名君と謳われた前秦《ぜんそう》の苻堅《ふけん》は、降伏した敵でも重用してきたが、淝水《ひすい》の戦いではこれが裏目に出た。指揮系統の乱れと裏切りのため、軍は大敗を喫した。

5 世紀

倭王武、宋に遣使。同じ頃、アッティラが西ヨーロッパに侵攻

この時代の日本史

●413年
倭国、東晋に遣使する。

●421年
倭王讃《さん》、中国南朝の宋に遣使する。

●438年
倭王珍《ちん》、中国南朝の宋に遣使し、「安東《あんとう》将軍 倭国王」となる。

●443年
倭王済、宋に遣使し、「安東将軍 倭国王」となる。

●451年
倭王済《せい》、「使持節《しじせつ》 都督《ととく》倭・新羅・任那・加羅・秦韓・慕韓六国諸軍事 安東大将軍 倭王」となる。

●462年
倭王の世子興《こう》、「安東将軍 倭国王」となる。

1 478年
倭王武、宋に遣使し、「使持節 都督倭・新羅・任那・加羅・秦韓・慕韓六国諸軍事 安東大将軍 倭王」となる。

1 一晩に七回……。絶倫の天皇

中国の南朝に使いを送った倭の五王のひとり「武《ぶ》」は、雄略《ゆうりゃく》天皇と比定される。『日本書紀』において天皇は、ある女性との関係について、臣下から「一晩に何回なさったのですか?」と尋ねられ、「七回だ」と答えたほどの絶倫ぶりだったという。

稲荷山古墳

雄略天皇と思しき名が記された稲荷山古墳出土の鉄剣

この時代の世界史

●420年
中国南朝の東晋滅亡し、宋興る。

●431年
エフェソス公会議が行なわれる。

●439年
北魏、華北を統一する。

1 451年
フン族のアッティラ、カタラウヌムの戦いに敗れる。

●476年
オドアケルにより、西ローマ帝国滅亡する。

●479年
宋滅亡し、斉興る。

●481年
フランク王国が建国される。

●496年
フランク王国のクローヴィス、キリスト教アタナシウス派に改宗する。

1 フン族の王、結婚初夜に死す

アッティラは何人めかの妻を迎え、結婚の儀の宴で大酒を飲んだ翌朝、寝所で死んでいた。荒淫の挙句の急死だと考えられる。

フン族の侵攻と民族大移動

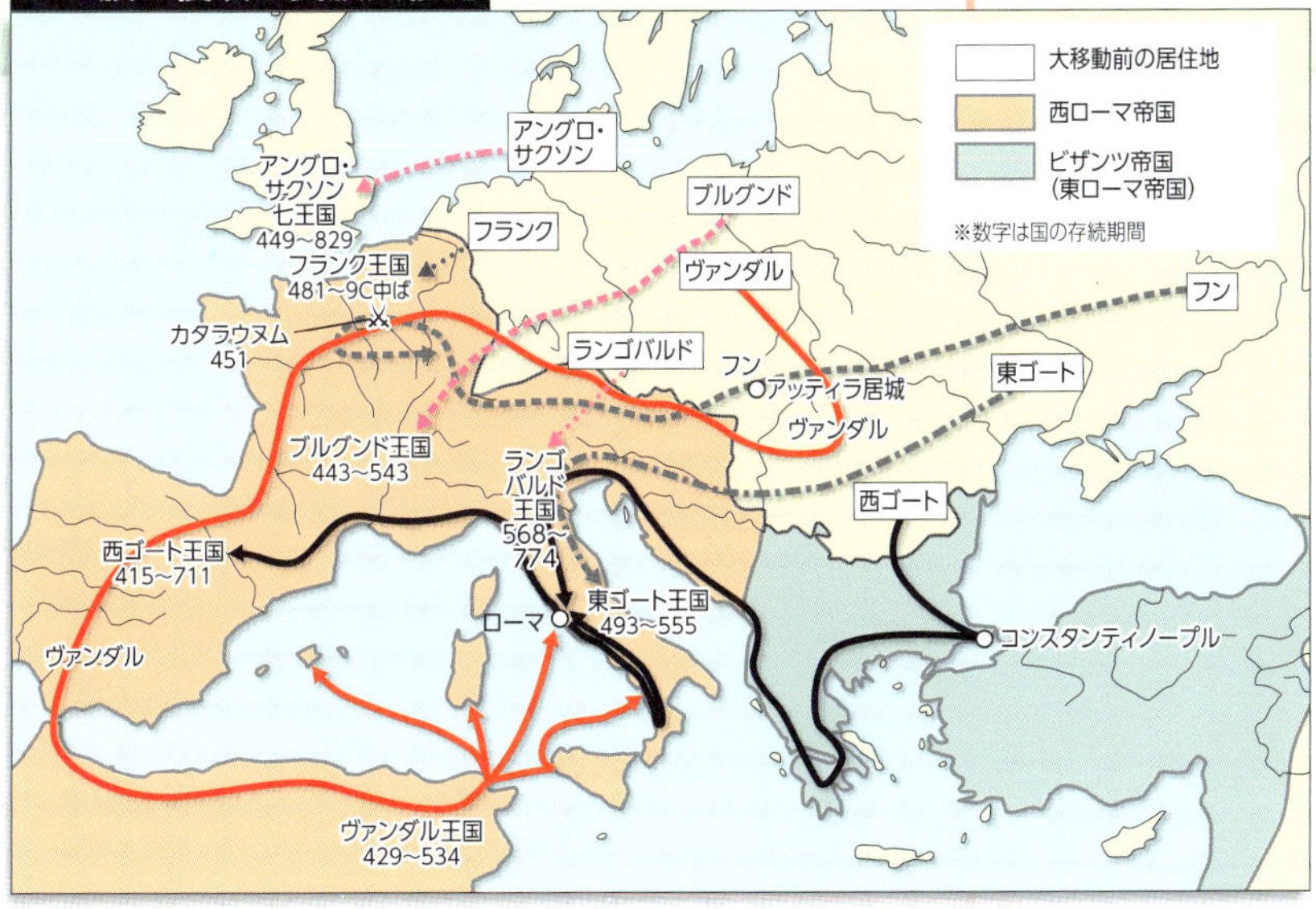

生まれ、世界宗教が拡大！
漢字がようやく伝わった！

中国の文化

仰韶文化	黄河流域に始まった新石器文化
殷王朝	甲骨文字の使用
春秋時代	孔子　儒教の祖
春秋・戦国時代	諸子百家　学術思想が発達した

漢	儒教		武帝時代に官学化、董仲舒《とうちゅうじょ》の献策
漢	宗教		仏教伝来
漢	史書	『史記』	司馬遷が、黄帝から武帝までを紀伝体で著した
漢	科学	製紙法	後漢の宦官蔡倫が発明
魏晋南北朝	文芸	詩	陶淵明『帰去来辞』
魏晋南北朝	芸術	書	王羲之
魏晋南北朝	芸術	絵画	顧愷之『女史箴図』
魏晋南北朝	宗教	仏教	石窟寺院　雲崗、竜門
魏晋南北朝	宗教	道教	老荘思想

前3000年頃、黄河流域に定住が始まり、やがて天命を受けたとされる王が支配する都市国家が発生する。かつては黄河流域が中国文明の唯一の源流と考えられていたが、長江流域からも黄河流域に匹敵する遺跡が次々に発掘されている。

中国における青銅器文化の開始は殷代初期で、製法は西アジアからもたらされたという説もある。鉄器は、春秋・戦国時代に普及し、農具などに用いられた。春秋・戦国時代には、孔子をはじめ多くの思想家が生まれた。孔子が始めた儒教は、漢代に公認の学問とされた。仏教の伝来も漢代である。

兵馬俑出土の軍陣

日本の文化

BC1万〜BC1000 [縄文時代]	縄文式土器	縄文時代は約1万年続き、土器にも時代の変遷に伴い様々な形態や文様のものが発掘されている
BC2000〜BC1000 [縄文後期]	土偶	生殖に関する人体部分だけを強調したものから、顔面を強調したハート型、晩期のゴーグルを着けたような遮光器型へと変遷した
BC300頃 [弥生中期]	青銅器	銅矛《ほこ》・銅戈《か》が北九州に、銅鐸《たく》が近畿に分布
3世紀 [古墳前期]	出雲大社本殿	本殿は数十メートル、高層建築物だったと見られる。これを裏付ける、巨木3本を束ねた柱の遺構が発見された
369 [古墳中期]	七支刀（石上《いそのかみ》神宮）	「百済王世子が倭王に贈った」と刻まれている。文字の普及がうかがえる
5世紀 [古墳中期]	埴輪	まず円筒、家形埴輪が古墳の周囲に並べ立てられ、5世紀には動物、人物など形象埴輪が現れる

縄文時代には装飾された土器が造られ、土偶や死者の屈葬などに、宗教の起源が見られる。縄文時代末期に稲作が大陸から伝わり、続く弥生時代には、米などの貯蔵用と考えられる壺形土器が多く見られるようになった。また金属器が大陸から伝わり、鉄器は農具に、青銅器は祭祀に使われた。

庶民は平安初期まで竪穴式住居に住む一方、出雲大社本殿のような高層構造物を建設する技術を持っていた。文字は4〜5世紀に百済の王仁によって『論語』とともに漢字が伝来した。

人型埴輪

コラム 文化のあけぼの

各地ですぐれた哲学が日本には論語とともに

オリエント・インドの文化

		宗　教	文　字	文　化
オリエント	エジプト	多神教	神聖文字（ヒエログリフ）、神官文字、民衆文字	ピラミッド、死者の書、太陽暦、十進法、アマルナ美術
	バビロニア	多神教	楔形文字	ハンムラビ法典、太陰暦、六十進法
	ヒッタイト	多神教	楔形文字	鉄器の使用
	フェニキア	多神教	アルファベットの起源の表音文字	造船・航海
	ヘブライ	ユダヤ教	表音文字	旧約聖書
	ペルシア	ゾロアスター教	楔形文字	駅伝制

インド文明	鉄器時代	バラモン教	『リグ・ヴェーダ』
	マウリヤ朝	仏教	ガウタマ・シッダールタ開祖
	クシャーナ朝	ガンダーラ美術	仏像彫刻始まる
	グプタ朝	ヒンドゥー教	バラモン教から発展

オリエント世界で重要な役割を果たすラクダの家畜化はアラビア半島で始まったとされ、前4000年まで遡るとする説もある。やがてシリアやメソポタミアにも広がり、砂漠の交通に不可欠な手段となった。メソポタミアやエジプトの農業生産性は、中世ヨーロッパの10倍以上の高水準であった。

メソポタミアからインドへは、海上交通が行なわれており、ペルシア湾岸ではしばしばインダス文字を刻んだ紋章が出土する。インドからメソポタミアへは建築用の木材が輸出されていた。インドでは、１世紀末頃ヘレニズム文化の影響を受け、仏像崇拝のガンダーラ美術が生まれた。この美術の影響は、仏教の伝播とともに日本にまで及んだ。

ネフェルティティ像（エジプト）

ヨーロッパ・アメリカの文化

エーゲ文明			
クレタ文明	海洋生物・宮廷生活の壁画		
ミケーネ文明	戦士・狩猟などの壁画		
ギリシア文明			
哲　学	ソクラテス	BC469頃～BC399頃	無知の知
歴　史	ヘロドトス	BC484頃～BC425頃	『歴史』（ペルシア戦争）
叙事詩	ホメロス	BC9～BC8世紀	『イリアス』『オデュッセイア』
ヘレニズム文化			
哲　学	ゼノン	BC335～BC263	ストア哲学
自然科学	アルキメデス	BC287頃～BC212	アルキメデスの原理など
美　術	ミロのヴィーナス、ラオコーン		
ローマ文化			
歴　史	カエサル	『ガリア戦記』	
自然哲学	プリニウス	『博物誌』農業・医学などの百科事典	
土木建築	コロッセウム、水道橋、凱旋門、公衆浴場など		
アメリカの文明			
メソアメリカ	オルメカ文明	石造巨大人頭像	
	ティオティワカン文明	太陽と月のピラミッド	
アンデス	チャビン文明	石造大神殿、ジャガー神	

エーゲ文明のうちクレタ文明の王宮は巨大で、イルカなどの海洋生物や宮廷生活の様子をいきいきと描いた壁画は開放的な印象を与える。

ギリシア文明はヨーロッパの古典とされ、ギリシア哲学はキリスト教神学に深く影響を与えている。アレクサンドロスの東方遠征を機にギリシアとオリエントの伝統文化が融合し、コスモポリタン的な風潮が特徴のヘレニズム文化が生まれた。ローマ文化は哲学・美術などではギリシア文明の模倣の域を出なかったが、法や建築などの実際的な文化を残した。

中米では、前1200年頃に宗教色の強いオルメカ文明が、前2世紀頃にピラミッドなどの建造物が残るティオティワカン文明が興っている。

ミロのヴィーナス

第1章 古代

an Ancient Times

イングランド王国
ノルマンディー公国
フランク王国
神聖ローマ帝国
キエフ公国
キエフ
ヨーロッパ史
732 フランク王国とイスラム勢力の間で
トゥール・ポワティエ間の戦い勃発
751 カロリング朝成立
870 メルセン条約
962 オットー1世戴冠、
神聖ローマ帝国始まる
987 フランス王国カペー朝成立
黒海
アラル海
カスピ海
ビザンツ帝国
ローマ
教皇領
コンスタンティノープル
コルドバ
地中海
セルジューク朝
バグダード
ニシャープール
ムラービト朝
カイロ
ファーティマ朝
ペルシア湾
西アジア・イスラーム世界史
540 ササン朝ペルシア、ビザンツ帝国と戦う
610頃 ムハンマド、神の啓示を受ける
661 ムアーウィア、ウマイヤ朝を開く
750 アッバース朝成立
751 タラス河畔の戦い勃発
756 後ウマイヤ朝成立、首都コルドバ
909 ファーティマ朝、チュニジアに成立
1038 トゥグリル・ベク、
セルジューク朝を開く
サハラ砂漠
アラビア半島
ガーナ王国
カネム王国

三大宗教が人々の生活に浸透し、日本では仏教文化が開花する

拡大するイスラーム勢力

ゲルマン民族の大移動後、ローマ文化を継承したビザンツ帝国は、六世紀には旧ローマ帝国領土をほぼ回復する。同じ頃、ペルシアにササン朝、東アジアに隋・唐と、大帝国が登場していた。

七世紀、中東でイスラーム教が生まれると、ムハンマドとその遺志を受け継いだカリフに率いられて勢力を拡大し、独自のイスラーム世界を構築していった。やがて、八世紀にはインダス川からイベリア半島までを征服して大帝国を築いたが、カリフ並立によりイスラーム世界は分裂した。

アジアに浸透した仏教は、六世紀前半に日本へ伝来する。聖徳太子はこの仏教を保護する一方で遣隋使を派遣し、大陸文化を吸収。次いで七世紀、律令制《りつりょうせい》による中央集権化が進んだ。八世紀には仏教色が濃い天平《てんぴょう》文化が栄えるが、九世紀に遣唐使が廃止され大陸文化の輸入が止まると、国風文化が発展した。また、朝廷では藤原氏が台頭し、一一世紀前半に摂関政治を展開した。

フランク王国の登場

西ローマ帝国が崩壊したヨーロッパでは、フランク王国が強大化し、ローマ教会はフランク王カール一世にローマ皇帝の冠を与えた。しかしそのフランク王国も九世紀になって三つに分裂し、フランス、ドイツ、イタリアの基礎が生まれた。

中国では、九世紀に唐が滅亡し、五代十国乱立の後、一〇世紀に成立した宋が統一を達成する。

6世紀 501~600年

前期　中期　後期

磐井が大和朝廷に反旗を翻した頃、ユスティニアヌス帝がハギア・ソフィア大聖堂を建設

この時代の日本史

●507年
武烈《ぶれつ》天皇に子がなく、北陸から継体《けいたい》天皇が迎えられる

継体天皇像

1 527~528年
筑紫国造磐井が反乱をおこし、物部麁鹿火によって鎮圧される。

2 538年
百済の聖明王が仏像・経典を伝える(仏教公伝)。

1 磐井の乱は、「反乱」ではない？

筑紫国造《くにのみやつこ》磐井《いわい》が新羅《しらぎ》と通じて大和朝廷に背いたとされるのが、「磐井の乱」である。だが、地方官制度の「国造」が成立するのは七世紀。

磐井の乱は六世紀前半であるから、大和朝廷の地方官による中央への反乱ではなく、筑紫に自立した勢力が新羅と手を結び、朝廷と対等に戦ったとも考えられる。

筑紫国造磐井の墓とされる岩戸山古墳

2 仏教伝来は何年か？

仏教伝来については現在『上宮聖徳法王帝説《じょうぐうしょうとくほうおうていせつ》』や『元興寺縁起《がんごうじえんぎ》』などが記す、五三八年説が優勢だが、『日本書紀』では五五二年。百済の聖明《せいめい》王からという点は一致している。

3 仏教受け入れ、是か非か

蘇我稲目《そがのいなめ》と物部尾輿《もののべのおこし》(物部守屋の父)らが仏教受け入れを巡って対立したため、欽明《きんめい》天皇はひとまず日本に初めてやってきた仏像を崇

この時代の世界史

●500年頃
メキシコのティオティワカン文明が最盛期を迎える。

●502年
中国の南朝斉《せい》が滅亡し、梁《りょう》が興る。

●527年
ビザンツ(東ローマ)帝国の皇帝にユスティニアヌス一世が即位する。

●528年
ビザンツ帝国で『ローマ法大全』の編纂《へんさん》始まる。

●534年
中国の北朝北魏、東魏と西魏に分裂する。

1 537年
ユスティニアヌス一世、ハギア・ソフィア大聖堂を再建する。

1 皇后が反対した女優との結婚

ユスティニアヌスの妻テオドラは、元女優だった。当時の女優は売春婦同然で、まだ皇帝の甥という立場であったユスティニアヌスの結婚は、皇后エウフェミアに大反対され、実現したのは皇后の死後だった。

ビザンツ様式の代表　ハギア・ソフィア大聖堂

●552年
仏教を巡り崇仏論争がおこる。

奈良県桜井市の海石榴市に立つ仏教伝来の碑。聖明王の使者たちはこの地に上陸した

蘇我稲目が仏像を預かった向原の家、現・向原寺

飛鳥寺

3 585年
物部守屋、仏殿を焼き、仏像を捨てる。

●587年
蘇我馬子、泊瀬部《はつせべの》皇子、厩戸《うまやど》皇子(聖徳太子)らとともに、物部守屋を滅ぼす。

●588年
飛鳥寺の造営が始まる。

4 592年
蘇我馬子、崇峻天皇を殺害する。

●593年
聖徳太子、推古天皇の摂政となる。

●594年
仏教(三宝)興隆の詔《みことのり》が出される。

5 600年
倭王阿毎多利思比孤《あめのたりしひこ》が隋に遣使する。

仏派の稲目に預けた。

ところがほどなく疫病が流行したため、排仏派の尾輿たちは稲目の寺を焼き、仏像を難波《なんば》の堀江(運河)に投げ捨ててしまった。

4 暗黙の了解だった天皇暗殺

五九二年におこった崇峻《すしゅん》天皇暗殺であるが、臣下による「天皇暗殺」という前代未聞の大事件であったにもかかわらず、朝廷内に大きな混乱はなく、ほどなく実行犯である東漢直駒《やまとのあやのあたいこま》が蘇我氏の女性を汚したかどで処刑され、推《すい》古《こ》天皇の登場となる。

こうした背景から崇峻天皇暗殺は、蘇我馬《うま》子《こ》が、豊御食炊屋《とよみけかしきや》姫(のちの推古天皇)の了解の下に決行したとする説もある。

5 日本史からハズされた遣隋使

隋の正史『隋書』には、六〇〇年に日本から使者がきたとあるが、これは日本側の資料には記されていない。この頃の日本は中国の外交儀礼を知らず、国書も持たない使節を派遣した。ゆえに隋から相手にされず、『日本書紀』にはあえて記録しなかったようだ。この苦い経験から、聖徳太子らは改革を進めたともいわれる。

●550年頃
インドのグプタ朝滅亡する。

●6世紀中頃
ビザンツ帝国に蚕卵がもたらされ、シルク製品の製造が始まる。

●555年
ユスティニアヌス一世、東ゴート王国を滅ぼす。

●557年
中国で梁に代わって陳《ちん》が興る。

●568年
北イタリアにロンバルド王国ができる。

2 589年
隋の文帝が陳を滅ぼし、中国を統一する。

●590年
グレゴリウス一世、ローマ教皇に就任する。

2 皇帝も嘆く皇后の嫉妬

隋《ずい》の文帝の皇后独孤《どっこ》は、賢くて性質も従順、文帝と並び「二聖」と呼ばれるほどだった。だが、激しい嫉妬癖を持っており、ついには文帝の寵愛していた娘を殺害。衝撃を受けた文帝はひとり山奥へ入り、「天子となっても自由がない」と嘆いたという。

隋の統一

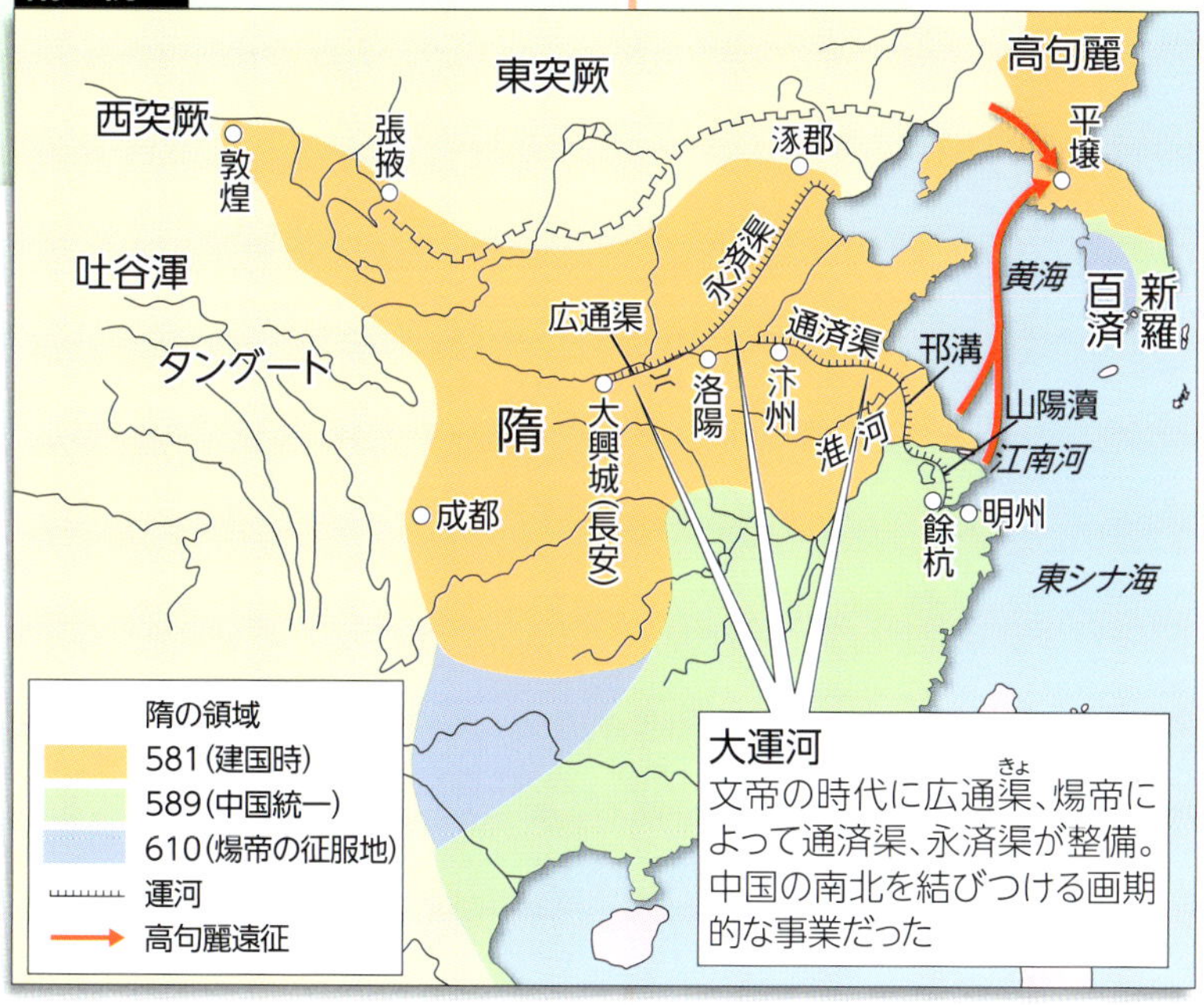
東突厥
高句麗
西突厥
敦煌
張掖
涿郡
平壌
吐谷渾
永済渠
黄海
百済
新羅
広通渠
通済渠
タングート
大興城(長安)
洛陽
汴州
邗溝
隋
淮河
山陽瀆
江南河
成都
餘杭
明州
東シナ海
隋の領域
581(建国時)
589(中国統一)
610(煬帝の征服地)
運河
高句麗遠征
大運河
文帝の時代に広通渠《きょ》、煬帝によって通済渠、永済渠が整備。中国の南北を結びつける画期的な事業だった

7世紀 601〜640年

前期 中期 後期

聖徳太子が摂政として活躍していた頃、ムハンマドによりイスラーム教が成立

この時代の日本史

●603年
聖徳太子によって冠位十二階が制定される。

飛鳥寺の聖徳太子立像

●604年
聖徳太子によって憲法十七条が制定される。

●607年
小野妹子を隋に派遣する。

冠位		冠の色
大	徳	紫
小	徳	紫
大	仁	青
小	仁	青
大	礼	赤
小	礼	赤
大	信	黄
小	信	黄
大	義	白
小	義	白
大	智	黒
小	智	黒

従来世襲してきた職務とは別に、個人を対象とし、昇進の原則を持つ新しい冠位制度

遣隋使の航路（推定）

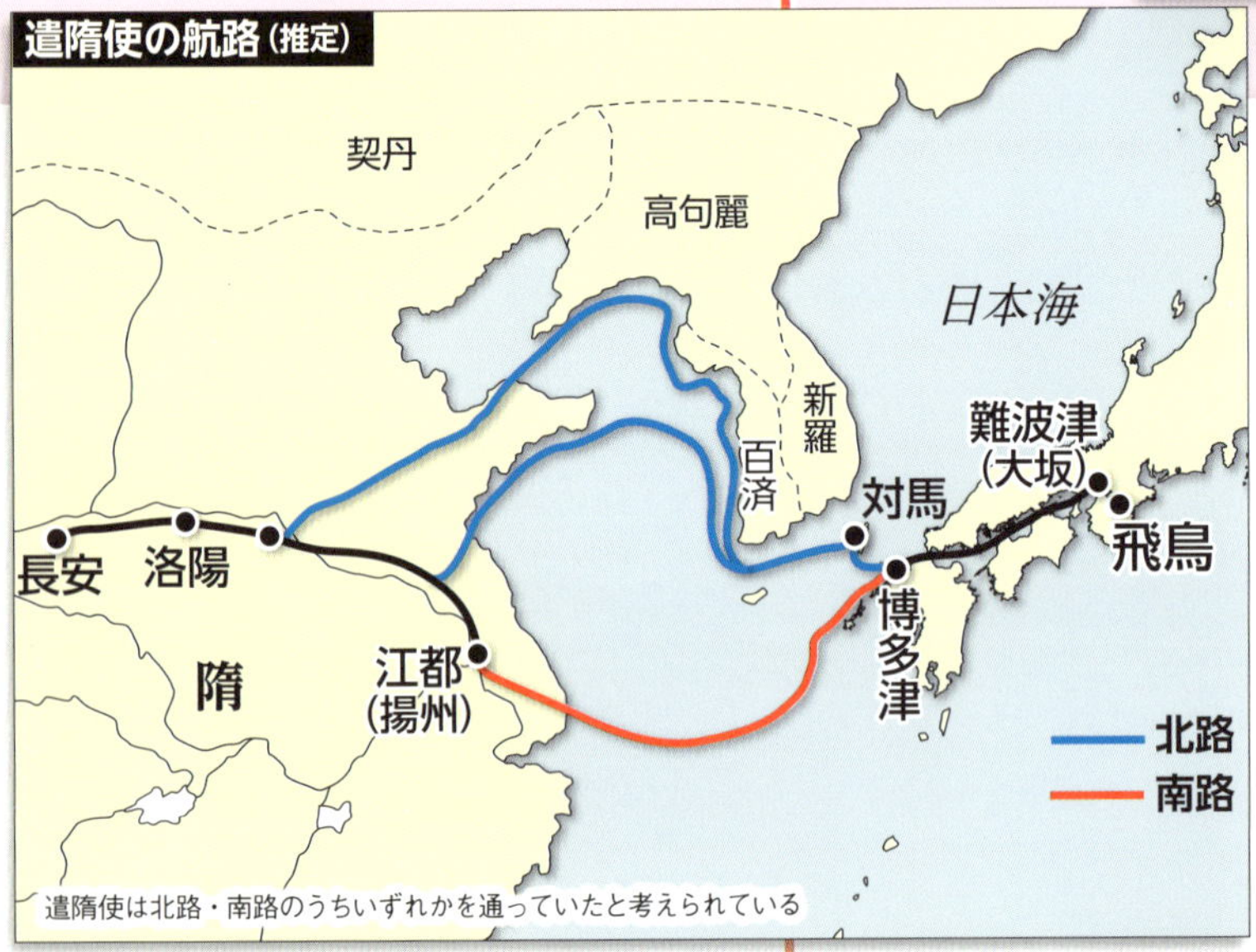

遣隋使は北路・南路のうちいずれかを通っていたと考えられている

この時代の世界史

1 604年
煬帝、隋の皇帝になる。

煬帝図

●610年頃
ムハンマドによりイスラーム教が成立する。

●612年
隋の煬帝が高句麗遠征を行なう。

●617年
隋の軍司令官だった李淵《りえん》が、次子李世民《りせいみん》（太宗）らにうながされ挙兵する。

●618年
煬帝が殺害され、隋が滅亡する。唐が中国を統一する。

2 619年
ムハンマドの最初の妻ハディージャが没する。

1 一〇〇のベッドに一〇〇の美女

反乱や暴動が頻発して江都に逃れた隋の煬帝は、一〇〇の部屋にひとりずつ美女を置き、終日酔いつぶれるなど、退廃的な生活を送った。諡名《おくりな》の「煬」とは、「女性を好み、礼を失し衆を遠ざく」という意味だという。

2 預言者ムハンマドの年上の妻

名門の出身ながら貧しかったムハンマドの妻は一五歳年上の裕福な未亡人ハディージャだった。この妻は、神の使いに会って驚くムハンマドを励まし、最初の信者になった。

1 **622年**
聖徳太子、没する。

630年
最初の遣唐使が派遣される。

631年
百済王子豊璋《ほうしょう》が人質として来日する。

638年
山背大兄王、斑鳩に法起寺を建てる。

639年
百済大寺《くだらのおおでら》の建立が始まる。

1 あの肖像は聖徳太子ではない？

聖徳太子の肖像は、長らくお札の顔として親しまれてきた。だが、元は飛鳥の川原寺にあった別人の肖像画が法隆寺に移され、そこで太子像とされた可能性が高い。つまり、聖徳太子とは無関係ということになる。

復元遣唐使船

1 謎多き厩戸皇子

「聖徳太子」とは、厩戸《うまやど》皇子に後世つけられた呼称だ。厩戸皇子は、「太子」にならなかったともされる。

また生前「大王」とも呼ばれていたことから、天皇になっていたとする説もある。また一方では『日本書紀』の中で創作された架空の人物とする説もあり、謎の多い人物である。

622年
ムハンマドが、メッカからメディナへ移住する〈ヒジュラ（聖遷）〉。

3 **626年**
玄武門の変がおこる。その結果、権力を握った唐の太宗李世民の治世が貞観の治と称えられる。

632年
ムハンマドがメディナで死去する。

メディナにある預言者のモスク。ムハンマドの霊廟でもある

632～661年
正統カリフ時代。

638年
第二代正統カリフのウマルがイェルサレムを征服する。

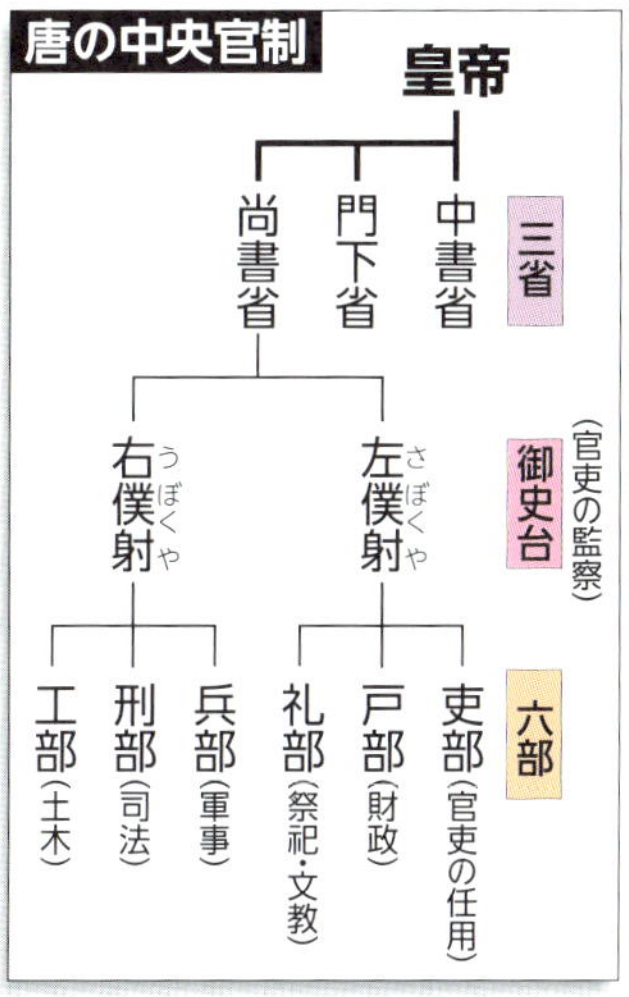
唐の中央官制
皇帝
三省
中書省
門下省
尚書省
御史台
（官吏の監察）
左僕射《さぼくや》
右僕射《うぼくや》
六部
吏部（官吏の任用）
戸部（財政）
礼部（祭祀・文教）
兵部（軍事）
刑部（司法）
工部（土木）

3 実の兄弟を殺して即位した名君

「貞観の治」で名君の誉れ高い李世民だが、皇太子だった兄の建成と弟の元吉を「玄武門の変」で殺し、父から帝位を半ば奪う形で即位した。資料では、兄や弟が悪く書かれているが、これは李世民を正当化するためであろう。

イスラームの生活規範

六信	アッラー	唯一絶対の神
	啓典	『コーラン』
	預言者	ムハンマド（最後で最大の預言者）
	天使	アッラーと地上との間をとりもつ
	最後の審判	審判の日、天国と地獄に分かれる
	天命	何事も神の定めであること
五行	信仰告白（シャハーダ）	
	礼拝（サラート）	1日5回の礼拝
	喜捨（ザカート）	一種の救貧税
	断食（サウム）	1か月間、日没まで一切の飲食が禁じられる
	巡礼（ハッジュ）	一生に1度はメッカに巡礼する

7 世紀 641〜670年
前期 中期 後期

中大兄皇子らが蘇我入鹿を討った頃、玄奘、インドから唐に経典を持ちかえる

この時代の日本史

●643年
蘇我入鹿、山背《やましろの》大兄王と一族を滅ぼす。

1 645年
中大兄皇子、中臣鎌足らとともに蘇我入鹿を討ち、蘇我本宗家を滅ぼす（乙巳の変）。

蘇我入鹿の首塚。入鹿の死によって、蘇我氏の栄華は終焉を迎えた

2 646年
改新の詔発布。

●649年
右大臣蘇我倉山田石川麻呂《くらやまだのいしかわまろ》が謀反の疑いを受け、自害する。

1 蹴鞠が出会いを演出した

反蘇我の心を固めた中臣鎌足《なかとみのかまたり》は、蹴鞠《けまり》の会で中大兄《なかのおおえの》皇子と親しくなったという。一方、新羅の王子金春秋《きんしゅんじゅう》と后との出会いも蹴鞠である。東アジアに共通する「出会い」の伝承は、歴史書編纂時に織り込まれたのかもしれない。

中臣鎌足

2 引き延ばし続けた天皇即位

乙巳《いっし》の変の後、中大兄皇子はすぐにでも天皇に即位できる立場にいた。だが彼は皇太子のまま政治を執り、六六八

この時代の世界史

●641年
イスラーム勢力がエジプトを征服する。

1 642年
ニハーヴァンドの戦いでイスラーム軍がササン朝に勝利する。

2 645年
玄奘、インドより唐に帰還する。

玄奘が旅の途中に通ったトルファンの火焔山

●649年
ラテラノ公会議でキリスト単性説を排除する。

1 イスラーム軍の強さの要因

よせ集めのイスラーム軍が強かったのは、砂漠のへりで戦いを挑む戦術によるところが大きい。劣勢になったら砂漠に逃げ込めば相手は深追いできない。また、勝てば手に入る戦利品が士気の高揚をもたらした。

イスラーム教の成立とアラブの拡大

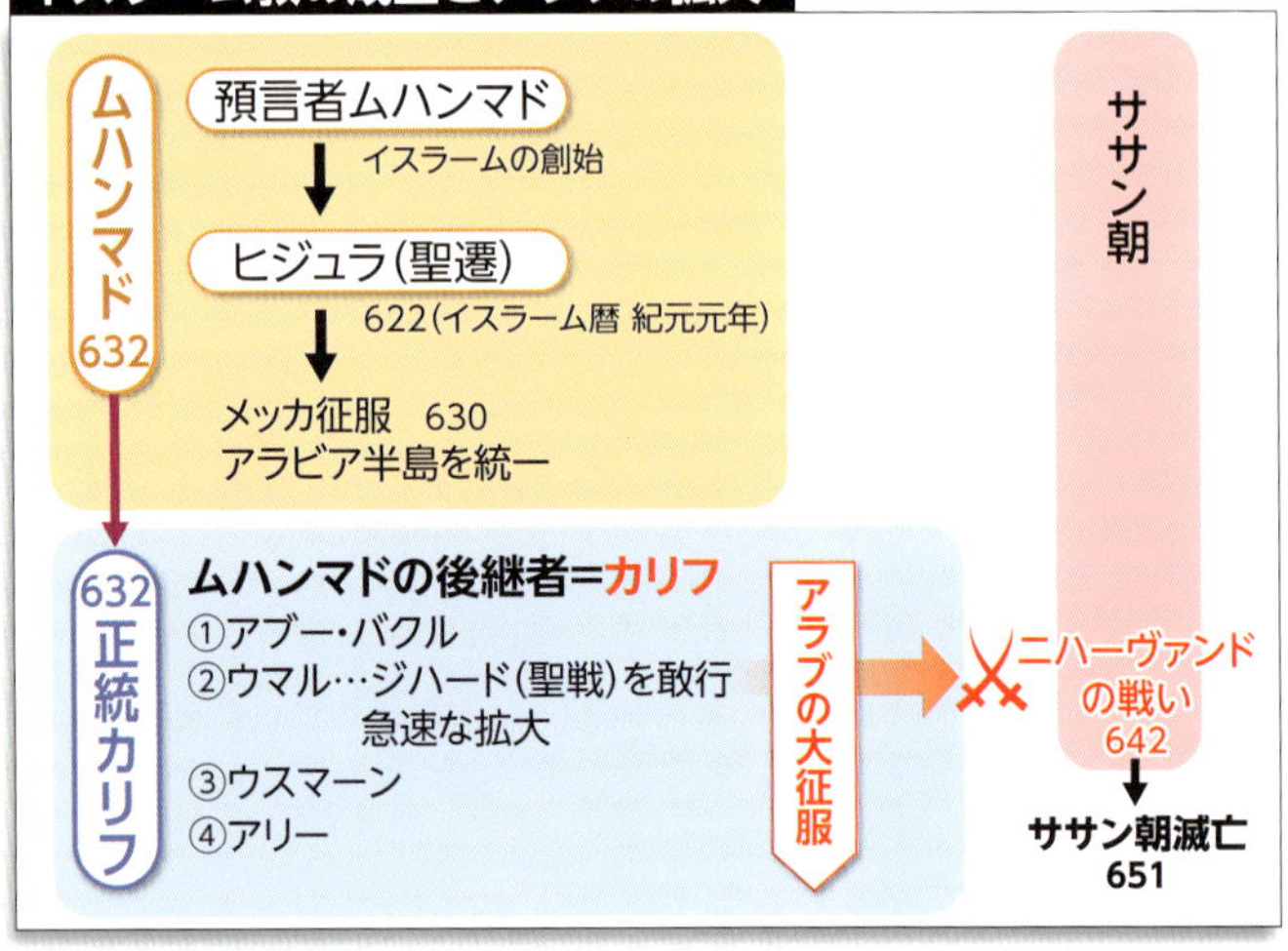
ムハンマド 632
預言者ムハンマド
イスラームの創始
ヒジュラ(聖遷)
622(イスラーム暦 紀元元年)
メッカ征服 630
アラビア半島を統一
632 正統カリフ
ムハンマドの後継者=カリフ
①アブー・バクル
②ウマル…ジハード(聖戦)を敢行
急速な拡大
③ウスマーン
④アリー
アラブの大征服
ササン朝
ニハーヴァンドの戦い 642
ササン朝滅亡 651

●652年
最初の班田収授法《はんでんしゅうじゅのほう》が施行される。

●658年
有間皇子《ありまのみこ》、謀反の計画が暴露され処刑される。

熊野古道・藤白坂の登り口に立つ有間皇子の墓碑

3 663年
白村江の戦いで、唐・新羅連合軍の前に、日本軍大敗を喫する。

●668年
近江令《おうみりょう》が制定されたといわれる。

●670年
法隆寺炎上する。

年にやっと天智天皇として即位する。「天皇」という名目よりも実権を選んだとも、政敵たちの怨恨を恐れたともいわれている。

天智天皇

3 日本を撃破した唐の新兵器とは？

百済《くだら》再興のため日本は船団を派遣し、朝鮮半島の白村江《はくすんこう》で唐の水軍と戦った。兵力はほぼ互角だったが、軍船の機能が違った。唐船は風を巧みに帆に受けては日本船を挟み撃ちにし、舳先《へさき》をぶつけて沈没させたのである。こうして日本は大敗した。

白村江の戦い進軍図

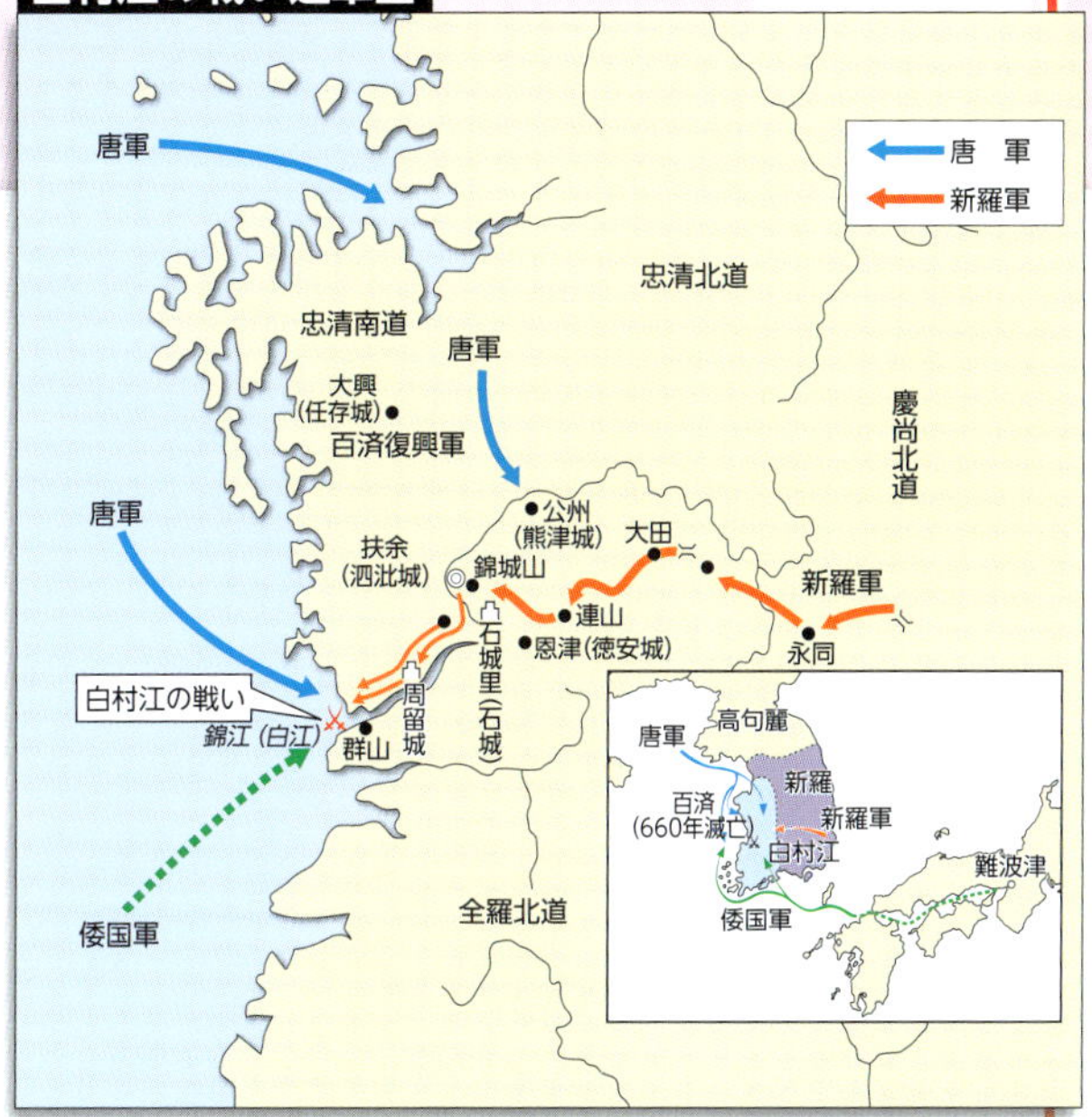

●650年頃
インドのエローラで石窟《せっくつ》寺院の開削が始まる。
スマトラ島にシュリーヴィジャヤ王国が成立する。

●651年
イスラーム使節が唐に入貢。イスラーム教が伝わる。

●656年
第三代の正統カリフであるウスマーンが軍の不満分子によって暗殺される。

3 660年
朝鮮半島の三国のひとつ百済が滅亡する。

●661年
第四代の正統カリフ、アリーが暗殺され、ムアーウィアがウマイヤ朝を開く。

●662年
唐、鉄勒《てつろく》を征服し、版図が最大となる。

●668年
朝鮮半島の高句麗が滅亡する。

2 三蔵法師はトラを連れていた

『西遊記』の三蔵法師《さんぞうほうし》のモデル玄奘《げんじょう》は七世紀の人物で、史実ではたったひとりで旅に出た。敦煌《とんこう》で、トラを連れて旅をする僧の絵が数多く発見されたが、これは九世紀頃描かれた玄奘の姿だとされている。我々が親しんでいる三人の妖怪を連れた三蔵法師を描く『西遊記』は、一六世紀に集大成される。

慈恩寺(埼玉県)の玄奘塔と玄奘三蔵像

3 新羅の巧みな戦略

朝鮮半島では古来、百済・高句麗・新羅といった三国による争いが続いてきたが、七世紀頃から百済・高句麗が手を結び、新羅への攻勢を強めた。これに対し、新羅の金春秋は唐に接近する外交策を進める。やがて新羅は唐から派遣された遠征軍と連合して百済に侵攻。あっという間に首都を陥落させて百済を滅ぼしてしまった。百済最後の王義慈王は唐の都長安へと連行されていった。

7世紀
671〜685年
前期 中期 後期

大海皇子が壬申の乱に勝利！ ちょうどその頃、ムアーウィアが「ギリシア火」に苦戦

この時代の日本史

1 671年
大海人皇子、吉野へ隠棲。天智天皇没す。

2 672年
6月、壬申の乱が勃発し、大海人皇子が大友皇子の近江朝を破る。

●673年
壬申の乱に勝利した大海人皇子が即位し、天武天皇となる。

壬申の乱の最激戦地となった瀬田の唐橋

1 中大兄皇子の略奪愛

万葉歌人の額田王《ぬかたのおおきみ》は、大海人《おおあまの》皇子との間に十市《とおち》皇女を儲けている。だが、大海人皇子の兄である中大兄皇子が横恋慕をし、弟の妻に大胆にも求婚、結局奪ってしまった。

2 額田王と壬申の乱の関係

壬申の乱は、天智天皇が、皇太子の大海人皇子ではなく、実子の大友皇子を天皇位に就かせようとしたためにおきた皇位継承争いである。

大友皇子は十市皇女の夫であり、額田王のかつての恋人と娘の夫が戦ったことになる。戦いに敗れた大友皇子は自害、十市皇女も急逝してしまう。

この時代の世界史

●671〜694年
義浄《ぎじょう》がインドへ旅行する。

1 674年
ウマイヤ朝、ムアーウィアがコンスタンティノープルを包囲する。

2 676年
新羅、朝鮮半島を統一する。

新羅の王宮・月城の跡地。ここが新羅の政治の中心だった

1 ビザンツ帝国の「ギリシア火」

コンスタンティノープルを狙うイスラーム勢力は、六七四年から五年間は夏ごとに海上から攻撃を行なった。これを迎え撃ったビザンツ帝国の秘密兵器が「ギリシア火」である。これは半液体状の物質で、発射されると爆発して燃え、水中でも消えなかった。「ギリシア火」はイスラームの兵士を恐怖に陥れ、ビザンツ帝国はコンスタンティノープルを守り抜いた。

ビザンツ帝国の秘密兵器とされるギリシア火

2 新羅の朝鮮独立戦争

唐と組んで百済・高句麗を滅ぼした新羅はその後、唐に対し反目と服従を繰り返す巧みな外交と戦術を展開し、ついに唐を朝鮮半島から駆逐した。

3 679年
天武天皇、吉野で皇子、皇后とともに盟約を交わす。

吉野の風景

●681年
草壁《くさかべの》皇子立太子。

●684年
八色《やくさ》の姓《かばね》を制定する。

3 天智天皇治下、募っていた不満

六四五年の乙巳の変で蘇我氏は本家の入鹿が討たれたが、一族としては天智天皇のもとで権力を握っていた。にもかかわらず壬申の乱で蘇我氏が、天皇が後継とした大友皇子ではなく、大海人皇子についたのは、天智天皇への権力集中に対する反発と、朝鮮出兵の経済負担への不満が背景とされる。

壬申の乱主要図

3 680年
カルバラーの戦いで、アリーの息子フサインが戦死する。ムアーウィア、没す。

3 アリーの息子たち

四代目正統カリフのアリーは暗殺され、ムアーウィアによってウマイヤ朝が開かれた。アリーに従っていた人々は、ウマイヤ朝から政権の奪回を願ったが、アリーの長男ハサンはその気がなく、カリフの位を放棄してウマイヤ朝から巨額の年金をもらい、気ままな暮らしを送った。

一方、次男のフサインがウマイヤ朝に反抗し六八〇年に挙兵したが、カルバラーの戦いで包囲され、降伏を拒んで殉教する。このカルバラーの地は、現在シーア派の聖地となっている。

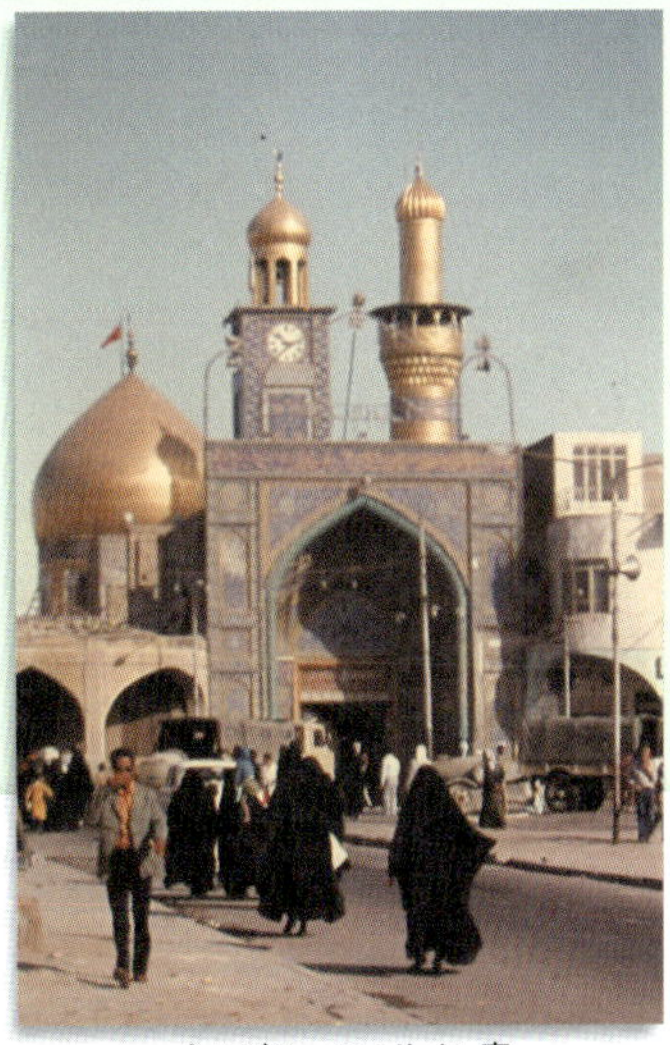
カルバラーのフサイン廟

スンナ派とシーア派

スンナ派		シーア派
社会の慣行・伝承によって伝えられたムハンマドの言行の意味	語義	アリーを支持する党派の意味
アリーに至る4代を含む代々のカリフの正統性を認める	カリフ観	正統カリフのうち初めの3人を認めず、アリーとその子孫だけが教祖の後継者とする
カリフはムハンマドの政治的権限だけを継承したとされる。教義決定権と立法権は資格を認められたウラマー（学者）たちの合意で決定	宗教的権威	イスラーム教徒の真の指導者（イマーム）は、宗教と政治の両権限をあわせ持つ。カリフやイスラーム教徒全体の合意を認めない
サウジアラビア・エジプト・トルコ・インドネシア。全イスラーム教徒の90%を占める多数派	分布	10%程度の少数派。だれをイマームと認めるかによってさらに諸派に分裂した。イランでは12イマーム派が国教

7 世紀 686〜700年
前期 中期 後期

持統天皇が藤原京遷都を敢行した頃、中国で女帝則天武后が即位

この時代の日本史

1 686年
9月、天武天皇没し、10月、大津皇子が謀反の嫌疑をかけられ自害する（大津皇子の変）。

●689年
4月、草壁皇子没。6月、飛鳥浄《あすかきよ》御原《みはら》令が施行される。

●690年
称制を行なっていた鸕野讚良皇女が即位し、持統天皇となる。庚寅年籍《こういんねんじゃく》が作成される。

2 694年
藤原京への遷都が行なわれる。

1 大津皇子を陥れた持統天皇

天武天皇は「吉野の盟約」で草壁皇子の皇位継承優位を示した。草壁の母皇后でのちに持統天皇となる鸕野讚良《うののさらら》の意思が働いていたとみられる。

皇后は天武天皇が没してすぐに、草壁皇子の強力なライバルである大津皇子を、謀反の咎《とが》で処刑してしまう。人望の厚い大津を排除するため、謀略を仕組んだとされる。

2 藤原京が捨てられた事情とは？

日本の発展を示すべく建設されたのが藤原京であるが、わずか一六年で放棄される。

人口が増え手狭になったのがその理由と考えられてきたが、近年の発掘で、平城京や平安京を上回る規模だった可能性すら出てきた。ではなぜ遷都したのか。

藤原京は、古代中国の記録『周礼《しゅらい》』に描かれた中国の都の様子をもとに築かれたが、遣唐使が見た唐の都長安の構造は『周礼』の記述とは異なっていた。帰国した遣唐使粟田真人《あわたのまひと》が、これを進言。急遽平城京の建設が決まった可能性が考えられている。

この時代の世界史

1 687年
フランク王国メロヴィング朝の宮宰、中ピピン（ピピン二世）、実権を握る。

2 690年
唐の高宗の皇后であった武后が即位し、則天武后となり、国号を周に変える。

3 692年
イェルサレムで岩のドームが完成する。

●694年
義浄がインドから唐へ帰国する。

●694年頃
マニ教が中国（唐）へ伝来する。

1 フランク王国の興亡

五世紀末からフランク王国を支配していたメロヴィング朝であったが、分裂と衝突を繰り返す中でカロリング家のピピン二世が台頭。分裂していたフランク王国を統一し、宮宰《きゅうさい》としてフランク王国の実権を掌握した。

2 史上に残る悪女、則天武后

中国史上、唯一の女帝が悪名高い則天武后《そくてんぶこう》である。自分の産んだ女児を殺し、ライバルの皇后に罪を着せて蹴落とした。皇后となってからは、気の弱い高宗《こうそう》を支配し、自分の産んだ皇太子が頭角を現すと、これを毒殺。さらに、高宗が崩御すると女帝出現の予言をでっち上げ、国号を「周」としてついに自ら帝位についた。

2 悪女は優れた政治家だった

則天武后は政治家としては見識があったようだ。家柄よりも実力を重んじて人材を登用したため、のちの盛唐期に活躍する人物が世に出た。また、彼女の治世には民衆の暴動は一件も記録されていない。

●697年
持統天皇、草壁皇子の子軽《かるの》皇子に譲位する。

●700年
日本初の火葬が行なわれる。

藤原京の区域
飛鳥川
下ツ道
中ツ道
横大路
耳成山
従来考えられていた藤原京の区域
藤原宮
香具山
本薬師寺
畝傍山
大官大寺

藤原京から香具山を望む

藤原京大極殿跡

●697年
イスラーム勢力が北アフリカをほぼ制圧する。ヴェネツィアがドージェ（総督）を選出し、ビザンツ帝国直接支配を脱する。

●698年
大祚栄《だいそえい》が渤海《ぼっかい》の前身となる震《しん》国を建国する。

唐代の科挙
官僚
吏部による官吏任用試験
・風貌　・話し方　・判断力など
進士及第
“合格”
礼部による試験（貢挙）
・暗記能力　・文章力　・時事能力
地方州推薦者
国立学校生徒
則天武后は科挙出身の官僚を登用し、新興勢力の政治参加への道を開いた

岩のドーム

3 ムハンマド昇天の地

イスラーム教の預言者ムハンマドが、天馬に乗って昇天したとされる場所が、イェルサレムの「神殿の丘」にある巨石である。第二代正統カリフのウマルが礼拝堂を建設し、ウマイヤ朝時代に「岩のドーム」と呼ばれるモスクが建てられた。

則天武后

8世紀 701〜750年

前期 中期 後期

長屋王の変が起きた頃、カール・マルテルがイスラーム勢力を撃破

この時代の日本史

●701年
大宝律令が完成する。

●708年
和同開珎《かいちん》が発行される。
※この頃高松塚古墳が築造される。

●710年
平城京への遷都が行なわれる。

平城京の朱雀門（復元）

●712年
太安万侶《おおのやすまろ》により『古事記』が撰上される。

●718年
藤原不比等《ふひと》らにより『養老律令』が編纂される。

1 藤原氏の謀略、無実の長屋王

長屋王《ながやおう》が謀反を企てているという密告があり、藤原氏は、長屋王の屋敷を包囲し、長屋王と妻子らを自殺に追い込んだ。しかし謀反の疑いは無実だったと、直後の資料にも明記されている。長屋王は皇族以外が皇后となることに反対していた。事件は、藤原一族である光明子《こうみょうし》を皇后にするための、藤原氏の策謀だった。

1 豪華な長屋王の生活

長屋王に関しては、一九八〇年代にその邸宅跡から豪華な暮らしぶりを示す木簡が発見され話題となった。木簡には各地からもたらされた新鮮な食材が記されていた。また、長屋王邸には技術者も住み込んでおり、各地から供給される建材で生活用品を作らせるなど優雅な暮らしをしていたようである。

長屋王の墓

この時代の世界史

●705年
則天武后が実権を失い、まもなく病死する。

●711年
西ゴート王国がウマイヤ朝によって滅ぼされる（↓イスラーム勢力のイベリア半島進出）。

●712年
唐で玄宗が即位し、開元の治が始まる。
イスラーム勢力、インドに侵入する。

7〜8世紀のイスラーム世界の拡大

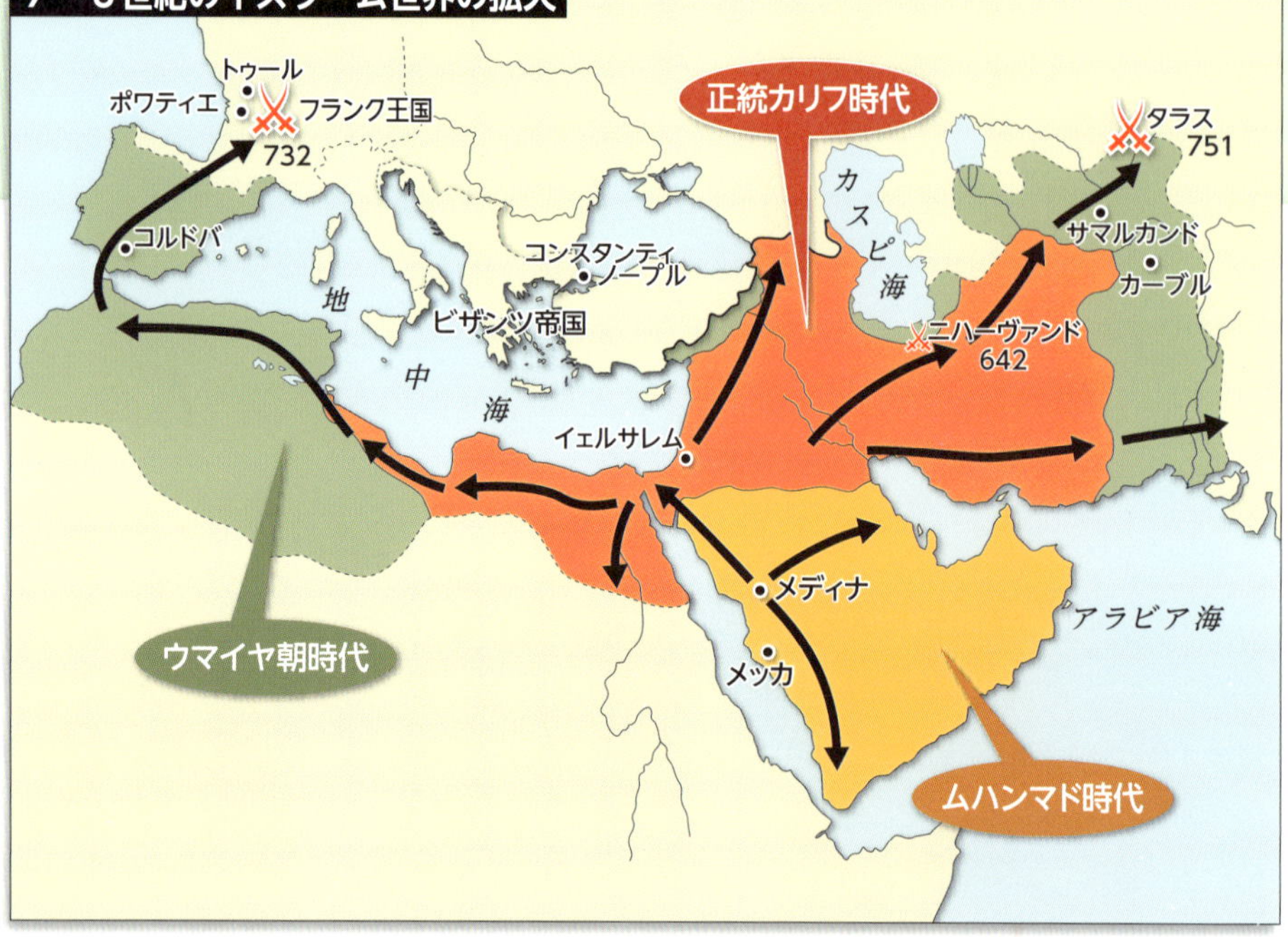

●721年
舎人親王《とねりしんのう》により『日本書紀』が撰上される。

●723年
三世一身法が制定される。

●727年
渤海使が初来日する。

1 729年
2月、長屋王が謀反の嫌疑を受け自害する（長屋王の変）。
8月、光明子、立后される。

●734年
遣唐使の井真成、長安で没する。

●740年
藤原広嗣《ひろつぐ》の乱がおこる。
12月、聖武天皇、恭仁《くに》京の建設を開始（以降、遷都を繰り返す）。

●741年
国分寺建立の詔が出される。

2 743年
大仏造立の詔が出される。

備中国分寺の五重塔

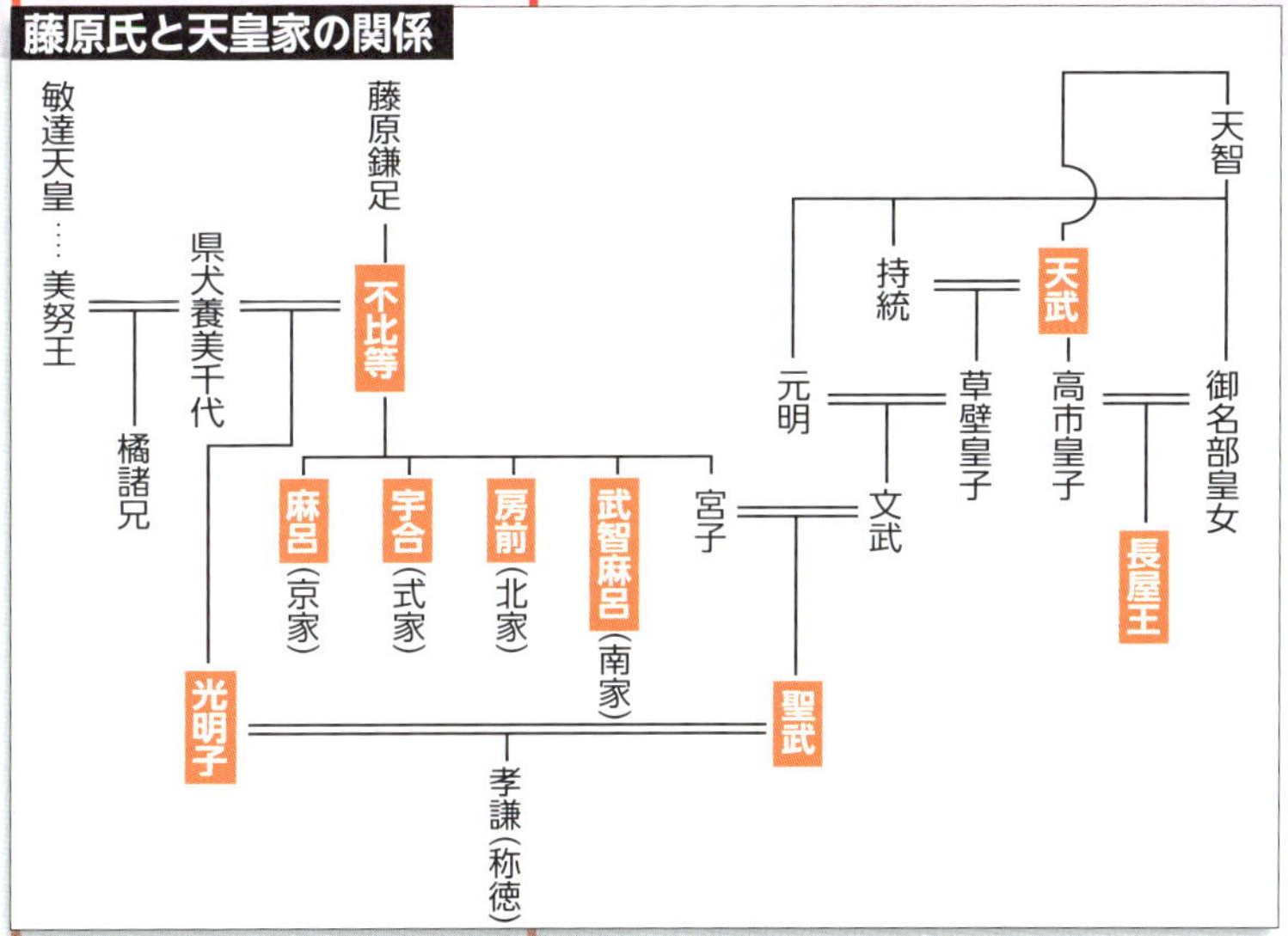
藤原氏と天皇家の関係
天智
御名部皇女
長屋王
天武
高市皇子
持統
草壁皇子
元明
文武
宮子
聖武
藤原鎌足
不比等
武智麻呂（南家）
房前（北家）
宇合（式家）
麻呂（京家）
県犬養美千代
光明子
孝謙（称徳）
敏達天皇……美努王
橘諸兄

2 天皇はなぜ行基を抜擢したか

母親も皇后も藤原氏の出身である聖武天皇は、藤原氏の意のままであった印象が強い。だが、大仏造立にあたっては、自らの意思を強烈に押し出している。

布教が人心を乱すとして朝廷が弾圧した僧の行基《ぎょうき》を許して大僧正に抜擢しているのだ。これはまるで、藤原氏に対する当てつけのような行動である。

1 726年
ビザンツ帝国のレオン三世、聖像禁止令を出す。

2 732年
フランク王国の宮宰カール・マルテル、トゥール・ポワティエ間でウマイヤ朝軍を破る。

トゥール・ポワティエ間の戦いで奮闘するカール・マルテル

●744年
ウイグルがモンゴル高原に建国される。

3 745年
玄宗、楊《よう》太《たい》真《じん》を妃とする（楊貴妃）。

●750年
アブー・アル・アッバース、ウマイヤ朝を滅ぼし、アッバース朝を建てる。
この頃、インド、ベンガル地方にパーラ朝が成立する。

1 民衆も巻き込んだ聖像禁止令

ビザンツ皇帝のレオン三世は、政教両面の刷新を図り聖像禁止令を出した。だが、命を受けた兵士たちがキリスト像を破壊しようと梯子に登ったところ、これに反対する女性たちによってひきずり降ろされ、死者まで出る騒ぎとなった。

2 カール・マルテルの武勲の真相

トゥール・ポワティエ間の戦いは、イスラームとカトリックの激突といわれ、カール・マルテルに率いられたフランク王国軍が勝利した有名な戦いだが、信頼できる記録に乏しく、イスラームの侵攻意図も不明で、じつは略奪程度に過ぎなかったとする説もある。

3 玄宗はなぜ楊貴妃に溺れたか

楊貴妃《ようきひ》は、色白の美しい容姿もさることながら、才知に長けた女性だった。玄宗は「開元《かいげん》の治」の名君だったが、最愛の后に先立たれてふさぎ込み酒と温泉にうつつを抜かしていたときに、楊貴妃を見そめ、妃の言いなりになってしまう。

「世界三大美女」に列せられる楊貴妃

8世紀 751〜800年

前期 中期 後期

平安京遷都。ちょうどその頃、カール大帝が異民族との戦いに奔走

この時代の日本史

●752年
東大寺大仏の開眼供養が行なわれる。

1 753年
日本政府の依頼を受け、唐から鑑真が来日する。

●757年
橘《たちばなの》奈良麻呂《ならまろ》の変がおこる。

2 758年
孝謙《こうけん》天皇が譲位し、淳仁天皇が即位する。藤原仲麻呂、「恵美押勝」の名を賜る。

●764年
9月、恵美押勝の乱が勃発する。10月、淳仁天皇を廃して淡路に配流し、孝謙上皇が重祚《ちょうそ》して称徳天皇となる。

1 苦難を越えて来日した鑑真

何度も遭難し弟子を失い、自身も失明した鑑真《がんじん》は、六回目の航海でやっと日本の地を踏んだ。仏法を伝えたいという強い使命感ゆえである。日本側には、正規の授戒ができる高僧の鑑真を招き、仏教を護国的に利用したいという政治的事情があった。

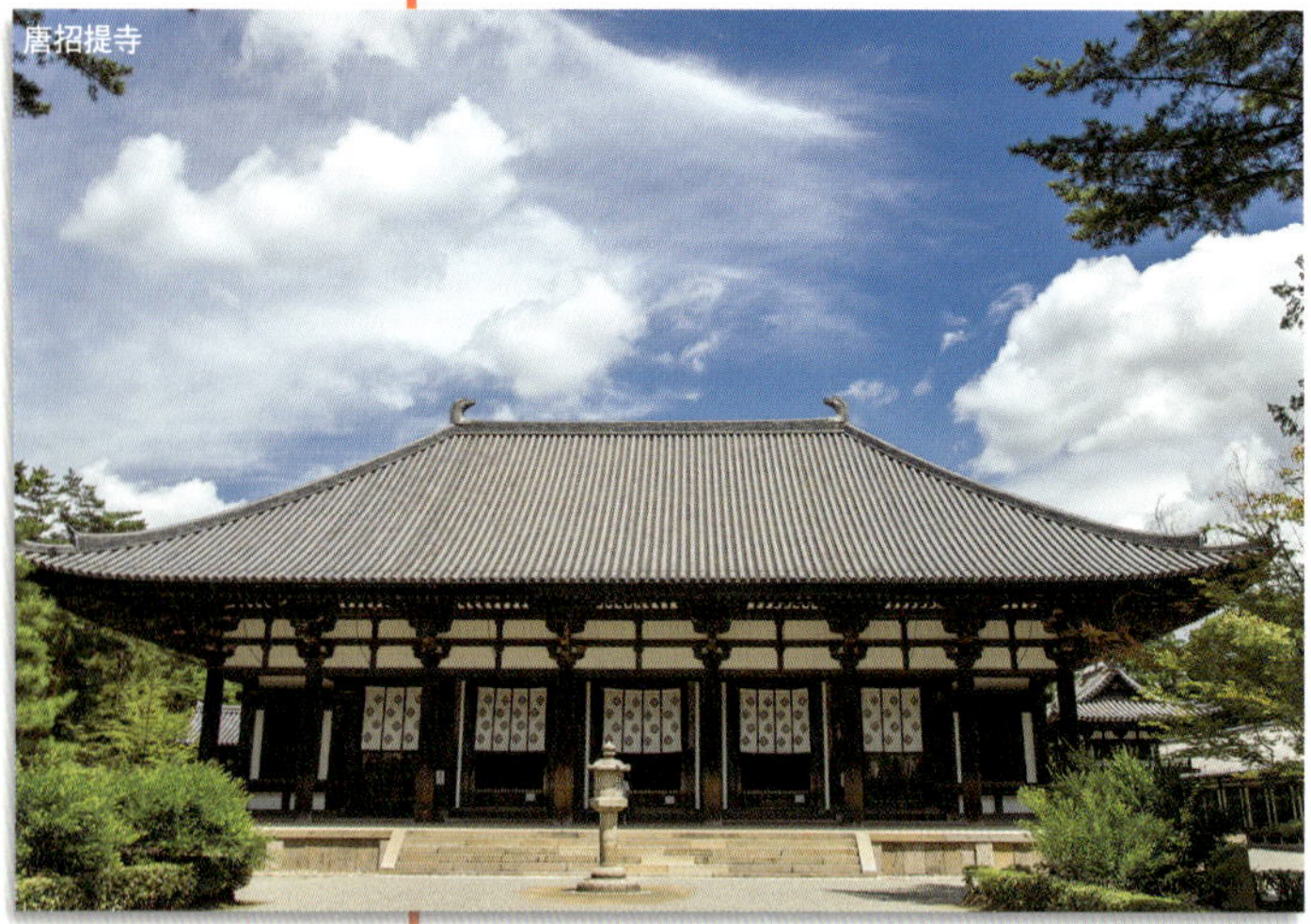
唐招提寺

この時代の世界史

●751年
唐の高仙芝《こうせんし》が中央アジアに遠征するも、タラス河畔でアッバース朝軍に敗れる。
フランク王国でカール・マルテルの子小ピピンが国王となりカロリング朝が成立する。

●755年
唐で節度使安禄山《あんろくざん》が反乱をおこす（安史の乱）。

●756年
フランク王小ピピン、北イタリアをローマ教皇に寄進する（ピピンの寄進）。
イベリア半島に後ウマイヤ朝が興る。

後ウマイヤ朝の首都コルドバに立つメスキータ（モスク）

1 夢物語の舞台バグダード

アッバース朝は、ハールーン・アッラシードの時代に最盛期を迎える。都バグダードは繁栄を極め、文化や芸術も花開いた。『千夜一夜物語』には、この頃のバグダードの優雅な暮らしぶりが描かれ、ハールーン・アッラシードや大臣たちも登場している。

2 教皇の危機を救ったカール大帝

カール大帝は、フランク王国の版図を西ヨーロッパの大部分を占める範囲にまで拡大した。ローマ教皇レオ三世が、偽証罪、姦通《かんつう》罪で訴えられた際、カールは裁判で教皇を助けて無罪としたため、その見返りに教皇はローマ皇帝の冠を授けた。

2 娘を溺愛した女好き大帝

カール大帝は女好きで、妻が四人に愛人も四人以上、子供は総勢一五人以上いたとされ

カール大帝

790年　780年　770年

3 769年
宇佐八幡宮神託事件がおこり、和気清麻呂《わけのきよまろ》が大隅国に流される。

●770年
称徳天皇没し、道鏡が下野薬師《しもつけやくし》寺別当《じべっとう》に左遷される。

●781年
桓武天皇が即位する。

●784年
長岡京への遷都が行なわれる。

●785年
長岡京建設の責任者藤原種継が暗殺され、桓武天皇の弟早良親王が流罪となる。

●788年
最澄が比叡山に延暦寺を建立する。

4 794年
平安京への遷都が行なわれる。

●797年
坂上《さかのうえの》田村《たむら》麻呂《まろ》、征夷大将軍に任命される。

2 変わった名前の由来

藤原仲麻呂《なかまろ》が淳仁《じゅんにん》天皇より賜った「恵美押《えみのおし》勝《かつ》」という変わった名前は、「顔を見ただけで微笑んでしまう、何者にも勝る愛しい人」という意味を持つとされる。

3 僧に迷った女帝・称徳天皇

道鏡は、称徳《しょうとく》天皇の病気を治して絶大な信頼を得た。孤独な女帝は、心の支えとなった道鏡を重用し、ついには皇位に就けようと、神託を伺《うかが》う使いまで出した。しかし、結局は周囲の反感を察知して断念し、称徳天皇が病没すると道鏡も左遷された。

4 怨霊を恐れて急いだ平安遷都

藤原種継《たねつぐ》暗殺の罪を問われた早良《さわら》親王は、無実を主張し自ら食を断って憤死した。その後、桓武天皇の母親、皇后、夫人らが次々に死亡、長岡京は二度の大洪水に遭う。これを親王の祟りと恐れた桓武《かんむ》天皇は、逃げるように平安京へ移ったのである。

平安京の復元模型

延暦寺の根本中堂

●768年
カール一世がフランク国王に即位する(カール大帝)。

●780年
唐で宰相楊炎《ようえん》の建議により両《りょう》税法《ぜいほう》が施行される。

1 786年
ハールーン・アッラシードがカリフとなり、アッバース朝が最盛期を迎える。

●790年頃
インドネシアでボロブドゥールの建設が始まる。

●791年
フランク国王カールがアヴァール人を征討する。

2 800年
フランク国王カール、ローマ教皇から「ローマ皇帝」の冠を受ける(カールの戴冠)。

8世紀後半のオリエントからヨーロッパにかけての世界

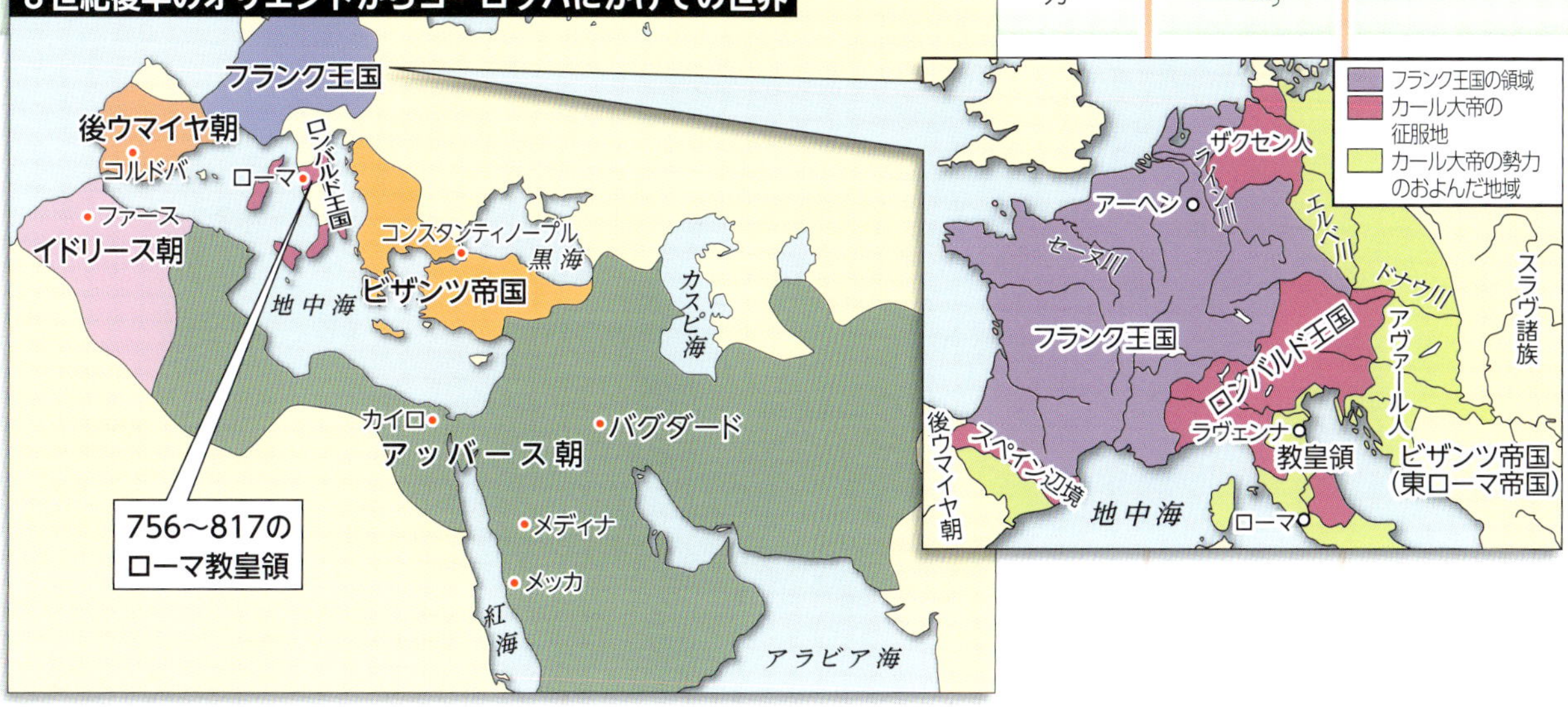

る。娘たちについては、かわいさのあまり嫁《とつ》がせなかったという。

9世紀 801〜850年

前期 中期 後期

最澄が天台宗を、空海が真言宗を開く。その頃、ジャヤヴァルマン二世がカンボジアを統一

この時代の日本史

1 802年 坂上田村麻呂が胆沢城を築造する。

1 803年 田村麻呂が志波城を築造する。

2 805年 最澄帰国し、翌年天台宗を開く。

2 806年 空海帰国し、真言宗を開く。

● 810年 薬子《くすこ》の変がおこる。

● 819年 空海が高野山に金剛峯寺を建立する。

● 820年 藤原冬嗣ら、弘仁格式を編纂する。

金剛峯寺奥の根本大塔

1 東北遠征の完了

東北遠征に出ていた坂上田村麻呂は、八〇二年に胆沢《いさわ》城、八〇三年に志波《しわ》城を築いているが、以後蝦夷《えみし》は大和に服属し、俘囚《ふしゅう》と呼ばれるようになっていった。

志波城の外郭南門（復元）

2 仏教改革の旗手　最澄と空海

最澄と空海は、当初は、最澄が七歳年下の空海に灌頂《かんじょう》の儀式を執り行なってもらい教えを乞うなど、密接な交流があった。しかし、二度目の灌頂で、最澄がもっと高いレベルの伝法を求めると、空海は拒否。また、空海のもとで修行させていた最澄の弟子泰範《たいはん》が空海に心酔し、弟子入りしてしまった。

こうしたことから、やがてふたりの関係は悪化し、交流は断たれたのである。

この時代の世界史

1 802年 ジャヤヴァルマン二世、カンボジアを統一し、アンコール朝が成立する。

1 クメール美術の最高傑作

砂岩のブロックを積み上げた壮麗なアンコール・ワットは、クメール族のアンコール朝の首都に築かれている。分裂していた国家を再び統一したスールヤヴァルマン二世が、一二世紀初めから三〇年の歳月をかけて建設したヒンドゥー霊廟寺院である。

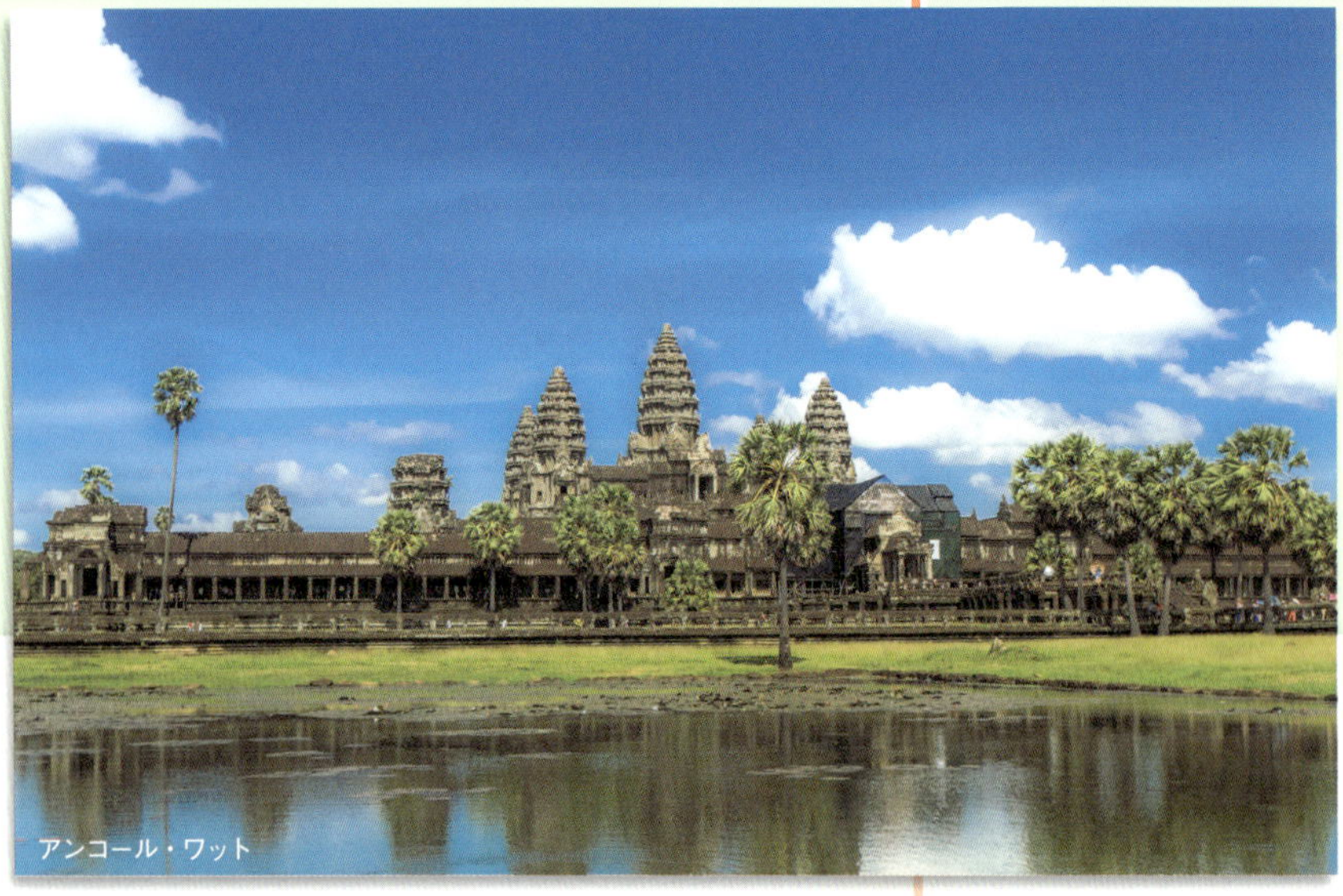
アンコール・ワット

1 アンコール朝その興亡

アンコール朝の始祖ジャヤヴァルマン二世は、ジャワ王国の捕われの身から帰国して、八〇二年に国を興した。以降、アンコール朝はトンレサップ湖の水利を活用して繁栄。一二世紀、ジャヤヴァルマン七世の時代には、ミャンマー・ヴェトナム・マレーまでを支配した。やがて一五世紀にはタイのアユタヤ朝の侵攻により衰退したが、現在でもこれらの地には多くのクメール遺跡が残っている。

冬嗣建立の興福寺南円堂

3 ●838年
事実上最後の遣唐使が派遣される。

●842年
承和の変がおこり、藤原良房が橘逸勢《はやなり》、伴健岑《とものこわみね》らを謀反の疑いで流罪とする。

●848年
唐留学中に廃仏に直面した円仁が帰国する。

真言宗		天台宗
弘法大師空海	開祖	伝教大師最澄
東寺＝教王護国寺 高野山金剛峯寺	寺院・道場	比叡山延暦寺
『大日経』『金剛頂教』など密教経典を信仰。即身成仏を説く	教義	『法華経』を信仰。仏の前における人間の絶対平等を説く
『三教指帰』『十住心論』	主著	『顕戒論』『山家学生式』
東寺を中心としたことから東密と呼ばれる。貴族層が支持	発展	円仁が密教を取り入れる（台密）。朝廷・貴族層が支持

3 遣唐船の上船を拒んだ小野篁

小野《おの》篁《たかむら》は、遣唐使の副使となったが、日頃からソリが合わない大使の藤原常嗣《つねつぐ》と船の交換を命じられたため、上船拒否した。さらに篁は、遣唐使を風刺する詩を書いて嵯峨《さが》上皇の怒りに触れ、隠岐に流されてしまった。

小野篁はこの六道珍皇寺の井戸から地獄に行き、閻魔大王の裁判を手伝っていたともいわれている

●827年
イスラーム教徒がシチリア進出を開始し、902年に征服する。

●829年
ウェセックス王エグバートがイングランドを統一する。

●830年
アッバース朝、バグダードに「知恵の館」を建設する。

●833年
アッバース朝でトルコ人奴隷（マムルーク）による親衛隊が組織される。

●840年
ウイグルが反乱とキルギスの攻撃により崩壊し、部族は四散する。

2 ●843年
ヴェルダン条約により、フランク王国が西フランク（フランス）、中部フランク（イタリア）、東フランク（ドイツ）の三つに分裂する。
※この頃からヴァイキングのヨーロッパ進出が盛んになる。

●845年
唐の武宗が仏教を弾圧する（会昌の廃仏）。

●850年
デーン人がイングランドに侵入する。

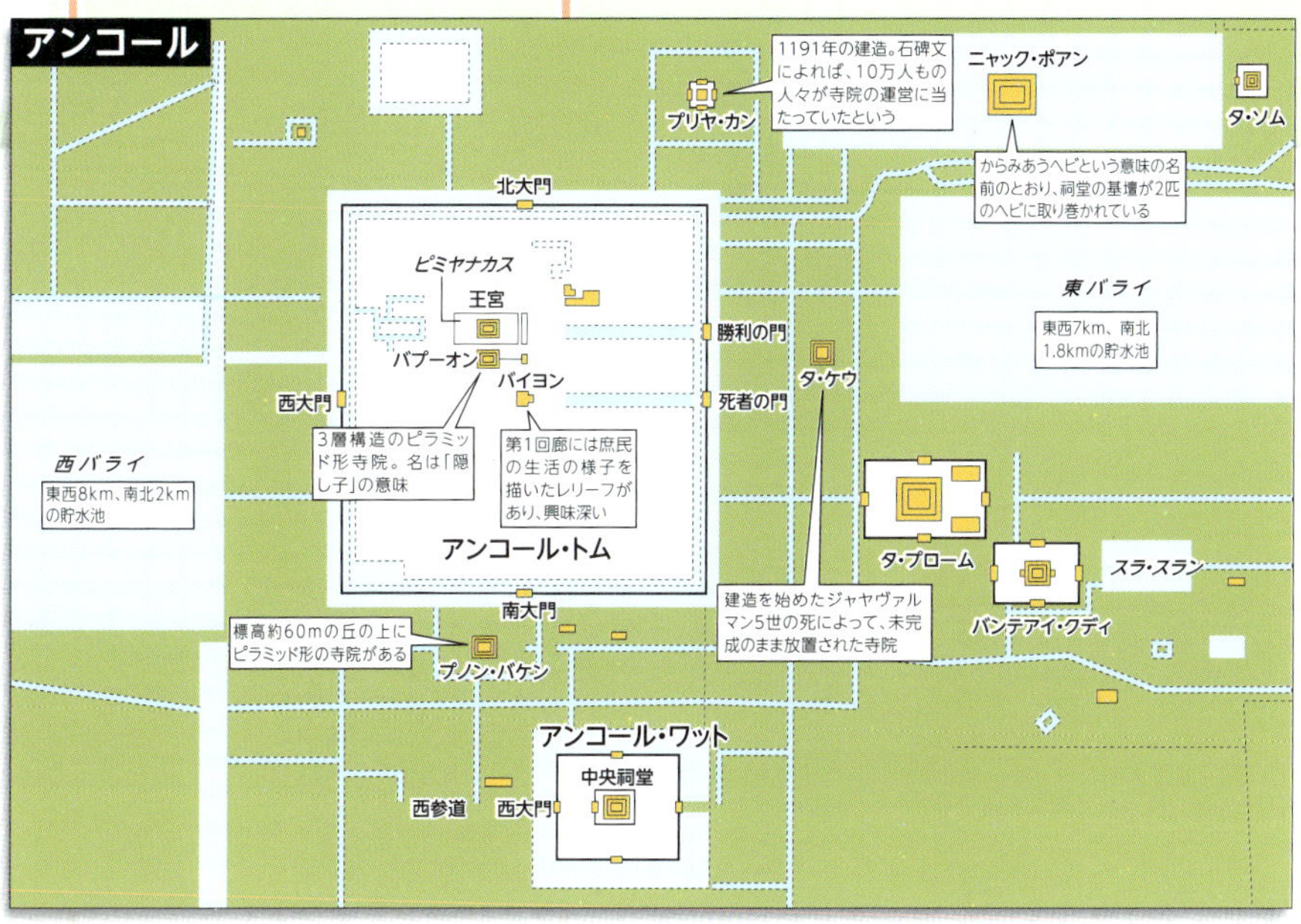
アンコール
プリヤ・カン
1191年の建造。石碑文によれば、10万人もの人々が寺院の運営に当たっていたという
ニャック・ポアン
タ・ソム
からみあうヘビという意味の名前のとおり、祠堂の基壇が2匹のヘビに取り巻かれている
北大門
ピミヤナカス
王宮
バプーオン
バイヨン
勝利の門
死者の門
タ・ケウ
東バライ
東西7km、南北1.8kmの貯水池
西大門
3層構造のピラミッド形寺院。名は「隠し子」の意味
第1回廊には庶民の生活の様子を描いたレリーフがあり、興味深い
西バライ
東西8km、南北2kmの貯水池
アンコール・トム
タ・プローム
スラ・スラン
バンテアイ・クディ
建造を始めたジャヤヴァルマン5世の死によって、未完成のまま放置された寺院
南大門
標高約60mの丘の上にピラミッド形の寺院がある
プノン・バケン
アンコール・ワット
中央祠堂
西参道
西大門

2 フランク分裂、伊仏独の形成へ

フランク王国の相続争いの末、ヴェルダン条約、メルセン条約が結ばれ、これがイタリア、フランス、ドイツの原型となる。中世、各国は、イスラーム、ノルマン人などの侵入や、諸侯の抗争に悩まされることになる。

9世紀 851～900年

前期　中期　後期

藤原良房が太政大臣に就任した頃、唐で黄巣の乱がおこる

この時代の日本史

●857年 藤原良房、太政大臣に就任する。

●858年 藤原良房、事実上の摂政となる。

1 866年 応天門が炎上し、伴善男が流罪となる（応天門の変）。

●876年 清和天皇が譲位し、陽成天皇が即位する。

●884年 藤原基経が陽成天皇を廃位し、光孝天皇が即位する。

●887年 光孝天皇が没し、宇多天皇が即位する。藤原基経、初の関白となる。

●889年 高望王が平姓を賜る（桓武平氏）。

●894年 遣唐使が廃止される。菅原道真の建議。

1 応天門の変の背景とは

大納言《だいなごん》の伴善男《とものよしお》が犯人とされ、伊豆に流刑となった応天門《おうてんもん》放火事件には、不可解な点が多い。そもそも目撃者が事件から五か月もたってから出ることが不自然だ。善男の失脚と入れ違いに、勢力を伸ばしたのが藤原良房《よしふさ》である。伴氏は政治の中枢にあり、良房にとっては目ざわりな存在だった。

藤原氏の他貴族排斥

薬子の変（810年）
平城上皇の寵愛を受けた薬子が、仲成とともに上皇を再度皇位につけようとして失敗
承和の変（842年）
伴健岑らが東国での乱を企てたとして良房が処罰
応天門放火事件（866年）
事件から５か月もたってから、伴善男が犯人とされ、良房が処罰
菅原道真の左遷（901年）
時平の策謀により、道真左遷
安和の変（969年）
関白実頼、右大臣師尹らにより、左大臣源高明左遷

この時代の世界史

1 862年 ノルマン人ルーシ族のリューリクがノヴゴロド国を建国する。

●870年 メルセン条約により中部フランクが東西に二分割される。

●871年 アルフレッドがイングランドの王となる。

2 875年 唐で黄巣の乱がおこる。中央アジア初のイラン系イスラーム王朝であるサーマーン朝が興る。

●882年 オレーグがリューリクの子イーゴリを擁してキエフ大公国を建てる。

●896年 ハンガリーに騎馬民族が定住する。

1 ロシアの伝説、建国の三兄弟

ロシア最古の歴史書『ロシア原初年代記』には、内紛に悩んだ指導者らが、「海のかなた」から統治者を招き、やってきたのがヴァリャーグというゲルマン人の一派に属する三兄弟で、彼らがノヴゴロド国を建国したと伝えられている。ヴァリャーグはノルマン人のことと思われるが、国家の起源に関することとして、論争の的となっている。

ルーシの地でスラブ人と面会するヴァリャーグの一行（左）

2 インテリの塩密売人　黄巣

唐代に塩が専売化されたとき、密売人たちは徒党を組み、武装して役人に対抗した。のちに反乱をおこす黄巣は、密売人の頭目とはいえ富裕な塩商人の家に生まれ、科挙を何度も受けたインテリだった。

10世紀 901～935年

前期 中期 後期

菅原道真が大宰府に左遷された頃、ヴァイキング・ロロがノルマンディー公国を建国

この時代の日本史

1 901年
菅原道真、藤原時平によって大宰府へ左遷される。

●905年
紀貫之・紀友則・壬生忠岑《みぶのただみね》らが『古今和歌集』を撰進する。

●927年
藤原忠平ら、延喜式《えんぎしき》を撰進する。

2 935年頃
紀貫之、『土佐日記』を著す。

菅原道真を祀る太宰府天満宮

菅原道真像

紀貫之

1 道真左遷は妬みからか？

菅原道真は、藤原時平に妬《ねた》まれて左遷されたという。だが、若い時平の位は、年上の道真の位よりはるか上。妬むとしたら道真のほうであろう。道真は、天皇廃位の嫌疑について、謀議に誘われたことを認める言葉を残しており、無実とは言い切れないようである。

2 紀貫之の出世は遅かった

『古今和歌集』の撰者、『土佐日記』の作者という華やかな経歴とは裏腹に、紀貫之の役人としての地位は地味なものだった。

藤原氏が権力を握る中でなかなか取り立ててもらえず、晩年にやっと従五位上に登る出世に留まった。

この時代の世界史

●907年
朱全忠が唐を滅ぼし後梁を建国する。これ以降五代十国時代。

●909年
チュニジアにシーア派のファーティマ朝が成立。

1 911年
ノルマン人の首長ロロがノルマンディー公国を樹立する。

●918年
朝鮮半島で王建が高麗を建国する。

●926年
契丹（遼）が渤海を滅ぼす。

●929年
後ウマイヤ朝のアブド・アッラフマーン三世がカリフを称し、イスラム帝国が東西に分裂する。

●932年
イラン系シーア派のブワイフ朝が興る。

1 王の足にキスなどできない！

ヴァイキングの略奪から国を守るため、西フランク王シャルルはヴァイキング首領のロロと協定を結び、土地を与えた。ロロはキリスト教の洗礼を受けたが、授与式で王の足にくちづけすることだけは断固拒否した。

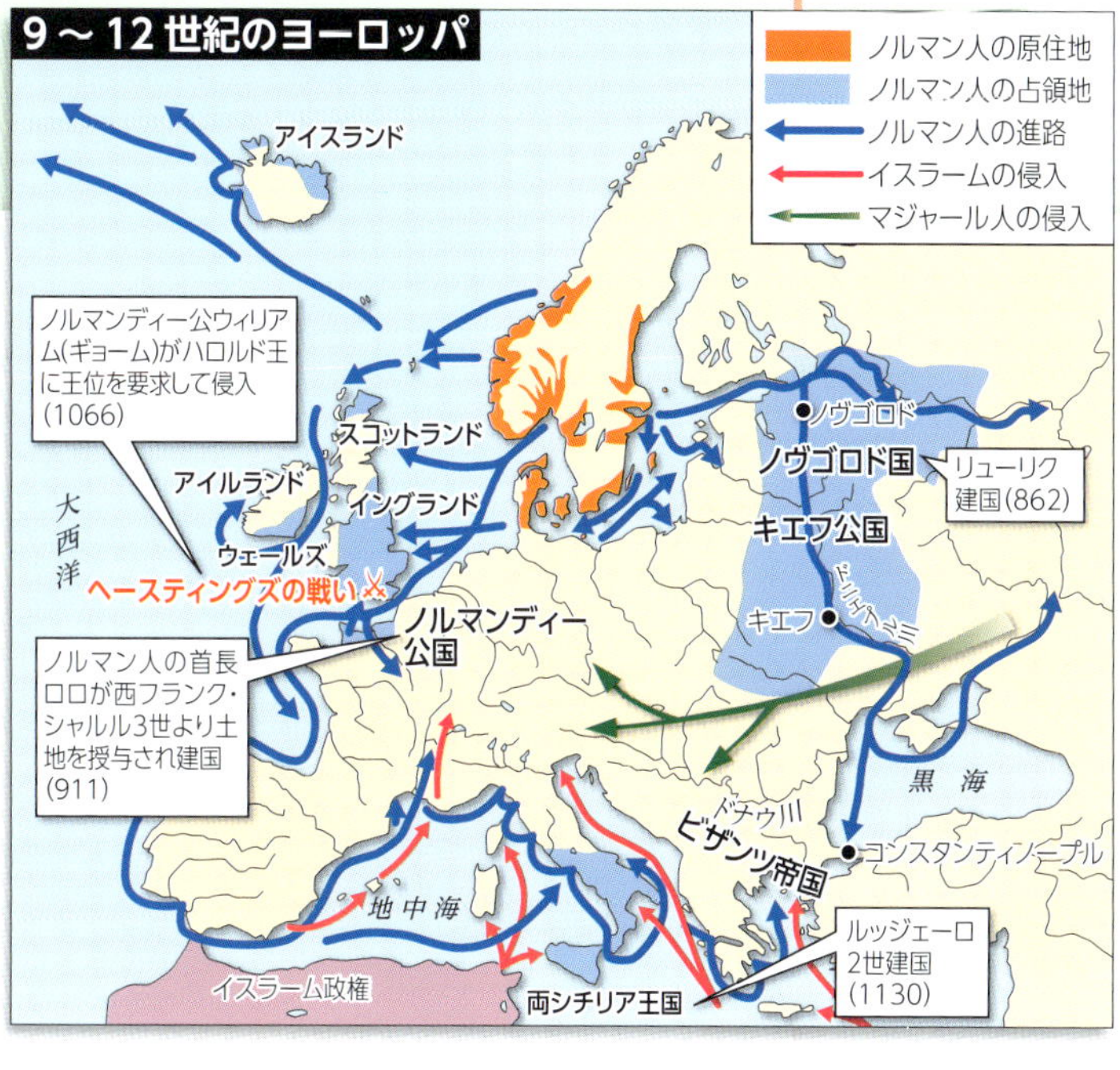
9～12世紀のヨーロッパ
ノルマン人の原住地
ノルマン人の占領地
ノルマン人の進路
イスラームの侵入
マジャール人の侵入
アイスランド
ノルマンディー公ウィリアム(ギヨーム)がハロルド王に王位を要求して侵入(1066)
スコットランド
アイルランド
イングランド
大西洋
ウェールズ
ヘースティングズの戦い
ノルマンディー公国
ノルマン人の首長ロロが西フランク・シャルル3世より土地を授与され建国(911)
ノヴゴロド
ノヴゴロド国
リューリク建国(862)
キエフ公国
キエフ
ドニエプル川
黒海
ドナウ川
ビザンツ帝国
コンスタンティノープル
地中海
ルッジェーロ2世建国(1130)
イスラーム政権
両シチリア王国

10世紀 936〜970年

前期 中期 後期

平将門の乱で日本が揺れる。その頃、世界では神聖ローマ帝国が成立

この時代の日本史

●938年
空也、都で念仏を説く。

1 939年
平将門、常陸、下野、上野の国府を襲い、新皇を称す。

●941年
藤原純友、小野好古《よしふる》らによって討たれる。

●969年
源満仲の讒言《ざんげん》により、左大臣源高明《たかあきら》が左遷される（安和《あんな》の変）。
高麗の使節が対馬にやってくる。
藤原実頼《さねより》、摂政に就任する。

●970年
藤原伊尹《これただ》、摂政に就任する。

1 怨霊伝説の平将門の人物像

将門らの承平《しょうへい》・天慶《てんぎょう》の乱後、京で晒《さら》されていた将門の首は武蔵国まで飛んできたという。将門には、このような怨霊伝説がある一方、武芸に秀でて侠気《おとこぎ》に富み、人望に厚いといった人柄を示す逸話も多数残されている。

平将門の首塚

この時代の世界史

●936年
高麗が後百済を滅ぼして朝鮮半島を統一する。
遼が後晋から燕雲《えんうん》十六州を獲得する。

●946年
ブワイフ朝がバグダードに入りアッバース朝カリフからアミール・アルウマラー（大アミール）の称号を得る。

●955年
ドイツ王オットー一世がレヒフェルトの戦いでマジャール人に勝利する。

●960年
中国で趙匡胤《ちょうきょういん》が宋を建てる。

1 962年
ドイツ王オットー一世、ローマ教皇から皇帝の冠を受け、神聖ローマ帝国が成立する。

2 969年
ファーティマ朝がエジプトを征服し、カイロを建設する。

1 軍隊が先に認めた皇帝オットー

ドイツ王オットー一世は、有力諸侯を抑えるためローマ教会を利用し、神聖ローマ皇帝として戴冠した。じつは、オットー一世は、教皇からの戴冠に先立つ九五五年、マジャール人の侵入を退けた際、軍隊から皇帝として推戴されていた。

神聖ローマ皇帝の王冠

2 暗殺者「アサシン」の語源とは？

麻薬ハシーシュを若者に吸わせては暗殺指令をする過激分子が、ファーティマ朝の主勢力イスマーイール派から生まれたと伝わる。その恐怖にイスラーム世界ばかりかヨーロッパも震撼し、麻薬ハシーシュは、英語の暗殺者「アサシン」の語源となった。

10世紀 971〜1000年
前期 中期 後期

清少納言が『枕草子』を書いていた頃、パリ伯ユーグ・カペーがカペー朝を開く

●972年
藤原兼通《かねみち》、関白に就任する。

●990年
藤原兼家が関白に就任し、藤原道隆が摂政・関白に就任する。

●995年
藤原道兼、関白に就任するが、就任後一二日で死亡する。藤原道長が内覧となり、事実上の摂政となる。

●996年
藤原伊周《これちか》、隆家、左遷される。

1 996年頃
清少納言が『枕草子』を著す。

この時代の日本史

1 才女が見せた晩年の気概

清少納言は、中宮定子《ていし》の死後は、宮仕えせず、荒れ果てた家に隠棲していたと伝えられる。『枕草子《まくらのそうし》』には女がひとりで住むなら荒れ果てた家がいいとあるので、願いをかなえたともいえる。からかう者に、中国の故事をふまえて言い返したというから、勝ち気と才気は若い頃のままだった。

かな文字・かな文学

おもに女性が非公式な文書で使用

万葉がな → 平がな・片かな → **女流文学の隆盛**

- 古今和歌集
  醍醐天皇の命による最初の勅撰和歌集
- 土佐日記
  紀貫之が土佐国司の任を終え女性に仮託して記した日記文学
- 枕草子
  鋭い感覚と才気で自然・人事を描いた随筆集
- 源氏物語
  仏教世界観を基底に平安貴族の憂愁を描いた長編小説

●976年
ビザンツ帝国でバシレイオス二世が皇帝に即位する。

●977年
アフガニスタンでトルコ系のガズナ朝が成立する。

1 979年
宋が北漢を滅ぼして中国を統一する。

2 987年
西フランク王国でカロリング朝が断絶し、ユーグ・カペーがカペー朝を開く。

●989年
キエフ大公国のウラディミール一世が東方正教会に改宗する（ロシア正教会の成立）。

●997年
イシュトヴァーン一世がハンガリー王国を興す。

●1000年頃
アイスランド人のレイフ・エリクソンが西洋人としてはじめて北アメリカ大陸に到達する。

この時代の世界史

1 目覚めたら皇帝になった趙匡胤

九六〇年に契丹《きったん》が南侵してきた際、これを迎え撃つ後周の皇帝は八歳だった。後周軍を率いていた趙匡胤は、陣中で酒を飲んで寝ていたところを叩き起こされ、将兵に皇帝の袍《ほう》を着せられた。これが宋の太祖の誕生であった。

趙匡胤

2 会議で決まったフランス王

カロリング朝の跡継ぎが途絶え、選定会議によって選ばれた王が、ユーグ・カペーである。厚い信仰で聖職者の支持を得たのである。

しかし、王とはいえ、カペー朝が支配したのは、パリとオルレアン周辺という限られた地域だった。

ユーグ・カペー

11世紀 1001〜1050年

前期 中期 後期

日本で藤原氏が栄華を誇る。同じ頃、クヌートが北海帝国を成立

この時代の日本史

1 1001年頃
紫式部が『源氏物語』を執筆し始める。

石山寺の紫式部像

月岡芳年が描いた『源氏物語』執筆中の紫式部

1 1008年
『源氏物語』の一部が流出、1010年初め頃までに全体の九割以上が完成した。

1 紫式部は辛辣な皮肉屋だった

紫式部《むらさきしきぶ》は、『紫式部日記』で女房たちを批評している。中でも清少納言については、「利口ぶって漢字を書きちらしているが未熟。将来ろくなことになるまい」と、辛辣《しんらつ》にけなしている。

これは、それぞれが仕えた定子と彰子という派閥関係も影響しているようである。

1 道長は紫式部にフラレていた

時の権力者藤原道長は、紫式部に何度かモーションをかけるが、断られている。このときの様子を紫式部は、得意げに書き連ねている。紫式部は、かなりうぬぼれ屋だったようだ。

2 常に女性が後押しした道長

道長の出世の足がかりとなったのは、家柄のいい源倫子《りんし》との結婚だった。倫子の父は猛反対したが、母親に取り入り結婚した。また、関白ポストを巡る争いでは、天皇の生母である道長の姉、詮子《せんし》の後押しで勝ち残った。仕上げは、娘たちを次々に天皇に嫁がせる後宮政策で、政治の頂点に立ったのである。

この時代の世界史

● 1001年
ガズナ朝のマフムードがインドに侵入する。

● 1004年
宋と遼に澶淵《せんえん》の盟が結ばれる。

● 1009年
ヴェトナムに李朝が興る。

● 1010年
詩人フィルドゥシーがイラン最大の民族叙事詩『シャー・ナーメ（王書）』を完成させる。

1 北海帝国を築いたクヌート

クヌートはヴァイキングとして北海一帯を荒らすデーン人だったが、彼は、デンマーク、イングランド、ノルウェー、スコットランド、スウェーデンの一部を治め、北海帝国を建設した。イングランドでは二〇年におよび平和をもたらし、法律や税制を整備するなどの政治手腕を見せた。

大ブリテン島略史

449	アングロ・サクソン族 移住開始
6C	七王国成立
829	アングロ・サクソン王国 エグバート王による統一
9C	ヴァイキング来襲
1016	アルフレッド大王による撃退 デンマーク王子クヌートのイングランド征服
1042	北海帝国 アングロ・サクソン王朝復活

クヌート

2 1017年
藤原頼道、摂政に就任し、藤原道長、太政大臣に就任する。

● 1019年
4月、女真《じょしん》族の一部が北九州に襲来する（刀伊《とい》の入寇）。
12月、藤原頼通、関白に就任する。
※この頃、強訴が盛んになる。

● 1028年
6月、平忠常の乱がおこる。

藤原氏と天皇家の関係

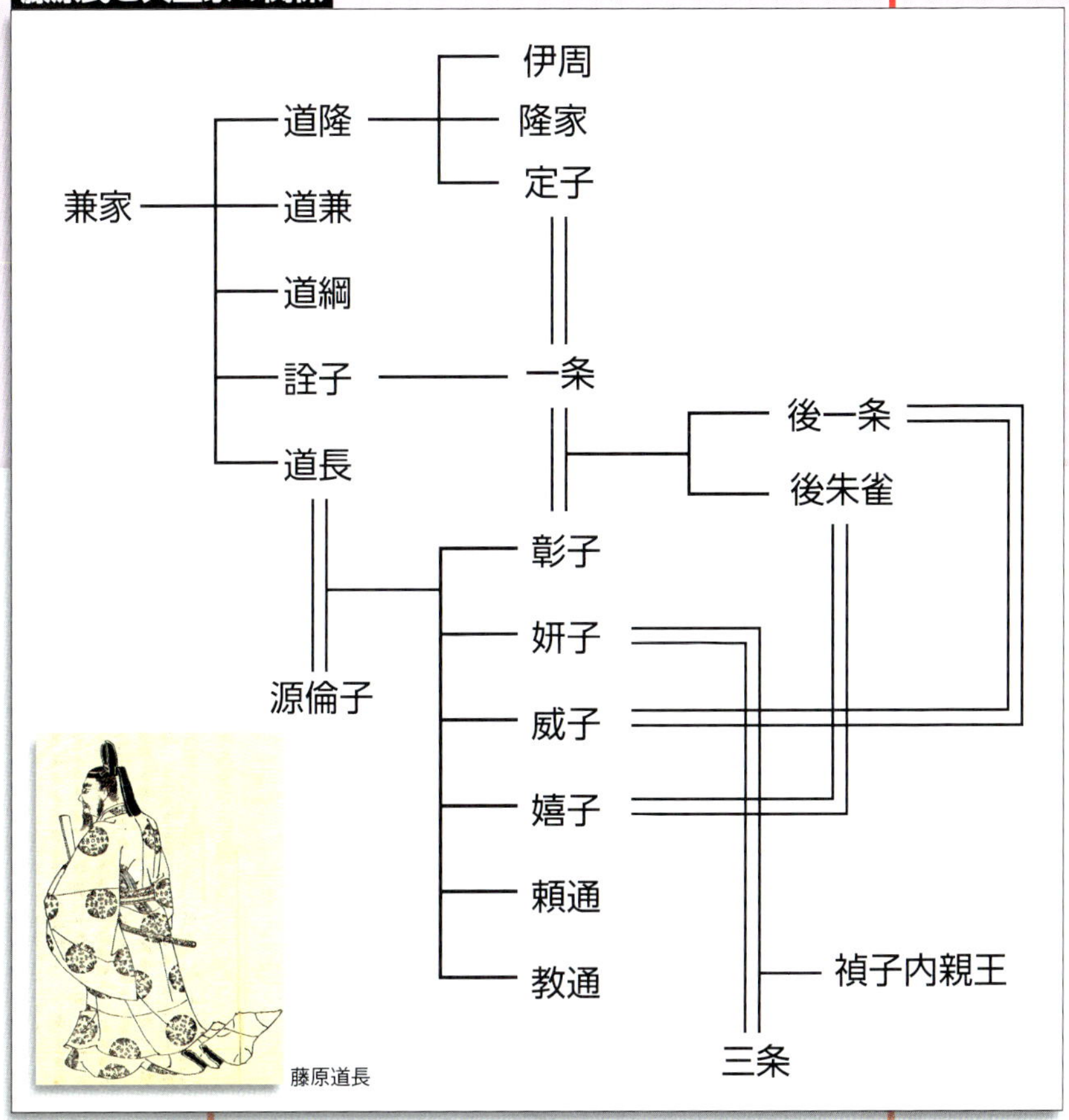
兼家
道隆
伊周
隆家
定子
道兼
道綱
詮子
一条
道長
後一条
後朱雀
源倫子
彰子
妍子
威子
嬉子
頼通
教通
禎子内親王
三条
藤原道長

2 苦悶の死を迎えた絶頂の貴族

藤原道長は、糖尿病や眼病に侵され、最期には背中に大きな腫《は》れ物ができて苦しんだのちに死を迎えたといわれる。

1 1016年
クヌートがイングランドを支配し、北海帝国を築き上げる。

● 1031年
後ウマイヤ朝が滅亡する。

2 1032年
チベット系のタングート族の李元昊が西平王の位を継ぐ（のち西夏を建国）。

3 1035年
スペインでカスティリャ王国、アラゴン王国が独立し、国土回復運動が盛んになる。

4 1038年
トルコ人トゥグリル・ベクがセルジューク朝を興す。

● 1044年
宋と西夏が和約を結ぶ。
ミャンマーでパガン朝が始まる。

2 複雑な文字は民族意識の表れ

李元昊《りげんこう》は、西夏《せいか》を建国すると、西夏文字を創造して公用文字とした。複雑で画数が多く、三〇〇年ほど用いられたが、やがて忘れ去られた。西夏を建てたタングート族はチベット系だったため、漢民族の用いる漢字への対抗意識があったようだ。

3 レコンキスタの展開

かつて「国土回復運動」と訳したレコンキスタは、近年では「再征服運動」と訳される。イスラーム王朝のイベリア半島では多宗教共存体制が敷かれていたが、キリスト教徒はこれを真っ向から否定し、イスラーム教徒ばかりか、ユダヤ教徒までも迫害した。

4 トゥグリル・ベクの「三本の矢」

セルジューク朝を開いたトゥグリル・ベクは、一族郎党の前で兄弟に矢を折らせ、二本、三本と増やしていき、ついに折れなくなると一族の結束の大切さを説いたと伝えられる。毛利元就の「三本の矢」に似ているが、この種の伝承は中央アジアの遊牧民族の間に広く残っている。

壮麗な建築や崇拝の対象となるによって世界各地で造られる

中国・東南アジアの文化

唐代				
文学	唐詩	李白	701～62	自由奔放な作風で詩仙と呼ばれる
		杜甫	712～70	思索的、社会的作風で詩聖と呼ばれる
		白居易	772～846	平易な作風 『長恨歌』
書道		顔真卿	709～85	玄宗時代の書家
学問	儒教	孔穎達《くようだつ》	574～648	太宗の命により『五経正義』編纂

宋代				
儒学	宋学	朱熹	宋学（朱子学）の大成者	
歴史		司馬光	『資治通鑑《しじつがん》』（儒学的観点で戦国～五代末までを記述）	
文学	散文	漢代の古文復興。蘇軾《そしょく》『赤壁の賦』		
絵画	院体画	徽宗《きそう》（北宋）	文人画	米芾《べいふつ》（北宋）
工芸		陶磁器、青磁、白磁		
技術		印刷術（木版印刷）、火薬、羅針盤		

唐代の文化は、北朝の質実剛健さと南朝の優美さを融合した貴族的な文化であった。李白と杜甫は、唐文化最盛期の玄宗時代に現れた。宋代の文化は、遼・金・西夏の異民族の圧迫もあり、国粋的な傾向が強く、士大夫を中心に理知的な文化が発達した。

東南アジアにおいて、ヴェトナムは中国王朝支配時代が長く、漢字や儒教などが導入された。ヴェトナム以外ではインド文化の影響が大きく、ヒンドゥー教や上座部（小乗）仏教が伝わった。

ジャワ島のボロブドゥールは、大乗仏教遺跡で、すぐれた仏像彫刻が多い。

ボロブドゥール（ジャワ島）

日本の文化

飛鳥　6世紀後半～7世紀中頃	
建築	飛鳥寺、四天王寺、法隆寺
彫刻	『法隆寺金堂釈迦三尊像』『薬師如来像』
絵画	『法隆寺玉虫厨子須弥座絵』

天平　729～748年中心	
建築	東大寺法華堂、正倉院宝庫（校倉造） 唐招提寺金堂、法隆寺夢殿
彫刻	『東大寺戒壇院四天王像』『興福寺阿修羅像』
工芸	『正倉院宝物』
書物	『古事記』『日本書紀』『万葉集』

国風　9世紀半ば～11世紀半ば	
文学	『古今和歌集』（紀貫之ら）、『源氏物語』（紫式部） 『土佐日記』（紀貫之）、『枕草子』（清少納言）
建築	平等院鳳凰堂
彫刻	『平等院鳳凰堂阿弥陀如来像』（寄木造）
絵画	『源氏物語絵巻』、『高野山聖衆来迎図』

飛鳥文化は、日本最初の仏教文化で、渡来人が活躍し中国の南北朝、さらにはペルシア・ギリシア文化の影響も見られる国際性豊かな文化であった。

天平文化では唐の文化がもてはやされ、服装は唐風で聖武天皇はペルシア絨毯を敷いていたという。遣唐使廃止後は、中国風文化が日本風にアレンジされ、服装も十二単や束帯へと変化した。

四天王寺

コラム 古代の文化

宗教が政権と結びつき、彫刻などの偶像が権力者

イスラーム文化（1）

歴史学	タバリー	839～923	アッバース朝。ムハンマドの伝記研究から発達
哲　学	イブン・シーナー	980～1037	サーマーン朝。アリストテレス哲学を基礎とした『治癒の書』
医　学	イブン・シーナー	980～1037	ギリシア・アラビア医学を集大成した『医学典範』
数　学	フワーリズミー	780～850頃	インド数学を吸収 代数の発達
文　学	『千夜一夜物語』	8世紀に、インド説話の影響を受けたペルシア説話がアラビア語訳され、さらにバグダードやカイロの説話が融合した	
	フィルドゥシー	940頃～1025	ペルシア語の長編叙事詩『シャー・ナーメ』

古代オリエントやヘレニズム文明が栄えた地にはイスラームの帝国が建設され、アラビア語を核としてギリシア・ローマ文化やインド文明なども継承・発展させた融合文化を作り出した。

『コーラン』は、第3代カリフ、ウスマーンの命で編纂された。アラビア語以外への翻訳は、厳密には「注釈」作業とみなされてきた。

ビザンツ帝国や西ヨーロッパの人々は、拡大を続けるイスラーム世界に恐れを抱きつつも、交易は活発に行なわれ、アラビア語を学び、イスラームの哲学や医学を吸収した。

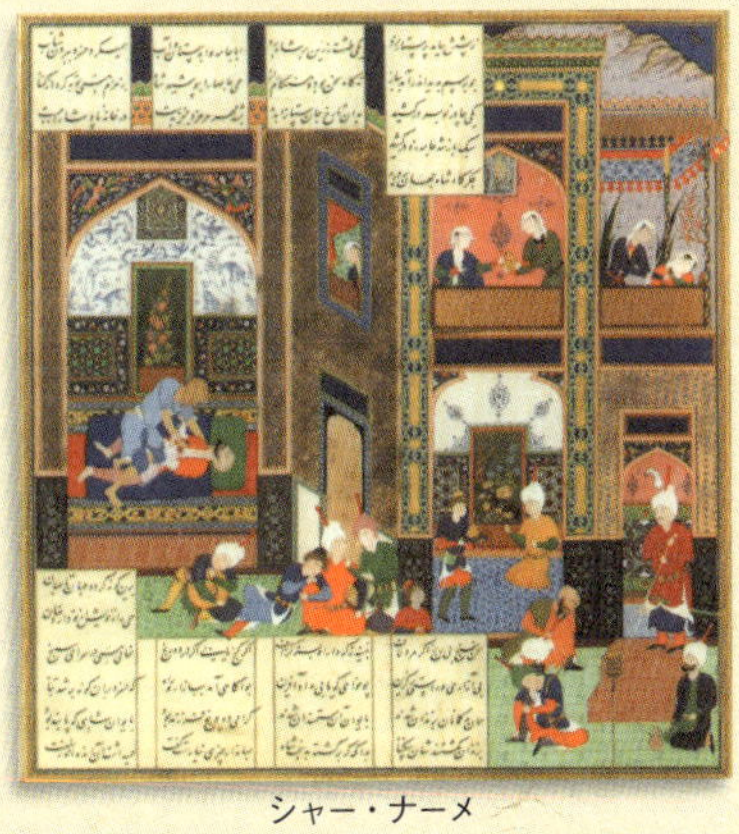

シャー・ナーメ

中世ヨーロッパ文化（1）

神　学		
アルクィン	735頃～804	イングランド出身。カロリング・ルネッサンスの原動力
アンセルムス	1033～1109	カンタベリ大司教。スコラ哲学の父

文　学	
英雄叙事詩	『ベオウルフ』（8世紀の英で成立）『エッダ』（9～13世紀の北欧で成立）

建　築	
ビザンツ様式	ハギア・ソフィア大聖堂 ローマ風の長方形広間に円蓋を組み合わせる
ロマネスク様式	独のヴォルムス大聖堂など重厚な石壁・十字形構造・アーチ型天井などを特色とする

ヨーロッパ中世文化はキリスト教神学が中心で、学問研究は教会や修道院付属の「スコラ」で行なわれ、5世紀初めの教父アウグスティヌスの神学を基盤にスコラ哲学へと発展した。

教会建築は、一般的なローマ以来のバシリカ様式に、ビザンツ帝国ではドームを組み合わせたビザンツ様式へと発展した。

ラテン十字形の平面とローマ風の半円形アーチを用いたロマネスク様式の建築も11世紀頃から始まった。

ヴォルムス大聖堂（ヴォルムス）

第2章 中世

the Middle Ages

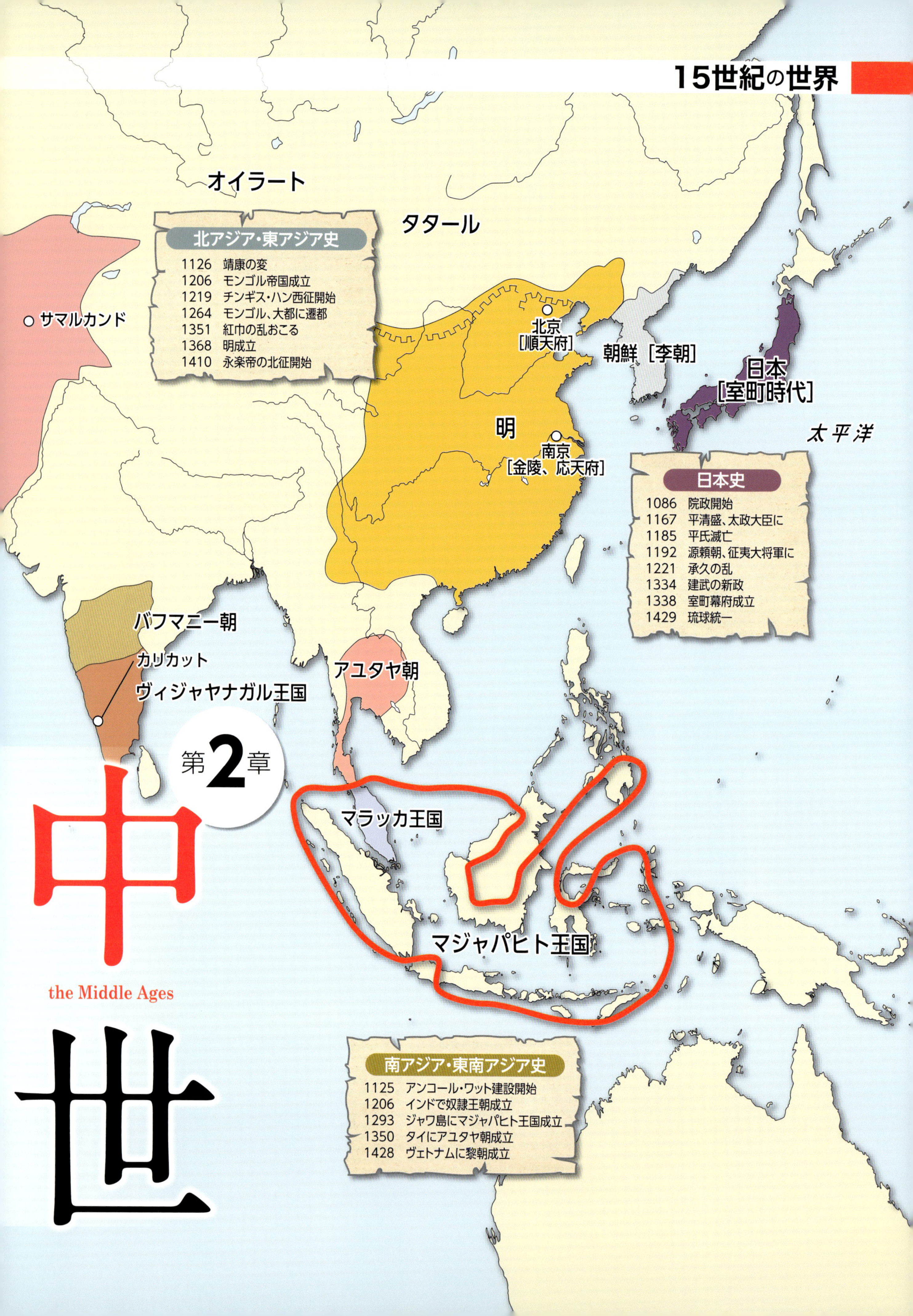

モンゴルの席捲を挟み、日本で武士支配、ヨーロッパで王権支配の確立へ向かう

大帝国と接触した日本武士

天皇に代わって上皇や法皇が政務を執る院政《いんせい》が行なわれていた一一世紀末の日本では、武士勢力が台頭を始める。一二世紀に、奥州で藤原氏が独自の政権を作り上げ、中央では源平争乱を勝ち抜いた源《みなもとの》 頼朝《よりとも》が、一一九二年、武士による鎌倉幕府を打ち立てた。

中国では弱体化した宋《そう》が、一一二六年に金《きん》によって江南へと追いやられている。この頃、チンギス・ハンがモンゴル高原を統一していた。チンギス・ハンとその子孫たちは各地に遠征を繰り返し、モンゴル帝国はユーラシア大陸からヨーロッパに至る空前の大帝国を築く。一二七一年、フビライ・ハンは、国号を元と改め、南宋を滅ぼして中国全域を支配下に収めたが、日本への遠征には失敗している。やがて日本では、この影響を受けて鎌倉幕府が滅び、室町幕府へと移る。

教皇権とモンゴル族の衰退

一方ヨーロッパでは一一世紀後半にローマ教皇の権威が皇帝の力を凌ぐまでに高まっていた。しかし、教皇が呼びかけた十字軍が最終的に失敗に終わり、教皇の力は衰退する。

一四世紀になると、英仏百年戦争、ペスト（黒死病）の流行など、不安定な時代を迎える。

一四世紀後半、中央アジア遊牧民族からティムールが登場し、大帝国を築く。中国では元が衰退し、モンゴル族は新しく興った明によって北方へと追いやられた。明は広く貿易を展開し、一五世紀前半には、日本からインド洋に至るまで、広範に交易を行ない栄えた。

11世紀 1051〜1085年

前期 中期 後期

源氏の台頭。その頃、「カノッサの屈辱」がおきる

この時代の日本史

●1051年
前九年の役がおこる。

●1053年
平等院鳳凰堂が建立される。

●1060年
藤原教通《のりみち》が左大臣に就任する。

●1061年
藤原頼通《よりみち》が太政大臣に就任する。

●1068年
後三条《ごさんじょう》天皇が即位する。

●1072年
後三条天皇が譲位し、白河《しらかわ》天皇が即位する。

1 奥州藤原氏と頼朝の因縁

藤原清衡《きよひら》は陸奥守の源義家《よしいえ》とともに、後三年の役で戦った。清衡は藤原氏の源流の一つである清原氏の領地をそっくり受け継ぐと、平泉に本拠地を南下させ、以後、四代一〇〇年にわたって奥州に栄華を誇った。

のちに源頼朝が奥州藤原氏を滅亡に追い込むのは、この戦いで藤原氏だけが利を得たことへの遺恨があったからだといわれる。このときの藤原氏の主泰衡《やすひら》は、首を斬られたあと、眉間に釘を打たれるという残酷な刑を受けている。

藤原頼道が建立した平等院鳳凰堂

1 私財を投じて得た財産

朝廷は、後三年の役を私闘と見なし、源義家へは恩賞を与えなかった。そこで彼は、戦いに功のあった武士に、私財から恩賞を与えた。この処遇により義家の武名は一気に高まった。

この時代の世界史

●1054年
キリスト教会が、ローマ・カトリック教会とギリシア正教会とに分裂する。

1 ●1055年
セルジューク朝のトゥグリル・ベク、バグダードに入城する。

●1056年
ムラービト朝が北アフリカに成立する。

●1066年
ノルマンディー公ウィリアム（ギョーム）がヘースティングズの戦いで勝利し、イングランドでノルマン朝を開く。

●1067年
セルジューク朝宰相ニザーム・アルムルクが、バグダードなどにニザーミーヤ学院を建設する。

●1069年
宋で、王安石の改革が始まる。

●1071年
ビザンツ帝国が、セルジューク朝にマンジケルトの戦いで敗れる。

1 周到な根回しの上の支配

セルジューク朝はトゥグリル・ベクに始まる。アラブ人ではなくトルコ人である彼に「スルタン」の称号が与えられたのは、当時イスラーム世界の権威の象徴であったアッバース朝カリフに早くから臣下の礼をとっていたという事前準備のよさにある。

2 「カノッサの屈辱」現場報告

神聖ローマ皇帝ハインリヒ四世は、教皇グレゴリウス七世と聖職叙任権《じょにんけん》を巡り対立し、教皇に破門された。これを機にドイツ諸侯が皇帝廃位を画策したため、皇帝は、いとこのトスカナ女伯マティルダを仲介に、カノッサ城に滞在する教皇を訪ねた。皇帝は雪の中、素足で三日三晩待ち、ひれ伏して教皇に許しを乞うたと伝わる。

2 「カノッサの屈辱」その後

グレゴリウス七世は、破門を解かれて勢いづいた皇帝から一〇八〇年、逆に廃位され、一〇八五年、亡命先のサレルノで客死。一方

九州・宇佐神宮の田染荘。中世の水田の位置が現在も変わらず残されている

1 強大化した源義家

義家が私財を擲《なげう》って恩賞を与えると、彼の家臣となる者が続出。荘園を寄進《きしん》する者もあとを絶たないため、朝廷は義家への荘園の寄進を禁じるなどした。しかし、結局は義家の力を無視することはできず、一〇九八年、武士として初めて昇殿《しょうでん》を許すことになる。

1 1083年
後三年の役が始まる。

源氏と奥州藤原氏

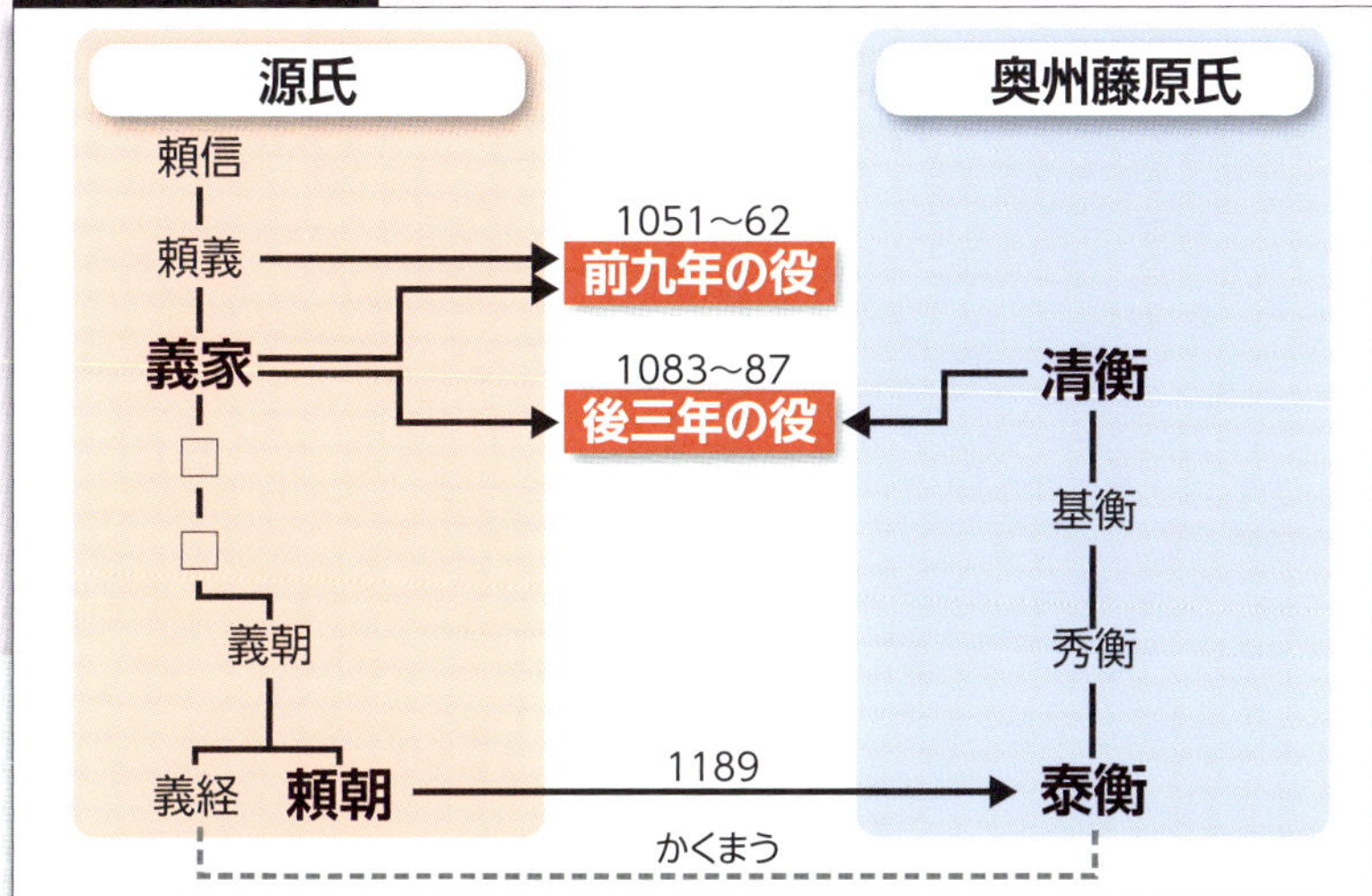
源氏
奥州藤原氏
頼信
頼義
義家
□
□
義朝
義経
頼朝
1051〜62
前九年の役
1083〜87
後三年の役
清衡
基衡
秀衡
泰衡
1189
かくまう

奥州平泉の中尊寺。平泉は奥州藤原氏の栄華の象徴である

●1076年
教皇グレゴリウス七世と東フランクのハインリヒ四世との間で、叙任権闘争が始まる。

2 1077年
東フランクのハインリヒ四世、カノッサに赴き教皇グレゴリウス七世に許しを乞う（カノッサの屈辱）。
西アジアからイランにかけて、ホラズム朝が成立する。

のハインリヒ四世は、息子たちの反乱に遭い、一一〇五年には次子ハインリヒ五世に王座を追われ、失意の晩年を送った。

カノッサの城の前に立ちつくし、ローマ教皇のグレゴリウス7世に赦しを求めるハインリッヒ4世

カノッサの屈辱

ザクセン公領
フランク王国
ブルグンド(アルル)王国
ヴェロナ辺境伯領
ハンガリー
トスカナ辺境伯領
カノッサ
イタリア王国
フェルモ
スポレト
スポレト公領
教皇領
ローマ
サレルノ
1077年1月25日
カノッサの屈辱
帝国境界
王国境界
公領および辺境領境界
クリュニー修道院の改革運動
グレゴリウス7世
ハインリヒ4世
カノッサの屈辱(1077)
教皇の権威を示す
ウルバヌス2世
ヴォルムス協約(1122)
十字軍運動
ドイツ以外での聖職叙任権は教皇のものとなった

11世紀
1086～1100年
前期　中期　後期

白河上皇の院政開始。同じ頃、第一回十字軍が結成される

この時代の日本史

1 1086年
白河天皇が譲位し堀河《ほりかわ》天皇が即位する。白河上皇の院政が始まる。

西行《さいぎょう》堂。西行は鳥羽院の北面の武士だった

●1087年
後三年の役が終わる。

1 政治を変えた生活形態の変化

院政は、白河《しらかわ》天皇がわが子を天皇にするべく、まだ皇子が幼いうちに譲位したことによって始まった。院政の始まりは夫婦形態が別居から同居へと変化して、父親の影響が強まったということも背景にある。

1 北面の武士出現

白河上皇の院政を支えたのが、院の御所の

院政のしくみ

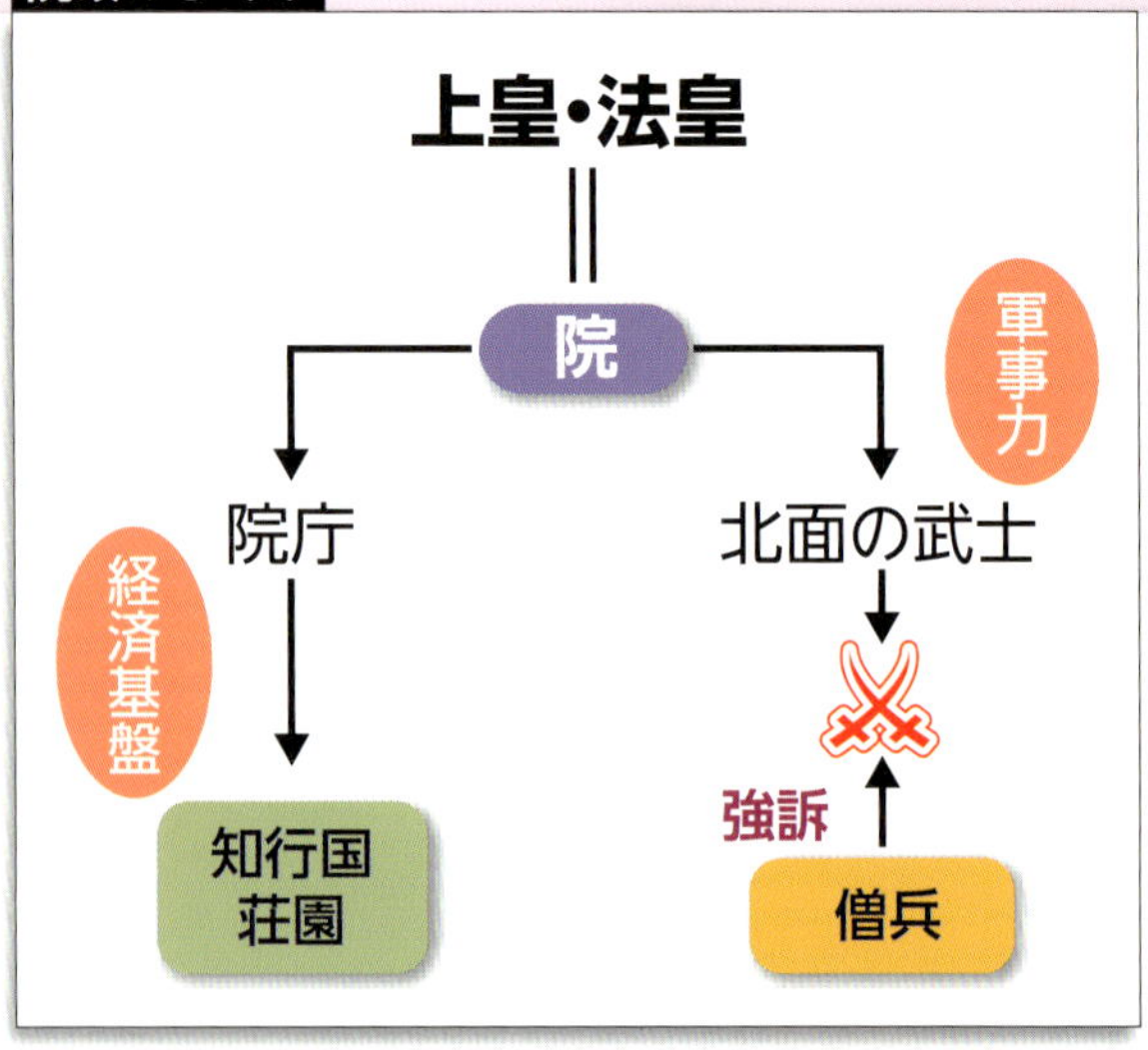
上皇・法皇
院
院庁
北面の武士
軍事力
経済基盤
知行国
荘園
強訴
僧兵

この時代の世界史

●1084年
司馬光による歴史書『資治通鑑』全二九四巻が完成する。

1 1086年
宋、司馬光が宰相となる。

●1088年？
北イタリアに世界最古の大学、ボローニャ大学が創立される。

ボローニャ大学での講義の様子

1 司馬光による反動政策

司馬光《しばこう》は宰相になると、政敵王安石《おうあんせき》が実施した「新法《しんぽう》」と呼ばれる改革を全廃。これがのちに政局の混乱を招くが、司馬光はその混乱を知らずに就任数か月で亡くなってしまった。

宋と周辺国

遼《りょう》(契丹)
日本
ウイグル
西夏
高麗
吐蕃《とばん》
宋
大理《だいり》
李朝大越国
カンボジア王国

●1091年
源義家への荘園寄進が禁じられる。

源義家。八幡太郎とも呼ばれる

●1094年
藤原伊房《これふさ》ら、遼との私貿易で処罰される。

2 1095年
延暦寺僧徒、入京し強訴《ごうそ》。

延暦寺と興福寺は強訴の常連だった

●1096年
京都で田楽《でんがく》が流行する。白河上皇が出家し、法皇の位に就く。

●1098年
源義家、院への昇殿を許される。

北面《ほくめん》を詰所として上皇の身辺を守る、院直属の北面の武士。この中から伊勢平氏の平正盛《まさもり》が台頭していく。

2 白河上皇の強権化

思い通りにならないのは、「賀茂《かも》川の水、双六《すごろく》の賽《さい》、山法師《やまほうし》(僧兵)のみ」と、豪語したという「天下の三不如意《さんふにょい》」や、雨で行事が何度も延期となったことに怒り、雨を器に受けて獄に入れたという逸話など、白河上皇の権勢ぶりが伝えられる。また、当時は延暦寺や興福寺の僧が武装して都に押しかけ、強引な要求をする強訴が横行していた。

院政期の文化

建築		三仏寺奥院(投入堂)(鳥取県三朝町) 中尊寺金色堂(岩手県平泉町) 富貴寺大堂(大分県豊後高田市) 白水(願成寺) 阿弥陀堂(福島県いわき市) 浄瑠璃寺本堂・三重塔(京都府木津川市)		
絵画	**絵巻物**	『源氏物語絵巻』(作者未詳) 『鳥獣戯画』(伝鳥羽僧正覚猷) 『信貴山縁起絵巻』 『伴大納言絵巻』	**彫刻**	中尊寺一字金輪像 臼杵磨崖仏
			歌謡	『梁塵秘抄』
文学		『大鏡』『今昔物語集』『将門記』『陸奥話記』		

●1092年
セルジューク朝宰相ニザーム・アルムルク、暗殺される。

●1095年
教皇ウルバヌス二世、クレルモンの公会議で聖地奪還を呼びかける。

ウルバヌス2世

2 1096年
第一回十字軍が出発する。西夏、宋に侵入するが撃退される。

第一回十字軍によるアンティオキア包囲戦

3 1099年
第一回十字軍がイェルサレム王国を建国する。

2 十字軍侵攻

十字軍は、セルジューク朝のアナトリア侵略を機に結成され、聖地イェルサレム奪還に成功した。

十字軍結成の動機

教　皇	教皇権の絶対化
国王・諸侯・騎士	領土拡大　戦利品獲得
商　人	商業拠点確保　貿易拡大
農　民	負債帳消し　農奴の身分解放

3 十字軍の虐殺

十字軍は、イスラーム世界から「フランク」と呼ばれた。

当時、イスラーム世界は、キリスト教徒の定住やイスラーム領内のキリスト教聖地への巡礼を容認、他宗教に対して寛容であったが、十字軍は、イェルサレムでムスリム(イスラーム教徒)を虐殺。同じキリスト教徒である東方教会系司祭までも追放するという暴虐の限りを尽くしている。

12世紀 1101～1174年

前期 中期 後期

平清盛、平治の乱を制す。その頃、サラディンがアイユーブ朝を創始

この時代の日本史

●1107年
堀河天皇が没し、鳥羽天皇が即位する。

●1121年
藤原忠通《ただみち》が関白に就任する。

●1123年
鳥羽天皇が譲位し、崇徳天皇が即位する。

●1124年
平泉中尊寺で金色堂が建立される。

●1128年
奥州の藤原清衡が没す。

●1129年
鳥羽法皇が院政を始める。

●1132年
平忠盛が昇殿を許される。

鳥羽天皇画像

1 保元の乱を招いた血縁関係

鳥羽《とば》上皇は崇徳《すとく》天皇を、自分の子ではなく、自分の中宮・璋子《しょうし》に祖父・白河法皇が生ませた子だと思っていた。そのため崇徳天皇を退位させ、後白河天皇を即位させた。これが、保元《ほうげん》の乱を招くことになる。

2 平治の乱の対立関係

保元の乱後、後白河上皇が院政を始めると、

保元の乱前後の歴代天皇

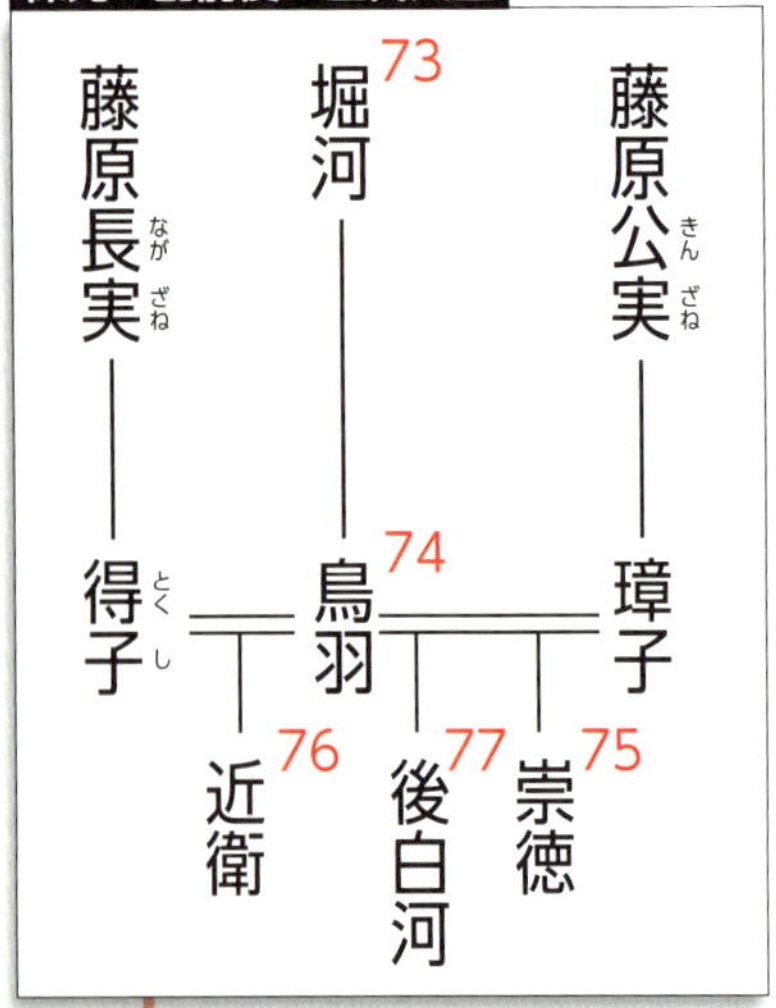
藤原公実《きんざね》
璋子
73 堀河
74 鳥羽
75 崇徳
77 後白河
藤原長実《ながざね》
得子《とくし》
76 近衛

この時代の世界史

●1113年
カンボジアのアンコール朝でスールヤヴァルマン二世が即位する。

1 ●1115年
中国東北地方で女真族の完顔阿骨打が金を建国する。

●1122年
ヴォルムスの宗教和議で聖職叙任権問題が一時解決する。

1 ●1126年
金が宋の皇族らを北方へ連れ去る(靖康の変)。

1 ●1127年
宋が金に滅ぼされる。
高宗が南宋を建国する。
シリアでザンギー朝が自立する。

●1130年
ノルマン人のルッジェーロ二世が南イタリアおよびシチリア島に両シチリア王国を建国する。

モロッコにムワッヒド朝が成立する。

1 金の拡大と宋の延命

女真族の完顔阿骨打《ワンヤンアクダ》は金を建国、遼《りょう》を滅ぼした。さらに二代太宗は宋を攻め、欽宗《きんそう》と上皇である徽宗《きそう》を捕囚(靖康《せいこう》の変)。欽宗の弟高宗が、都を杭州に移し、南宋が始まった。

2 フリードリヒ一世の求心政策

神聖ローマ皇帝という言葉を最初に用いたのは、フリードリヒ一世である。ドイツ国内では、諸侯との融和・協力を図り、対イタリアでは、諸都市の権利を認め、帝国への帰属を確認した。

3 複雑な立場の英王

フランスのアンジュー伯アンリは、プランタジネット朝のイングランド王ヘンリ二世として即位し、イングランドは、アンジュー伯領の一部となる。ヘンリ二世は、フランス国内と合わせ「アンジュー帝国」とも呼ばれるほどの領土を形成、フランス王への対抗上イングランド統治に取り組み、イングランドでは王権が高まった。

1140年 1150年 1160年 1170年

●1137年 興福寺僧徒が入京し強訴する。

●1141年 崇徳天皇が譲位し、近衛天皇が即位する。

●1155年 近衛天皇が没し、後白河天皇が即位する。

1 1156年 保元の乱がおこる。

●1158年 後白河天皇が譲位し、二条天皇が即位。後白河上皇の院政が始まる。

2 1159年 平治の乱がおこる。

●1160年 源頼朝が伊豆に配流される。

3 1167年 平清盛が太政大臣に就任する。

彼の近臣・藤原通憲《みちのり》（信西《しんぜい》）と藤原信頼《のぶより》が対立を深めた。武士では平清盛《きよもり》と源義朝《よしとも》が対立。信西・清盛と信頼・義朝間におこった争いが、一一五九年の平治の乱である。

平治の乱の対立関係図

上皇派		天皇派
後白河上皇	天皇家	二条天皇
藤原通憲（信西）…殺害	貴族	藤原信頼…死刑
平清盛 源頼政	武士	源義朝…敗死 頼朝…流刑

3 平清盛出生の謎

北面の武士として活躍していた平忠盛《ただもり》の子清盛は、その才能を買われ、早くから異例の出世を遂げていた。しかし、この背景には清盛が白河法皇のご落胤《らくいん》であったためという説がある。清盛の母親は祇園女御《ぎおんのにょうご》であるといわれ、彼女は白河法皇の寵妃でもあった。そんな彼女が身籠ったまま忠盛に下されて、清盛が生まれたというのだ。

●1132年 中央アジアで耶律大石《やりつたいせき》が西遼を建国する。

●1143年 ポルトガル王国がカスティリャから独立する。

●1147年 第二回十字軍が出発する。

●1148年 アフガニスタンでゴール朝が独立する。

2 1152年 神聖ローマ皇帝フリードリヒ一世（赤髭王）が即位する。

3 1154年 フランスのアンジュー伯アンリがイングランドでヘンリ二世としてプランタジネット朝を開く。

4 1169年 サラディンがファーティマ朝の宰相となる。

4 1171年 サラディンがアイユーブ朝を開く。

4 クルド人の英雄サラディン

サラディンはクルド人で、初めザンギー朝に仕えた。ファーティマ朝の要請からエジプトへ遠征して、ここで宰相となり、アッバース朝のカリフからスルタンの称号を得て、一一七一年、アイユーブ朝が始まった。

サラディン

アンジュー帝国

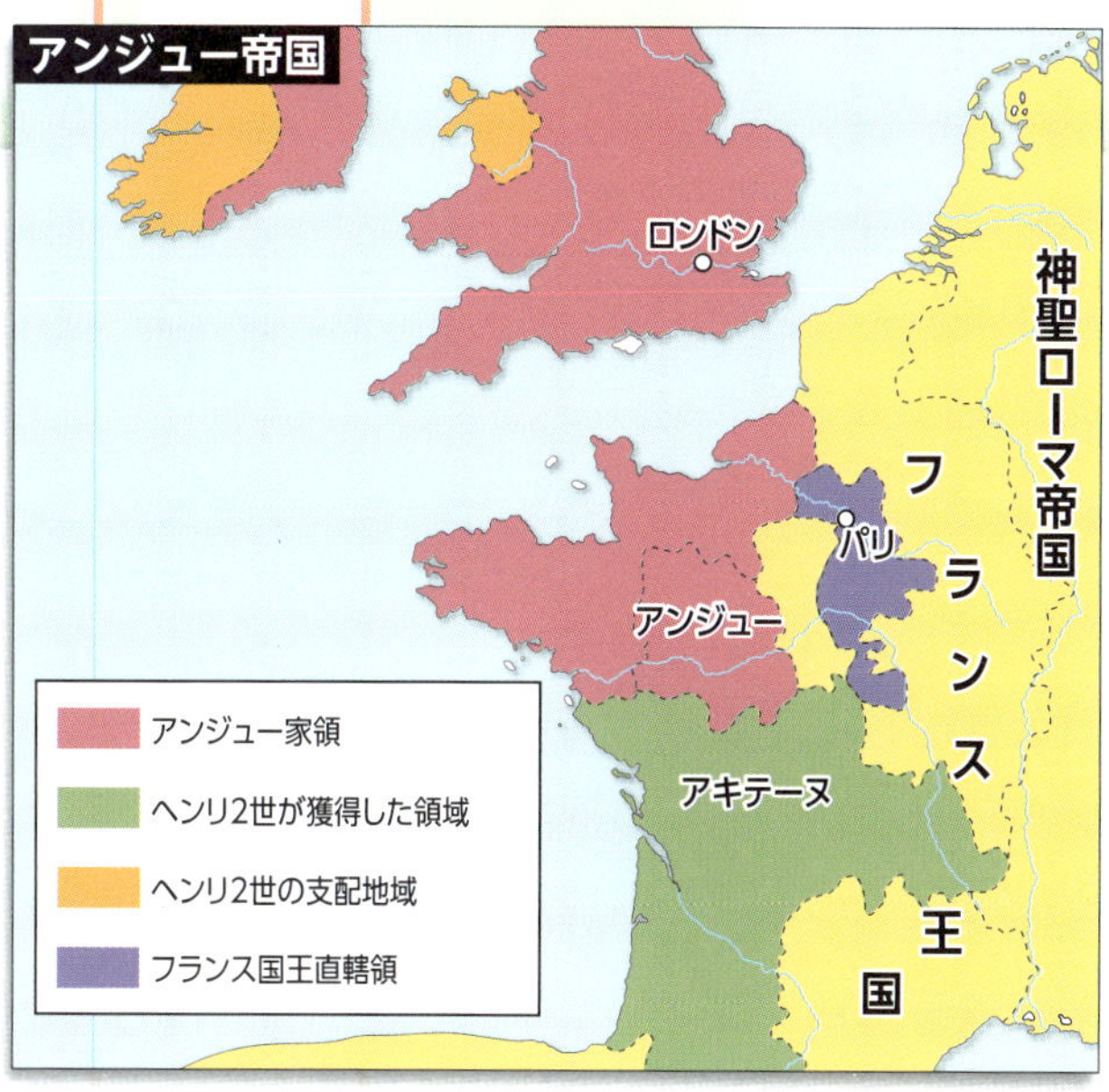
ロンドン
パリ
アンジュー
アキテーヌ
神聖ローマ帝国
フランス王国
アンジュー家領
ヘンリ2世が獲得した領域
ヘンリ2世の支配地域
フランス国王直轄領

12世紀
1175〜1200年
前期　中期　後期

鎌倉幕府の成立と同じ頃、第三回十字軍の遠征

この時代の日本史

1 1175年
法然が専修念仏を説き浄土宗を開く。

●1180年
8月、源頼朝と平氏方による石橋山の戦いがおこる。
9月、源（木曽）義仲《よしなか》が挙兵する。
10月、源平両軍による富士川の戦いがおこる。

●1183年
10月、源頼朝が東国支配権を獲得する。

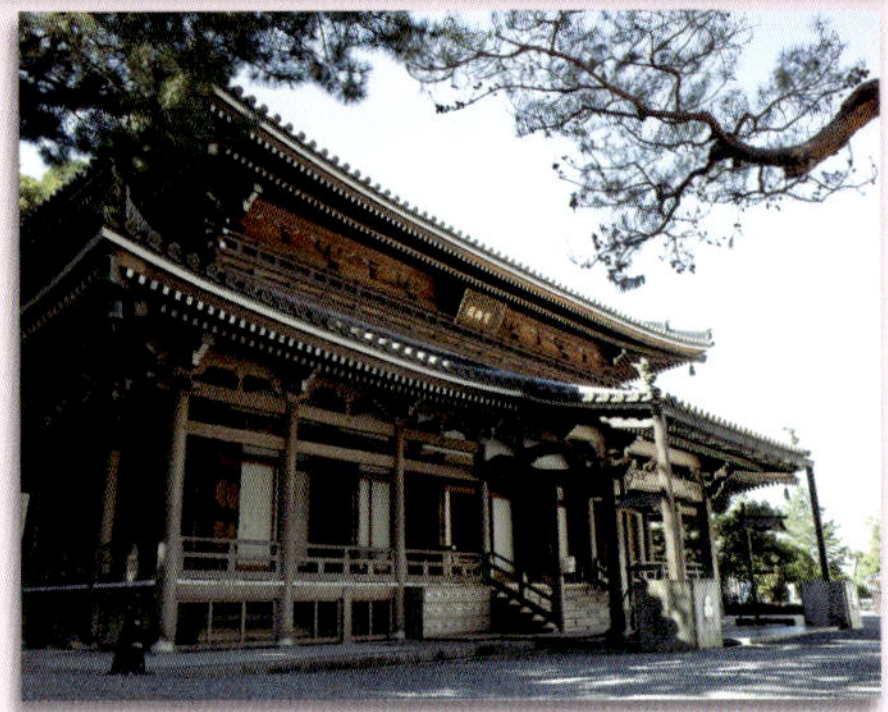
浄土宗総本山の知恩院

1 弓の名手が最後に叩いた門

『平家物語』を彩るひとりが源氏の武将那須《なすの》与一《よいち》、屋島の戦いで、扇の的を射抜いた弓の名手だ。与一は恩賞として領地を得たが、のちにそれを捨て、浄土宗開祖の法然《ほうねん》のもと、源蓮《げんれん》の名で仏門に入ったとも伝わる。

2 なぜ義経は追放されたのか

源頼朝が義経を追討したのは、義経が、頼朝の許可なく後白河法皇の任官を受けたからだ。頼朝は戦功の恩賞決定権を握ることで武家社会の支配体制を固めたかったのだが、義経の行為は頼朝の構想を根底から崩してしまいかねないものだった。

3 鎌倉幕府の成立は何年か？

鎌倉幕府成立には諸説ある。東国に軍事政権が成った一一八〇年、諸国に守護（当初は惣追捕使《そうついぶし》）・地頭を置いた一一八五年、そして、一一九二年、源頼朝の征夷大将軍就任の年などだ。幕府とは何かという見解により、成立年も変わってくるのである。

この時代の世界史

●1180年
フランスでフィリップ二世（尊厳王）が即位する。

●1182年
パリにノートルダム大聖堂ができる。

ノートルダム大聖堂

1 騎士の鑑のイスラーム教徒

アイユーブ朝のサラディンは、十字軍が支配するイェルサレムの解放を求めて聖戦をおこす。かつて十字軍がイェルサレムを攻略したときの略奪・虐殺は激しかった。しかし、イェルサレムを奪還したサラディンの戦後処理は寛大で、兵士は殺人や略奪を厳しく禁じられ、捕虜と交換する身代金も、貧しい者からは取らなかった。イェルサレムには、イスラームの支配下でユダヤ教徒やキリスト教徒も住むことを認められた。

これらの行為はヨーロッパでも模範的騎士道精神と称えられ、文芸作品にも登場するようになった。

2 自国滞在六か月の王

ヘンリ二世のあとにイングランド国王となったリチャード一世は、十字軍遠征に生涯を賭したため、彼が国内にいたのは、在位期間中わずか六か月に過ぎなかった。

リチャード1世

●1184年
1月、宇治川の戦い。6月、源頼朝が関東知行国《ちぎょうこく》、三か国を獲得する。

●1185年
3月、壇《だん》ノ浦《うら》の戦い。平氏が滅亡する。10月、源義経が頼朝追討の宣旨を得る。

2 11月、源頼朝が義経追討の院宣を得る。諸国に守護・地頭を設置する。

●1189年
4月、藤原泰衡が源義経を殺害。9月、源頼朝が奥州を平定する（奥州藤原氏滅亡）。

●1191年
日本における臨済宗《りんざいしゅう》の開祖栄西《えいさい》が中国から帰国。

3 1192年
7月、源頼朝が征夷大将軍に就任する。

伝源頼朝像

●1199年
1月、源頼朝が没し、子の頼家が家督を継承する。

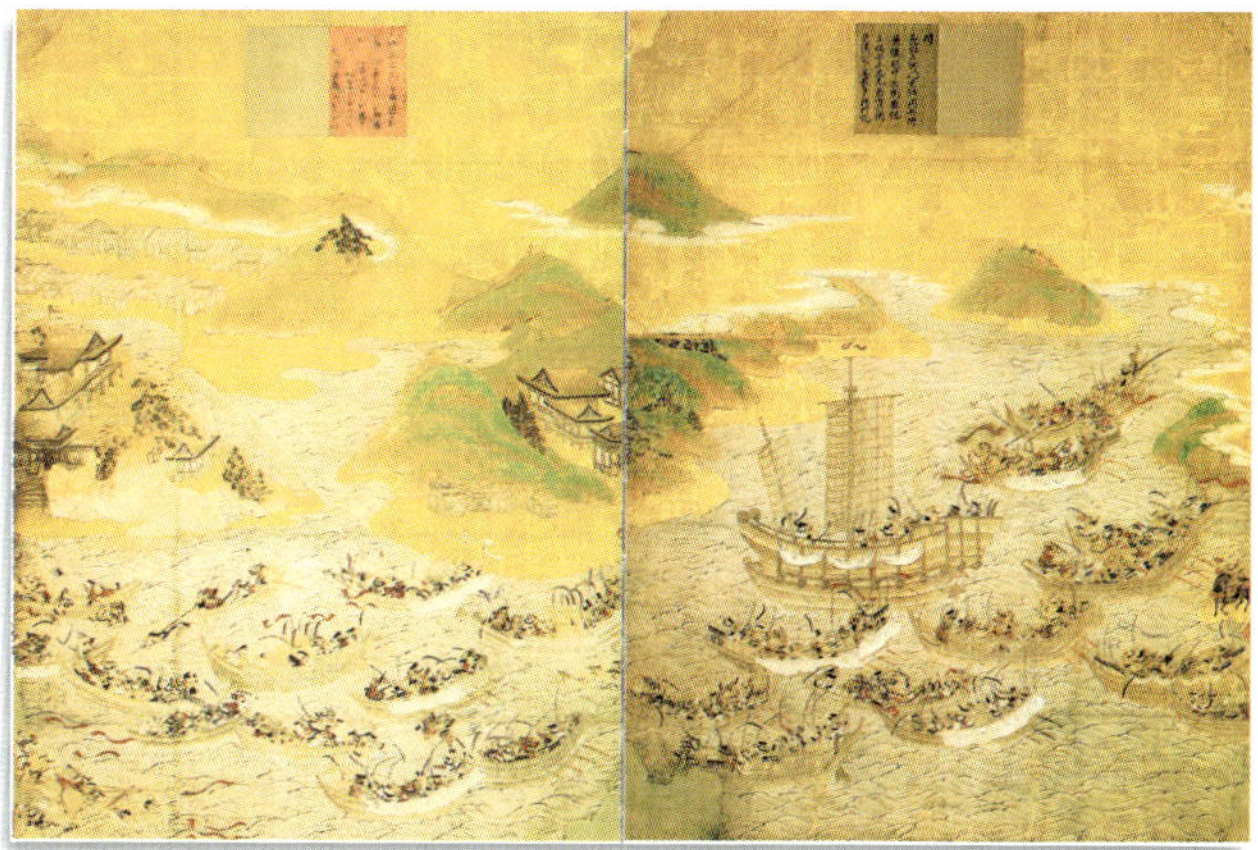
壇ノ浦の戦いが描かれた『安徳天皇縁起絵図』

御恩と奉公

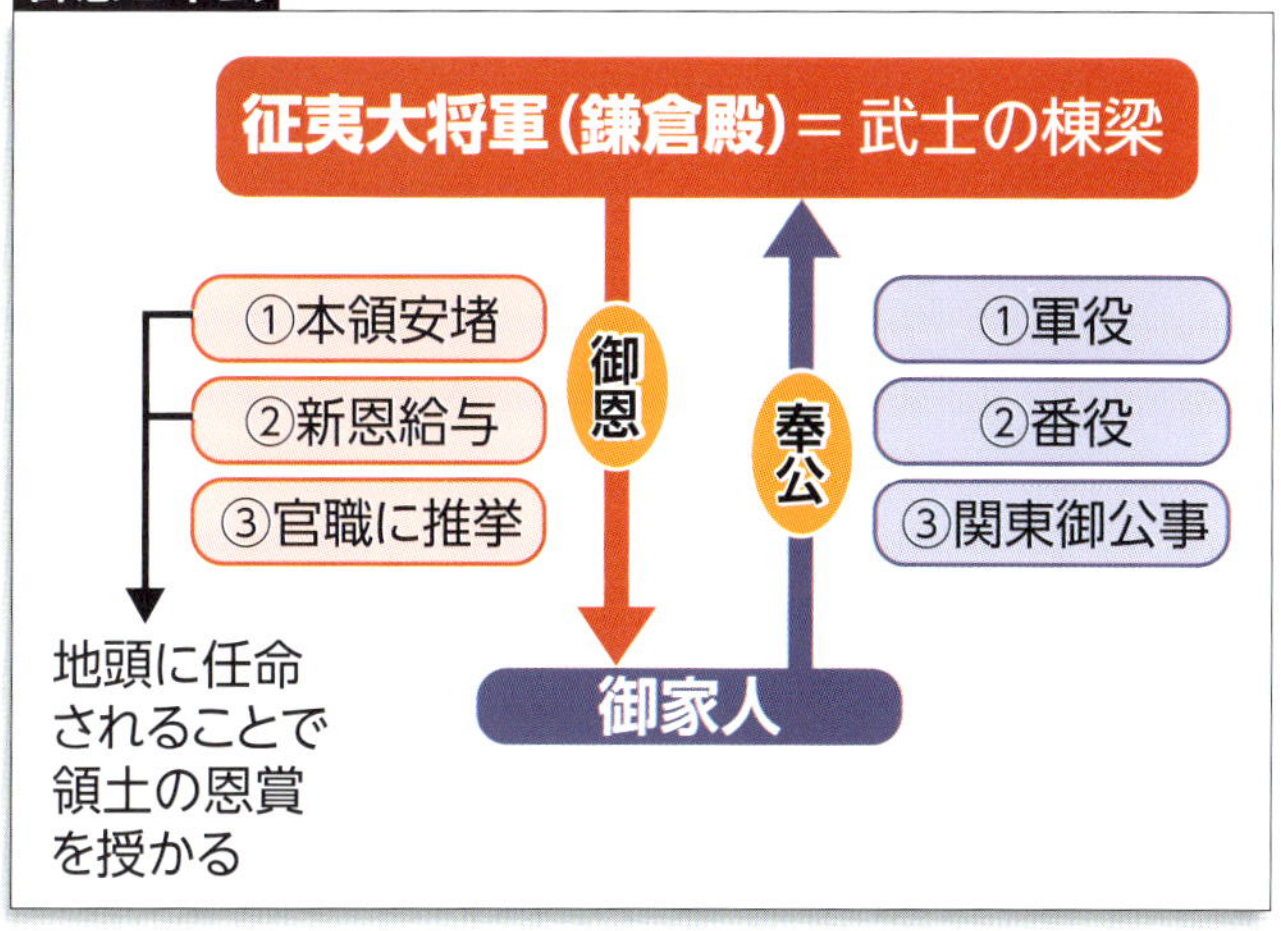
征夷大将軍（鎌倉殿）＝武士の棟梁
①本領安堵
②新恩給与
③官職に推挙
御恩
奉公
①軍役
②番役
③関東御公事
地頭に任命されることで領土の恩賞を授かる
御家人

1 1187年
サラディンがイェルサレムを奪還する。

2 1189年
イングランドでリチャード一世（獅子心王）が即位する。第三回十字軍が出発する。

●1190年
ドイツ騎士団が成立する。

●1192年
サラディンが英王リチャード一世と和約を結ぶ。

●1198年
教皇インノケンティウス三世が即位する。

イェルサレム

イェルサレム奪還に成功したサラディン

第3回十字軍

リチャード1世［獅子心王］
十字軍に生涯を捧げ、1191年のイェルサレム近傍におけるサラディンとの戦いにおいて勇名を馳せた
フリードリヒ1世［赤髭王］
十字軍の際、聖地に到着する前にアナトリアの川で泳ごうとしたところ突如溺死という謎の最期を遂げる
フィリップ2世［尊厳王］
十字軍に参加するも、シチリアやシリアでリチャード1世と対立し、帰国
イングランド王国
ロンドン
パリ
フランス王国
レーゲンスブルク
神聖ローマ帝国
キエフ公国
リヨン
ヴェネツィア
クロアチア王国
黒海
レオン王国
ジェノヴァ
ポルトガル（伯）
カスティリャ王国
教皇領
ローマ
ビザンツ帝国
コンスタンティノープル
ギリシア
両シチリア王国
アンティオキア
トリポリ
クレタ
ダマスクス
地中海
イェルサレム
アイユーブ朝

第2章
中世 the Middle Ages

13世紀 1201〜1250年

前期 中期 後期

承久の乱がおこる。その頃、イギリスでマグナ・カルタ制定

この時代の日本史

1 後妻に乗せられた時政

娘を源頼朝に嫁がせ、自らは初代執権職に就いた北条時政《ときまさ》は、三代将軍・実朝《さねとも》暗殺を企てたことが露見して失脚する。時政は、後妻・牧《まき》の方が娘婿を将軍職に就けたいがために立てた、実朝暗殺計画に乗せられてしまったのである。

修善寺にある頼家の墓

●1203年
源実朝が将軍に就任する。北条時政が執権に就任する。

●1204年
源頼家が伊豆の修善寺で殺される。

1 1205年
時政が平賀朝《とも》雅《まさ》の将軍擁立に失敗し出家する（牧氏の変）。北条義時が執権に就任する。

●1219年
源実朝が頼家の子公暁《くぎょう》に暗殺される。

将軍と北条氏の系図

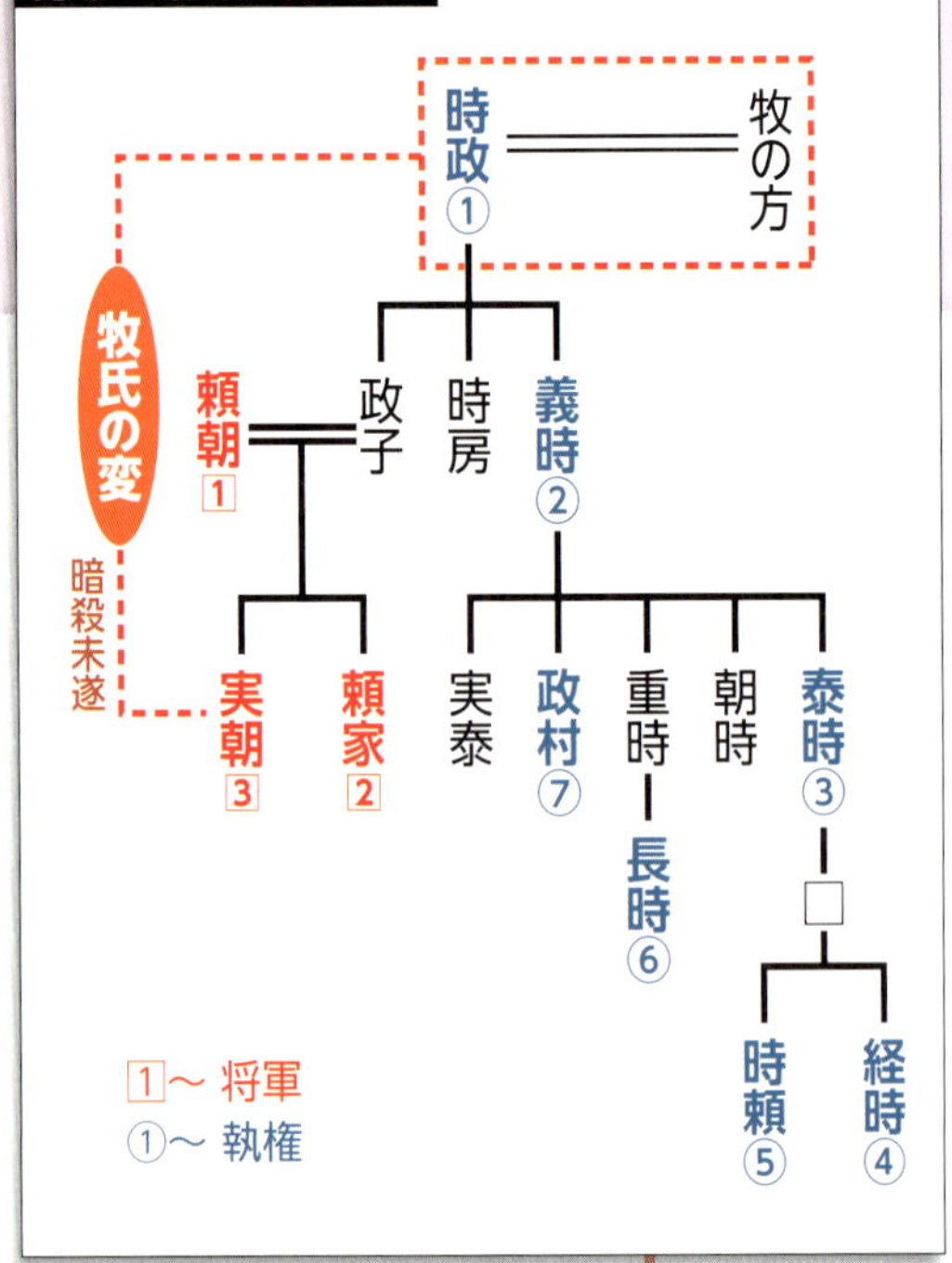

牧の方
時政①
牧氏の変
暗殺未遂
義時②
時房
政子
頼朝1
泰時③
朝時
重時
政村⑦
実泰
頼家2
実朝3
長時⑥
経時④
時頼⑤
1〜 将軍
①〜 執権

この時代の世界史

1 新妻を略奪されたテムジン

チンギス・ハンは、まだテムジンと呼ばれていた若い頃、敵対する部族に新妻ボルテを略奪されたことがあった。数か月後に奪還するも、妻は身籠っており、生まれた子供にテムジンがつけた名は、客人を意味する「ジュチ」。それでもボルテは、終生チンギス・ハンに愛された。

2 マグナ・カルタは一文書だった

ジョン王の時代に制定された「マグナ・カルタ」は、イギリス法制の礎のひとつといわれる。ただ、当時は不安定な政情下、国王と諸侯の間で交わされた確認文書でしかなく、制定直後に無効とされたほどである。

●1202年
第四回十字軍が出発する。

●1204年
第四回十字軍がコンスタンティノープルを占領する。ラテン帝国が成立する。

1 1206年
チンギス・ハンがモンゴルを統一する。

チンギス・ハン

インドで奴隷王朝が成立する。

●1212年
少年十字軍が出発する。

2 1215年
イギリスでマグナ・カルタ（大憲章）が制定される。

●1219年
チンギス・ハンが大西征を開始する。

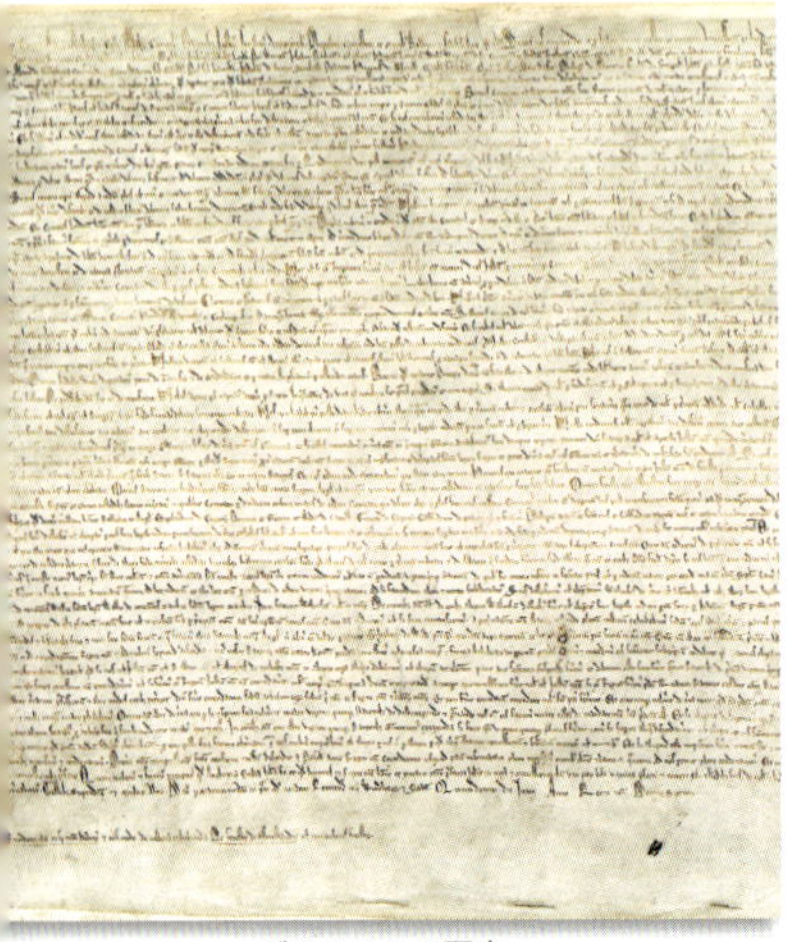

マグナカルタの写本

2 **1221年**
5月、承久の乱がおこる。
6月、京都に六波羅探題《ろくはらたんだい》が設置される。
7月、後鳥羽上皇が隠岐に配流される。

● **1224年**
親鸞《しんらん》が浄土真宗を開く。
北条泰時が執権に就任する。

3 **1232年**
御成敗式目（貞永式目）が制定される。

御成敗式目の主な内容

一、親を大切にせよ
一、主人に忠実に仕えよ
一、守護は謀反人や犯罪人を取り締まること
一、地頭は年貢を荘園領主に納めること

● **1246年**
北条時頼が執権に就任する。

2 尼将軍政子の晩年

承久の乱の際、将軍と主従関係を結んだ武士である御家人たちを奮い立たせたのが源頼朝の妻・政子だった。

こうした影響力の強さから、彼女は尼将軍と呼ばれるが、この呼称が生まれるのは一五世紀。夫と四人の子供に先立たれた彼女は、「将軍」の勇ましさとは遠い、寂しい晩年だった。

浄土真宗本願寺派の本山、西本願寺

2 逆転した武士と天皇家

承久の乱の結果、後鳥羽《ごとば》上皇は隠岐に、順徳《じゅんとく》上皇は佐渡に、土御門《つちみかど》上皇は土佐に流された。さらに北条義時によって仲恭《ちゅうきょう》天皇が廃されて新しい天皇が立てられるなど、武家と天皇家・公家の力関係が完全に逆転することとなった。

3 御成敗式目

「御成敗式目《ごせいばいしきもく》」は、三代執権の北条泰時が制定した。それまでの武家の慣習を成文化したもので、武士社会にのみ適用された。当時は女性の地位が高く、女子の相続に関する条文もある。

● **1227年**
西夏が滅亡する。
チンギス・ハンが没す。
チャガタイ・ハン国が成立する。

● **1229年**
オゴタイがハンに即位する。

● **1234年**
金が滅亡する。

● **1235年**
モンゴルが首都カラコルムを建設する。

● **1236年**
バトゥが西征を開始する。

3 **1241年**
ワールシュタットの戦い。
ハンザ同盟が成立する。

● **1243年**
バトゥがキプチャク・ハン国を建国する。

● **1250年**
エジプト・シリアにマムルーク朝が建国される。

3 小規模だった大虐殺

バトゥ指揮下のモンゴル軍が攻め入ったポーランドで、ドイツのシュレジエン侯ハインリヒ二世軍が迎え撃ったのがワールシュタットの戦い。ワールシュタットとは「死体の山」を意味し、激戦が伝えられる一方、ハインリヒ軍の規模は小さく、会戦の事実すら疑われている。

モンゴル軍団の進軍速度

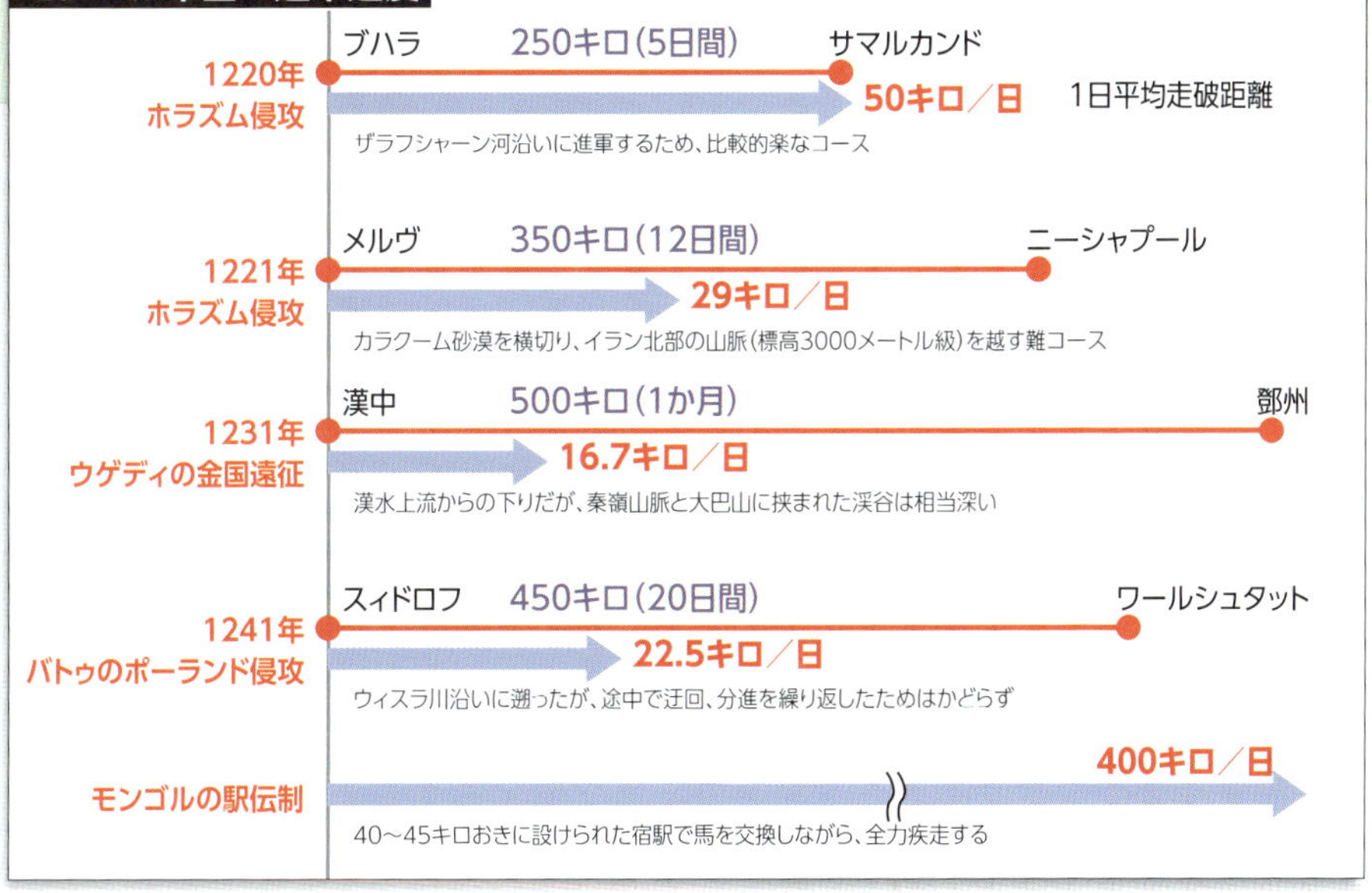
1220年
ホラズム侵攻
ブハラ
250キロ(5日間)
サマルカンド
50キロ／日
1日平均走破距離
ザラフシャーン河沿いに進軍するため、比較的楽なコース
1221年
ホラズム侵攻
メルヴ
350キロ(12日間)
ニーシャプール
29キロ／日
カラクーム砂漠を横切り、イラン北部の山脈(標高3000メートル級)を越す難コース
1231年
ウゲディの金国遠征
漢中
500キロ(1か月)
鄧州
16.7キロ／日
漢水上流からの下りだが、秦嶺山脈と大巴山に挟まれた渓谷は相当深い
1241年
バトゥのポーランド侵攻
スィドロフ
450キロ(20日間)
ワールシュタット
22.5キロ／日
ウィスラ川沿いに遡ったが、途中で迂回、分進を繰り返したためはかどらず
モンゴルの駅伝制
400キロ／日
40～45キロおきに設けられた宿駅で馬を交換しながら、全力疾走する

13世紀 1251〜1300年
前期 中期 後期

日本が元寇に揺れた頃、イギリスでシモン・ド・モンフォールが議会を召集

この時代の日本史

●1253年
日蓮が日蓮宗を開く。

1 1260年
日蓮が『立正安国論《りっしょうあんこくろん》』を著す。

2 1268年
北条時宗が執権に就任する。

清澄寺。日蓮はこの地で立教開宗したとされる

北条時宗と妻正子の墓

1 持論を通した日蓮

日蓮は『法華経《ほけきょう》』を絶対とし、他宗派を強く非難。あまりの過激さゆえに二度流罪となった。しかし頑として持論は曲げず、晩年は、甲斐《かい》国身延《みのぶ》山に隠棲しつつ、信奉者らを支援した。

鎌倉六仏教

系統	宗派	開祖	教え
浄土系	浄土宗	開祖:法然	ただ「南無阿弥陀仏」と唱えるだけで極楽浄土へ行ける（専修念仏）
浄土系	浄土真宗	開祖:親鸞	何ものをも捨て、阿弥陀仏の教えを信じれば救われると説く
浄土系	時宗	開祖:一遍	信心がなくても、すべての人が念仏を唱えれば救われると説き、踊念仏で布教
	日蓮宗	開祖:日蓮	法華経を仏教の神髄とし、題目を唱えれば誰もが救われると説く。他宗を非難
禅系	臨済宗	栄西が伝える	師から与えられる問題を解決して、自力で悟りに達すると考える
禅系	曹洞宗《そうとう》	開祖:道元	ひたすら座禅をすることで悟りに達すると考える

この時代の世界史

●1254年
モンゴルが大理《だいり》国を滅ぼす。

1 1256年
神聖ローマ帝国で大空位時代が始まる。

●1257年
モンゴルがヴェトナム遠征に失敗する。

●1258年
フラグがアッバース朝を滅ぼしイル・ハン国を建国する。

●1260年
フビライがハンに即位する。

●1261年
ビザンツ帝国が再興する。

2 1265年
イギリスでシモン・ド・モンフォールが議会を召集する。

3 1266年
モンゴルでハイドゥの乱が始まる。

1 大空位時代の終焉

神聖ローマ帝国では、シュタウフェン王家とヴェルフェン家との間の対立に、イギリスとフランスが介入した結果、二〇年近い皇帝空位時代が発生した。その間に権力をふるったのが、ボヘミア王。しかし彼は、ドイツ選帝侯たちが選んだ新皇帝に抵抗し、戦場で没した。

2 議会の父の悲惨な末路

シモン・ド・モンフォールは、改革派貴族とともに国王ヘンリ三世を幽閉する。その間に召集した会議が、英国議会制の起源とされる。しかし、国王軍の反撃がすぐに始まり、シモン・ド・モンフォールは敗死する。

3 日本を救った元の大乱

オゴタイ・ハンの孫ハイドゥは、内戦を平定した元の世祖フビライからの入朝命令を拒否。そのうえ挙兵してハイドゥの乱をおこす。フビライは出兵を余儀なくされ、日本は第三回元寇を免れた。

3 **1274年** 元軍が博多に上陸する（文永《ぶんえい》の役）。一遍が時宗を開く。

3 **1281年** 元軍、二度目の来寇（弘安《こうあん》の役）。

● **1284年** 北条貞時《さだとき》が執権に就任する。

● **1293年** 鎮西探題《ちんぜい》を設置する。

● **1297年** 永仁の徳政令を発令。

元軍と激闘を繰り広げる竹崎季長。『蒙古襲来絵詞』より

2 国難を乗り切った若き指導者

北条時宗《ときむね》の執権就任は一八歳。元からの親書が届き国難が予想された頃のことで、時宗はその将来性を買われたのだ。だが国難に対処した苦労ゆえか、彼は一二八四年、三四歳で早世した。

3 元軍撤退の本当の要因は？

日本を襲った二度の元寇《げんこう》は、ともに台風という神風《かみかぜ》で救われたといわれるが、元軍の敗因は属国兵による混成軍の士気の低さだともいわれる。事実、元軍は、東南アジアでも侵攻に失敗している。

元の来襲
合浦（馬山）
高麗
志賀島
能古島
博多湾
博多
元寇防塁跡
文永の役（1274年10月）の元軍進路
弘安の役（1281年6月）の元軍進路
対馬
佐須
玄界灘
探題府
勝本
壱岐
東路軍4万
元軍および高麗軍
博多
鷹島
松浦
大宰府
江南軍10万
慶元〈寧波〉からの元軍
平戸
伊万里

● **1271年** モンゴルが国号を元とする。

● **1274年** 元のフビライ・ハンにマルコ・ポーロが面会する。元が日本遠征に失敗する（文永の役）。

● **1281年** 元が日本遠征に失敗する（弘安の役）。

● **1287年** 元がパガン朝を滅亡させる。

● **1292年** 元がジャワ遠征に失敗する。

● **1293年** ジャワでマジャパヒト王国が成立する。

● **1295年** イギリスでエドワード一世が議会を召集する（模範議会）。

● **1299年** オスマン帝国が興る。

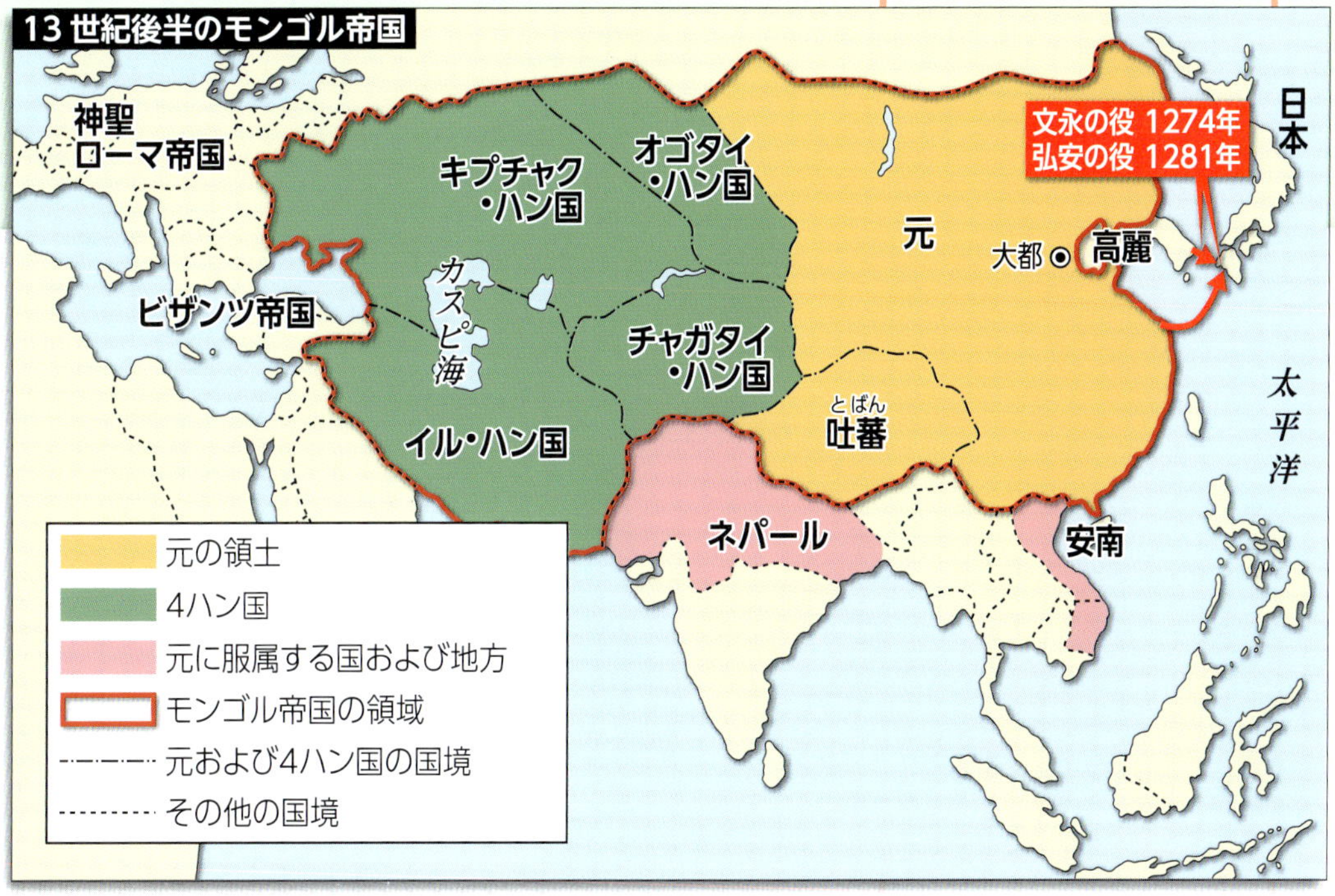

13 世紀後半のモンゴル帝国
神聖ローマ帝国
キプチャク・ハン国
オゴタイ・ハン国
元
日本
文永の役 1274年
弘安の役 1281年
大都
高麗
ビザンツ帝国
カスピ海
チャガタイ・ハン国
吐蕃《とばん》
太平洋
イル・ハン国
ネパール
安南
元の領土
4ハン国
元に服属する国および地方
モンゴル帝国の領域
元および4ハン国の国境
その他の国境

フビライ・ハン

第2章 中世 the Middle Ages

14世紀 1301〜1350年
前期 中期 後期

室町幕府が成立。その頃、ヨーロッパではペストが大流行

この時代の日本史

1 楠木正成の功績

後醍醐《ごだいご》天皇の倒幕計画で、一番に功を挙げたのが楠木正成《くすのきまさしげ》。一三三二年の一一月から千早城で鎌倉幕府への抗戦を始め、刀や弓を使わず、岩石を投げ落とすなどの奇策で幕府軍を引きつけ続けた。その間に、足利尊氏《あしかがたかうじ》や新田義貞らが蜂起するのである。

後醍醐天皇

2 風刺された建武の新政

後醍醐天皇による建武《けんむ》の新政は、朝廷政治復活を目指し、公家への恩賞を武士より厚くしたために武士の不満を募らせた。世情も乱れ、匿名で二条河原に掲げられた落書に「都の流行は、夜討、強盗……」と風刺されたと伝わる。

●1318年
後醍醐天皇が即位する。

●1321年
後醍醐天皇が親政を開始する。

●1324年
後醍醐天皇の倒幕計画が露見する(正中《しょうちゅう》の変)。

●1331年
5月、後醍醐天皇が再び討幕を

この時代の世界史

●1302年
フランスでフィリップ四世が三部会を召集する。

1 ●1303年
教皇ボニファティウス八世がアナーニでフィリップ四世により監禁される(アナーニ事件)。

●1308年頃
ダンテの『神曲(地獄篇)』が完成する。

1 ●1309年
教皇クレメンス五世が南仏のアヴィニョンに移る。「教皇のバビロン捕囚」、始まる。

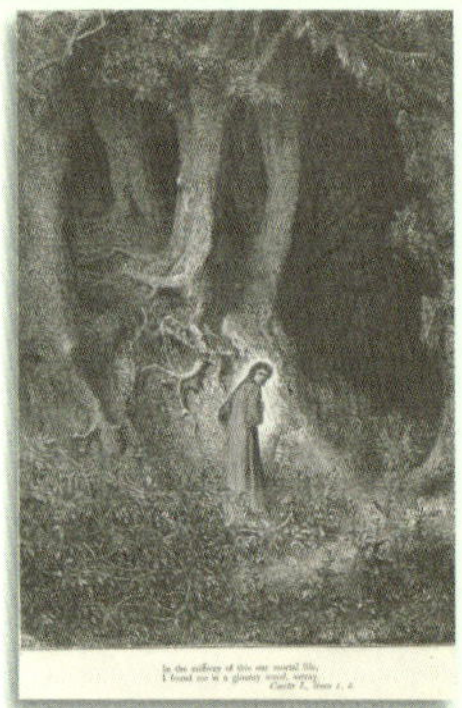

『神曲(地獄篇)』の挿絵

1 俗権に負けた教会

カペー朝フランス国王フィリップ四世は、国内最高権力者という自覚が強かった。これがローマ教皇ボニファティウス八世の「教皇権は王権に勝る」という主張と対立し、教皇のアナーニ幽閉事件に発展する。

後継の教皇クレメンス五世が即位すると、教皇庁の移転を強行。約七〇年続く教皇のバビロン捕囚が始まる。

2 百年戦争下のフランスの分裂

百年戦争は、イギリスとフランスの国家間の戦争とされがちだ。しかし、フランスはヴァロワ王家派、ブルゴーニュ派、アルマニャック派の内部対立から、イギリス軍に同調する勢力、英プランタジネット朝・仏ヴァロワ朝の二王家の対立もあり、単純にそうとはいえないのである。

アヴィニョン教皇庁

計画する（元弘《げんこう》の変）。

1 9月、楠木正成が挙兵する。

同月、幕府が光厳《こうごん》天皇を擁立する。

●1332年

3月、後醍醐天皇が隠岐に配流される。

●1333年

2月、後醍醐天皇が隠岐を脱出する。

5月、足利尊氏が六波羅探題を攻略する。

同月、新田義貞が鎌倉を攻略する。鎌倉幕府が滅亡する。

6月、記録所、復活。

2 1334年

建武の新政が始まる。

●1336年

5月、湊川《みなとがわ》の戦い。足利尊氏が、新田義貞・楠木正成軍を破る。

12月、後醍醐天皇が吉野に移る（南北朝、開始）。

3 1338年

足利尊氏、征夷大将軍に就任。

足利尊氏

3「荒武者尊氏」は、誤解？

足利尊氏は、幾多の窮地を乗り切り、室町幕府を開いた。この室町幕府初代将軍の死は、虫に刺され、傷から細菌感染したため。英雄らしからぬ最期だが、有名な馬上の荒武者姿も彼ではなく、神護寺の伝平清盛像が尊氏像だともいわれている。

南北朝の抗争

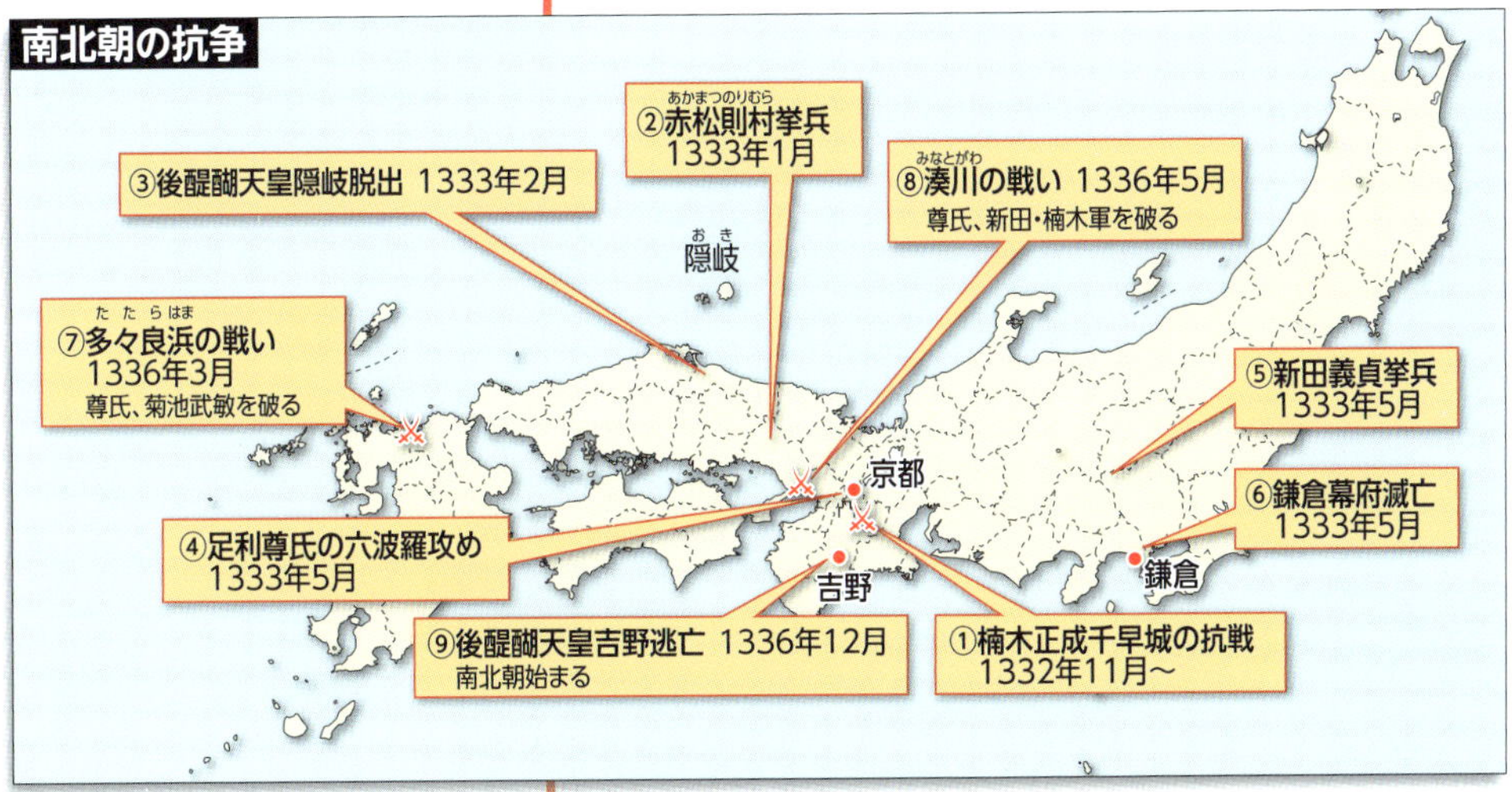
②赤松則村《あかまつのりむら》挙兵 1333年1月
③後醍醐天皇隠岐脱出 1333年2月
⑧湊川《みなとがわ》の戦い 1336年5月 尊氏、新田・楠木軍を破る
隠岐《おき》
⑦多々良浜《たたらはま》の戦い 1336年3月 尊氏、菊池武敏を破る
⑤新田義貞挙兵 1333年5月
京都
⑥鎌倉幕府滅亡 1333年5月
④足利尊氏の六波羅攻め 1333年5月
吉野
鎌倉
⑨後醍醐天皇吉野逃亡 1336年12月 南北朝始まる
①楠木正成千早城の抗戦 1332年11月～

●1336年

南インドでヴィジャヤナガル王国が成立する。

2 1339年

英仏百年戦争が始まる。

英仏百年戦争

イギリス
アザンクール
カレー
フランドル
イギリスは1453年カレーを残しフランスから撤退
クレシー
フランスは1346年にクレシーの戦いで大敗北を喫する
パリ
ブレティニー
オルレアン
神聖ローマ帝国
ポワティエ
ジャンヌ・ダルクの活躍(1429)
ブレティニーの和約(1360)におけるイギリス領
ギエンヌ公国
ボルドー

クレシーの戦い

●1346年

イブン・バトゥータが元の大都にくる。

3 1346年頃

ヨーロッパでペスト（黒死病）が広がる。

●1350年

タイでアユタヤ朝が成立する。

3 ペスト大流行

ヨーロッパを恐怖に陥れたペスト（黒死病）は、クリミア半島から交易路に沿って感染が広がった。菌を媒介するネズミを商船が運んだのである。ペスト流行後は、遺産処理問題のために、法律家の需要が高まったという。

14世紀 1351〜1400年

前期 中期 後期

足利義満によって南北朝統一。同じ頃、ティムールが大帝国を築く

この時代の日本史

1 1351年
1350年に引き続き、倭寇が高麗《こうらい》沿岸に侵入する。

倭寇による襲撃の様子

● 1367年
高麗が倭寇の禁止を要請する。

2 1368年
足利義満が将軍に就任する。

● 1369年
明の洪武帝が倭寇の禁止を要請する。

1 大陸の倭寇対策

困窮した九州住民の海賊化が倭寇《わこう》で、人間や米を略奪した。その対策に手を焼いた朝鮮では懐柔策として、倭寇に官職まで与えている。

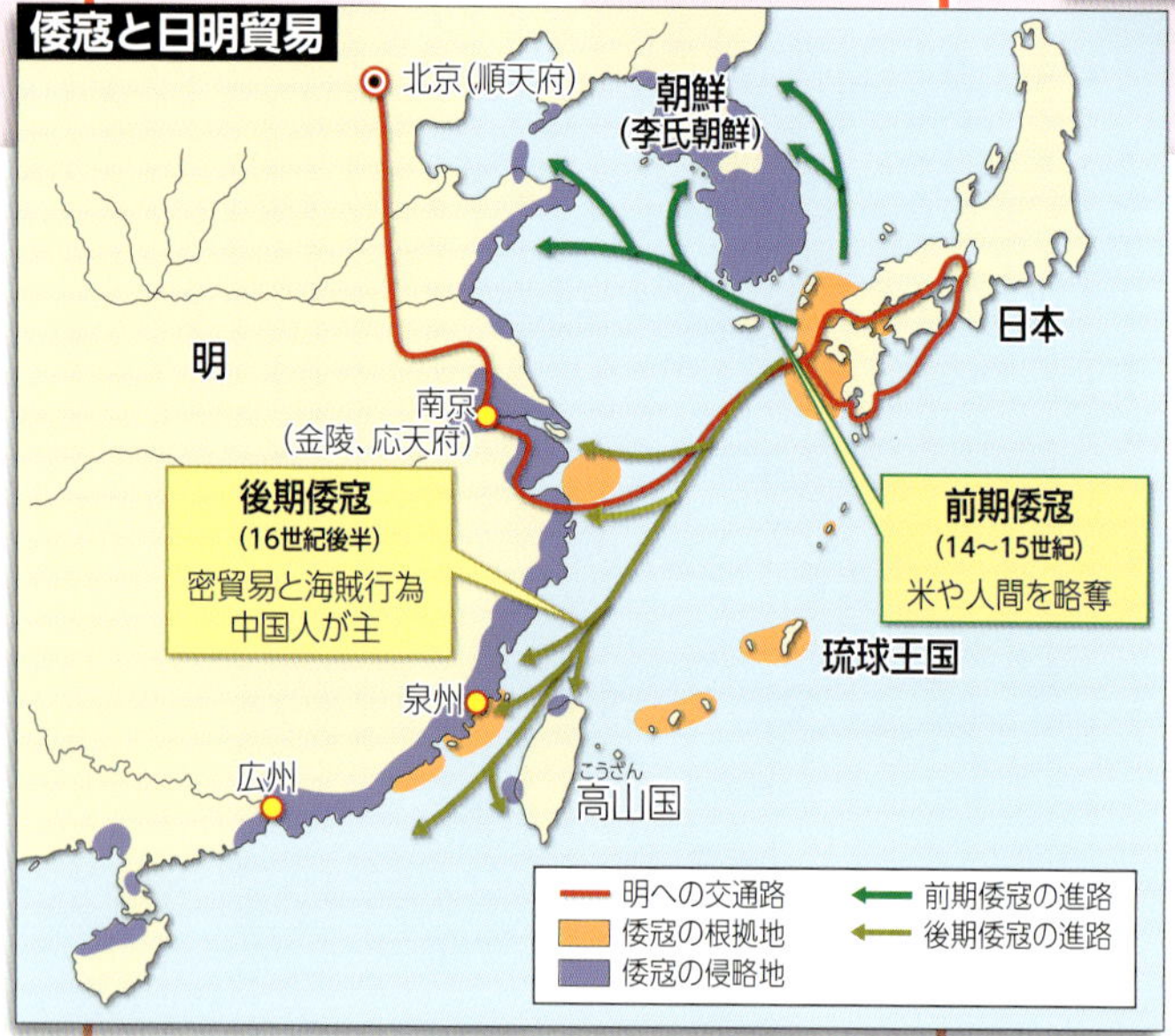
倭寇と日明貿易
北京（順天府）
朝鮮
（李氏朝鮮）
明
日本
南京
（金陵、応天府）
後期倭寇
（16世紀後半）
密貿易と海賊行為
中国人が主
前期倭寇
（14〜15世紀）
米や人間を略奪
琉球王国
泉州
広州
高山国《こうざん》
明への交通路
倭寇の根拠地
倭寇の侵略地
前期倭寇の進路
後期倭寇の進路

この時代の世界史

● 1351年
元で紅巾《こうきん》の乱が始まる。

● 1356年
英仏百年戦争、ポワティエの戦いで英軍が勝利する。
神聖ローマ皇帝カール四世が金印勅書を発布する。

● 1358年
フランスでジャックリーの反乱がおこる。

● 1362年
オスマン帝国がアドリアノープルを占領する。

● 1366年
オスマン帝国がアドリアノープルに遷都する。

1 1368年
朱元璋が明を建国する（首都、南京）。

● 1370年
ティムールがサマルカンドに帝国を樹立する。

1 朱元璋

明の開祖朱元璋《しゅげんしょう》は皇帝即位後に、功臣を含め、一万人以上を処刑した。

貧困層の出身という劣等感と、自分しか信じられない不遇な青年時代に形成された猜疑《さいぎ》心が原因とされる。

2 教会大分裂

一三〇九年以来続いていたバビロン捕囚から教皇庁がローマに戻ったのちも、ローマで選ばれたイタリア人の教皇に対し、フランス人枢機卿《すうききょう》らによってアヴィニョンにも教皇がたち、教会の分裂時代が約四〇年も続いた。

2 1374年
観阿弥・世阿弥が新熊野神社で猿楽を上演する。

● 1378年
足利義満が「花の御所」に移る。

新熊野神社。ここが能楽発祥の地とされている

京都御苑。この北西に花の御所があった

3 1392年
南北朝が統一される。

● 1394年
足利義満が将軍職を義持に譲る。

● 1400年
世阿弥が『風姿花伝《ふうしかでん》』(第三篇まで)を著す。

2 義満が寵愛した世阿弥

足利義満《よしみつ》は、のちに能へと発展する猿楽《さるがく》を好んだ。猿楽の役者である美少年の藤若(のちの世阿弥《ぜあみ》)への寵愛は大変なもので、祇園会《ぎおんえ》の見物に藤若を同席させ、盃を与えるという、異例の扱いも伝えられている。これは、芸術への理解とは別な理由に負うところが大きかったようだ。

能楽の大成

猿楽
=
中国の物まね芸
+
歌・舞
田楽
=
田の神に豊作を祈る田遊び
集大成
能
観阿弥
世阿弥

3 騙されて統一に応じた南朝

後醍醐天皇が開いた南朝は、後亀山《ごかめやま》天皇が北朝に譲位する形で統一された。しかし、南北両統が交互に皇位に就くという約束は破られ、実態は北朝による「吸収」だった。

2 1378年
教会大分裂が始まる。

● 1381年
イギリス、ワット・タイラーの乱おこる。

● 1389年
オスマン帝国でバヤジット一世が即位する。
オスマン帝国がコソヴォの戦いでセルビア・ボスニア・ワラキア連合軍に勝利する。

3 ティムールが東チャガタイを滅ぼす。

● 1392年
李成桂《りせいけい》が李氏朝鮮を建国する。

3 1395年
ティムールがキプチャク・ハン国を攻める。

● 1396年
オスマン帝国がニコポリスの戦いでハンガリー率いる西欧諸国軍に勝利する。

● 1399年
明で燕王《えんおう》が挙兵する(靖難《せいなん》の変)。

教会大分裂

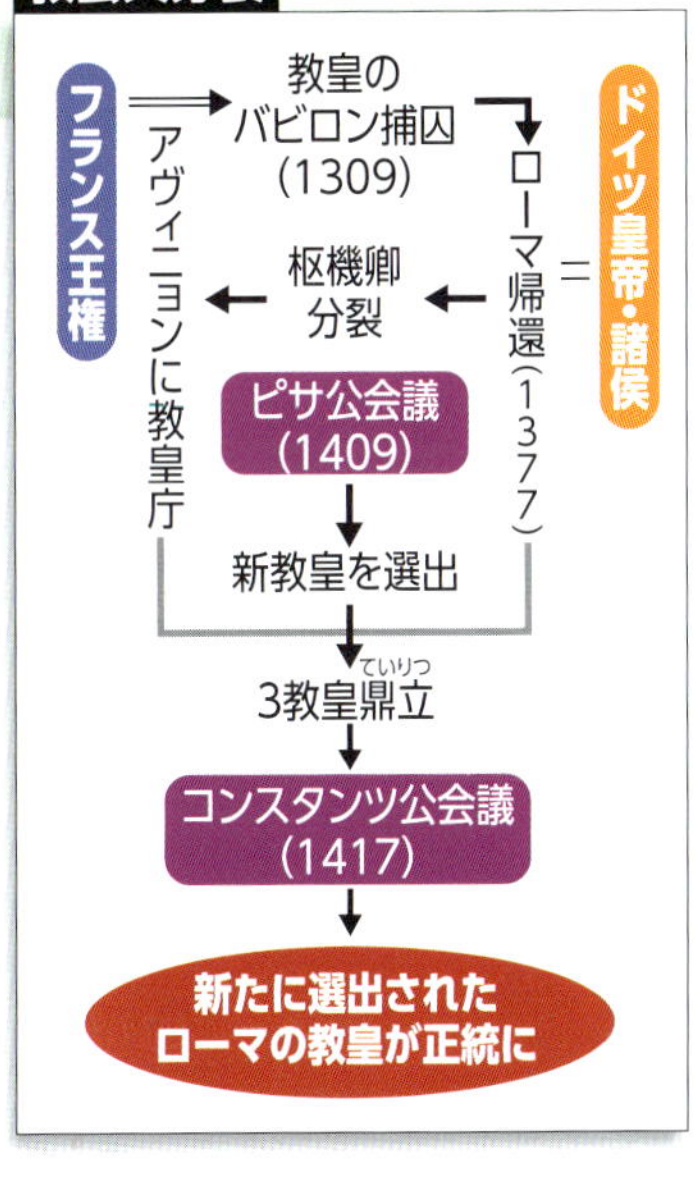
フランス王権
ドイツ皇帝・諸侯
教皇のバビロン捕囚(1309)
ローマ帰還(1377)
アヴィニョンに教皇庁
枢機卿分裂
ピサ公会議(1409)
新教皇を選出
3教皇鼎立《ていりつ》
コンスタンツ公会議(1417)
新たに選出されたローマの教皇が正統に

3 ティムールが崇めた英雄

ティムールは、広大な帝国を築いたが、チンギス・ハンへの尊敬から、西チャガタイ・ハン国の当主を帝国君主とし、チンギス・ハンの血統の女性と結婚した。

ティムール朝の領域

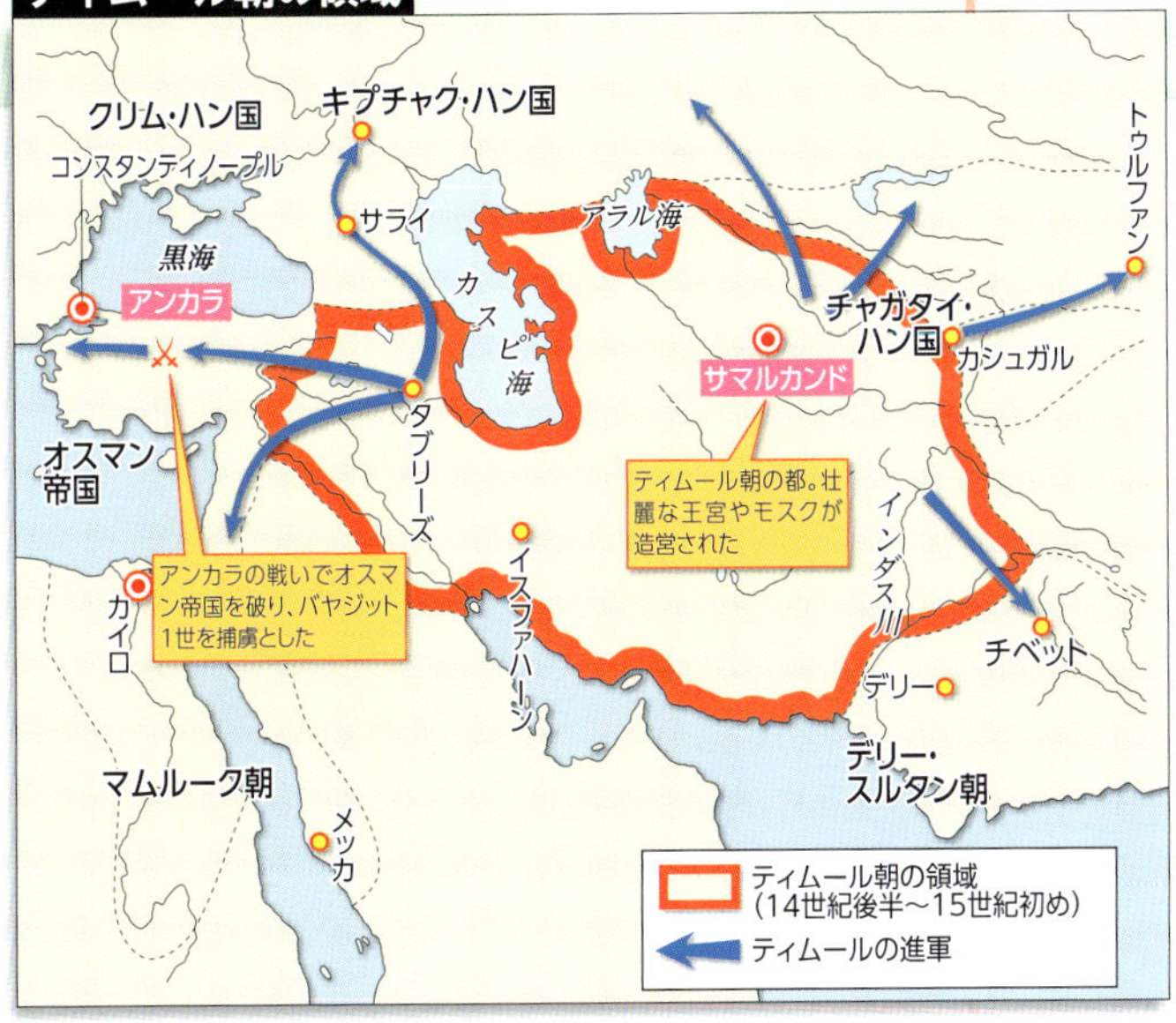
クリム・ハン国
キプチャク・ハン国
コンスタンティノープル
サライ
アラル海
トゥルファン
黒海
アンカラ
カスピ海
チャガタイ・ハン国
カシュガル
サマルカンド
タブリーズ
オスマン帝国
ティムール朝の都。壮麗な王宮やモスクが造営された
インダス川
アンカラの戦いでオスマン帝国を破り、バヤジット1世を捕虜とした
カイロ
イスファハーン
チベット
デリー
デリー・スルタン朝
マムルーク朝
メッカ
ティムール朝の領域(14世紀後半〜15世紀初め)
ティムールの進軍

15世紀 1401～1450年

前期 中期 後期

尚巴志が琉球王国を建国。その頃、ジャンヌ・ダルク、オルレアンを解放

この時代の日本史

●1401年
足利義満が祖阿《そあ》らを明へ派遣する。

●1402年
8月、足利義満が倭寇を禁圧する。
9月、明使が「日本国王源」宛ての国書を送る。

1 1404年
日明（勘合）貿易を開始する。

●1419年
李氏朝鮮が倭寇対策として対馬を襲撃する（応永の外寇）。

●1423年
足利義量《よしかず》が将軍に就任する。

●1428年
正長の徳政一揆がおこる。

●1429年
足利義教が将軍に就任する。

1 形よりも実を優先した日明貿易

三代将軍義満が、一四〇二年、明から「国王」に封じられ、一四〇四年に属国扱いながらも実をとって始めた交易を、一四一一年、後継者の義持《よしもち》が父親への反感から中止してしまう。これを六代将軍義教《よしのり》が一四三二年に復活させる。彼は李氏朝鮮とも外交関係を結び、交易を開始する。

2 三山が対立していた琉球

三山と呼ばれる三勢力に分立する琉球は、それぞれに明へ朝貢し対立していた。最終的に統一を果たした尚巴志《しょうはし》は、この三勢力のいずれの支配者でもなかった。彼は、まず一四〇六年、中山《ちゅうざん》を支配、一〇年後に北山《ほくざん》を、南山《なんざん》はさらに一三年後の一四二九年に支配という慎重さで統一を達成した。

鉄を輸入し、農工具として農民に与え、彼らの支持を得た上で他山を攻略していったのである。

この時代の世界史

●1402年
ティムールがアンカラの戦いでオスマン帝国を破りバヤジット一世を捕虜とする。
明で永楽帝《えいらくてい》が即位する。

●1405年
ティムールが病没する。

1 明で第一回鄭和の南海遠征が行なわれる（～33年までに七回）。

●1410年
明で漠北親征が行なわれる（～24年までに四回）。

●1414年
コンスタンツの公会議が開かれ、1417年、教会統一が成立。

●1422年
オスマン軍がコンスタンティノープルを包囲する。

2 1427年頃
メキシコでアステカ帝国が成立する。

1 アフリカに到達した宦官

明の永楽帝の信頼を得て、大船団で南海遠征に乗り出した鄭和《ていわ》は宦官《かんがん》だった。七回におよぶ大航海はアフリカにまで達した。没したの

鄭和の南海遠征（第7回航路）

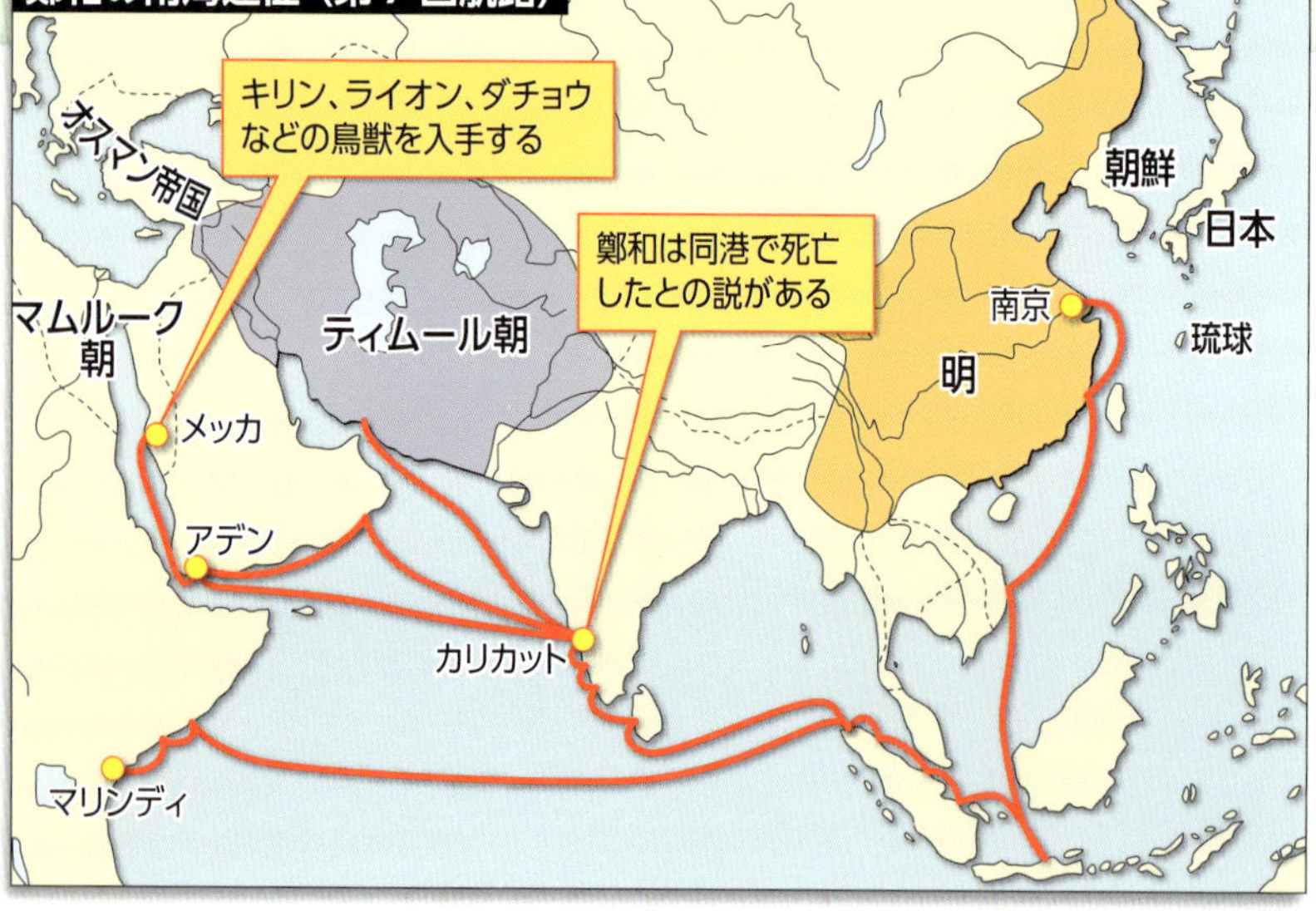

キリン、ライオン、ダチョウなどの鳥獣を入手する
オスマン帝国
マムルーク朝
ティムール朝
鄭和は同港で死亡したとの説がある
朝鮮
日本
南京
琉球
明
メッカ
アデン
カリカット
マリンディ

2 尚巴志が琉球王国を建国する。
播磨の土一揆がおこる

首里城。琉球王の居城となった

● 1438年
永享の乱がおこる。

3 1441年
嘉吉の乱で足利義教が謀殺される。

● 1443年
足利義政が将軍に就任する。

3 おこるべくしておきた将軍暗殺

足利義教はすぐ逆上する将軍だった。酌が下手な侍女は髪を切られて尼にされ、諫言《かんげん》した僧は舌を切られてしまった。嘉吉《かきつ》の乱で赤松満祐《みつすけ》に暗殺されたときも、日頃の言動から同情は少なく「自業自得の犬死に」とまでいわれた。

足利義教の首塚（右）と細川ガラシャ夫人の墓

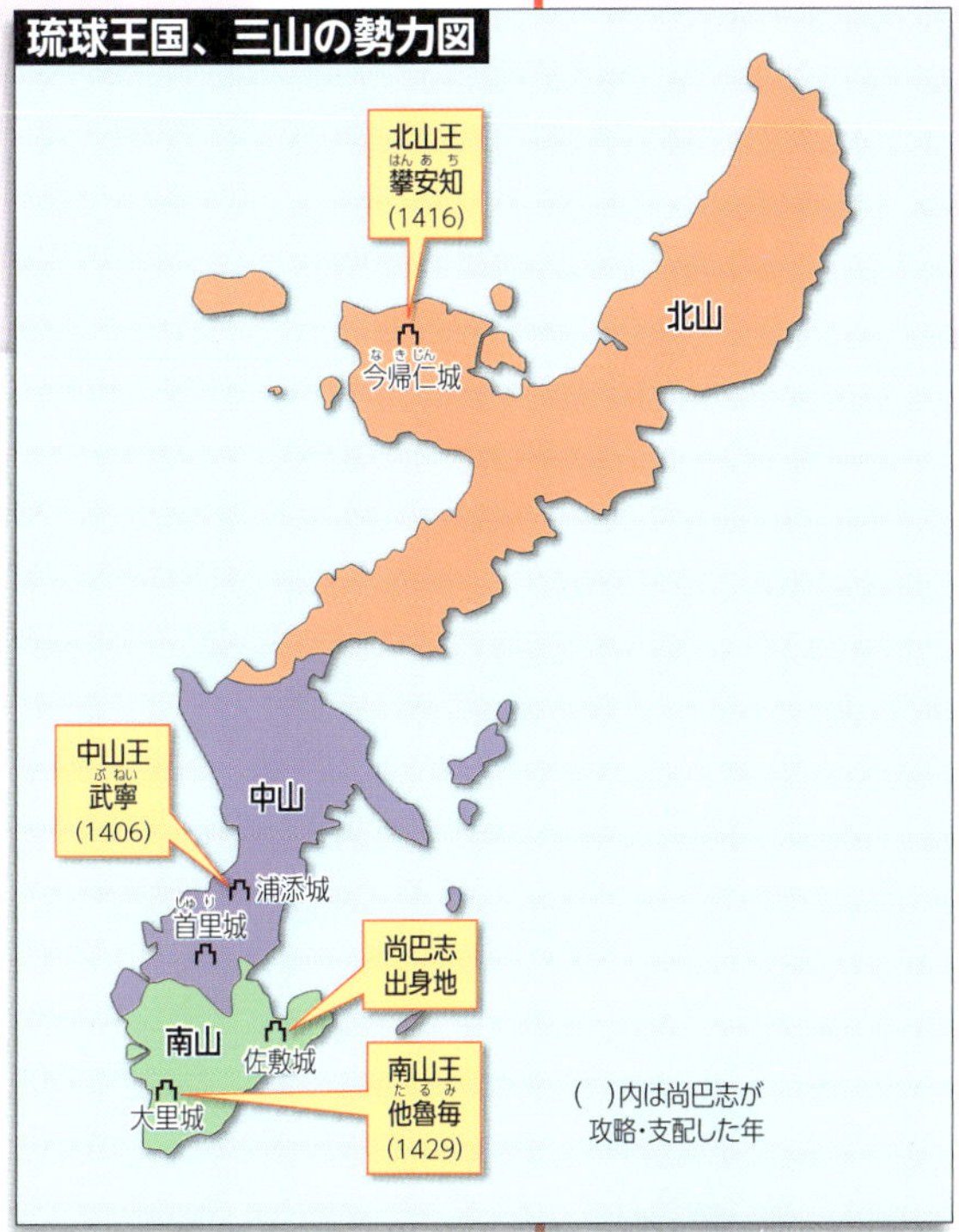

3 1429年
英仏百年戦争でジャンヌ・ダルクがオルレアンの囲みを解く。

シャルル７世の戴冠式の際のジャンヌ

3 1431年
ジャンヌ・ダルクがルーアンで処刑される。

● 1434年
フィレンツェでコジモ・デ・メディチが政務を執る。

コジモ・デ・メディチ

● 1444年
オスマン帝国がヴァルナの戦いでハンガリー・ポーランド軍に勝利する。

● 1446年
李氏朝鮮の世宗がハングルを制定する。

は航海途中のカリカットだとも、帰国後だともいわれるが、宦官という身分のためか、確かな記録は残っていない。

2 謎の文明の血の儀式

古代メキシコのアステカ王国は、三都市による同盟国家として成立。それまでの侵略の戦いの歴史から支配には生贄《いけにえ》が不可欠で、敵王の血を撒いて奉納する儀式が生まれていた。

3 異端の聖女ジャンヌ

ジャンヌ・ダルクは異端者として処刑された。一四五五年、復権裁判が行なわれ、名誉は回復されたが、異端性はそのままだった。ジャンヌ・ダルクをヒロインとして大きく取り上げたのは、ナポレオンだ。以後、デュマなど作家や詩人たちが題材とする。教皇庁は、一九二〇年、異端を取り消さないまま、聖女に列した。

世宗

実的な芸術が発達する一方、
なアラベスクが展開した

中国・アジアの文化

元	東西交流	プラノ・カルピニ	1180頃~1252	教皇の命によりカラコルムに来訪
		モンテ・コルヴィノ	1247~1328	教皇の命で大都に至り布教を行なう
		マルコ・ポーロ	1254~1324	ヴェネツィア生まれの商人、フビライに仕えた。『世界の記述』
		イブン・バトゥータ	1304~68?	モロッコ生まれのムスリムの旅行家。『三大陸周遊記』
	科学	郭守敬《かくしゅけい》	1231~1316	イスラーム暦の影響を受けた授時暦を作成
	文学	『水滸伝』『三国志演義』などの口語小説の原型		
	書画	趙孟頫《ちょうもうふ》	1254~1322	宋の皇族出身。南宗画の先駆者

明(1)	儒学	『永楽大典』	中国最大の百科事典
		『四書大全』	朱子学の集大成。科挙受験の教科書となった
		『五経大全』	
		『性理大全』	宋・元の性理学説の集大成
	小説	『水滸伝』	施耐庵《したいあん》、羅貫中《らかんちゅう》
		『三国志演義』	羅貫中

13~14世紀は、モンゴル帝国の成立により経済・文化の活発な東西交流が行なわれ、十字軍を契機に経済発展を遂げたイタリア商人は、東方の産物を求めて中央アジアの東西交易路に接触した。

明初の洪武帝は朱子学を官学とした。永楽帝は『永楽大典』などの編纂事業を行なったが、これにより思想が固定化されてしまった。精細な文様を描く赤絵の陶磁器は、ヨーロッパへの輸出品となった。

明の赤絵

日本の文化

鎌倉文化	文学	歴史書	『吾妻鏡《あづまかがみ》』
		軍記物	『平家物語』
		随 筆	『徒然草《つれづれぐさ》』(吉田兼好《よしだけんこう》)
		和 歌	『新古今和歌集』(藤原定家ら)
	建築	天竺様	東大寺南大門
	美術	彫 刻	『東大寺南大門金剛力士《こんごうりきし》像』(運慶・快慶)
		絵巻物	『蒙古襲来《もうこしゅうらい》絵詞』
北山文化	建築	庭 園	西芳寺(苔寺)
	学問	『風姿花伝(花伝書)』(世阿弥)	
東山文化	文学	お伽草子《とぎぞうし》	『ものぐさ太郎』『一寸法師』『酒呑童子』
	建築	書院造《づくり》	慈照《じしょう》寺銀閣
		庭 園	慈照寺庭園、龍安《りょうあん》寺石庭(枯山水の代表)
	美術	水墨画	『四季山水図』(雪舟)
		狩野派	『大仙院花鳥図』(狩野元信)
	生活	茶の湯	村田珠光(闘茶からわび茶へ)
		生け花	池坊専慶(観賞用の生け花へ)
		能 楽	金春禅竹(象徴能へ発展)

鎌倉文化では、貴族社会から武家社会への変遷の中で人間を肯定的に捉えた写実的な表現が見られる。人物の個性を忠実に再現しようとした「似絵」や、筋肉の描き方がリアリズムの極致ともいえる金剛力士像などがそれである。

北山文化・東山文化では、幕府が京都に置かれ、公家と武家の文化が融合し、また幕府が保護をした禅宗にも大きく影響をおよぼし、幽玄・枯淡・閑寂のおもむきが強い華道、わび茶、能などの伝統文化が生まれた。

龍安寺石庭

コラム 中世の文化

日本で武家社会のもと、写
イスラーム社会では抽象的

イスラーム文化(2)

固有の文化	神学	『コーラン』編纂	
固有の文化	神学	ガッザーリー	イスラーム神秘主義へ
固有の文化	歴史学	イブン・ハルドゥーン	チュニス出身。『歴史序説』
固有の文化	歴史学	ラシード・ウッディーン	イル・ハン国の宰相。『集史』
外来の文化	哲学	イブン・ルシュド	ムワッヒド朝。『医学大全』
外来の文化	地理学	イブン・バトゥータ	モロッコ出身。『三大陸周遊記』
文学		オマル・ハイヤーム	イラン人でセルジューク朝に活躍。『ルバイヤート』
文学		サーディー	イル・ハン国の詩人。『ばら園』
建築		アルハンブラ宮殿	
美術		アラベスク(幾何学模様)、ミニアチュール(細密画)	

イスラーム教は民族差別を否定し、信者の平等を説いたため世界宗教としてイラン・トルコ・インドなど地域的・民族的特色を持った文明を形成した。イスラーム教徒は、インドから十進法とゼロの概念を学びギリシア哲学の研究にも熱心だった。

イブン・バトゥータは、メッカ巡礼の後、インド・スマトラを経て元朝の大都に至った。その旅行記は正確で14世紀の貴重な資料である。イベリア半島ではナスル朝がグラナダに、白大理石の列柱とアラベスクが施された天井を持つアルハンブラ宮殿を築いた。

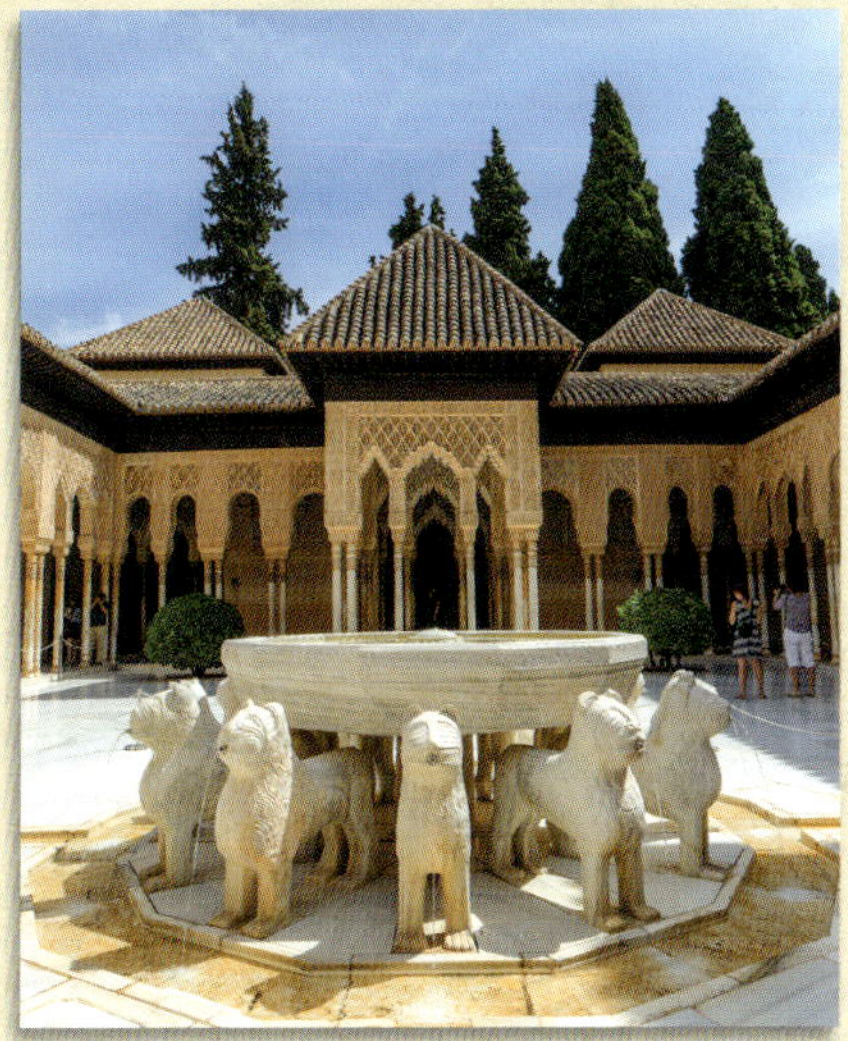

アルハンブラ宮殿

中世ヨーロッパ文化(2)

中世	神学	ロジャー・ベーコン	1214頃~94頃	イングランドの神学者。実験・観察を重視する
中世	神学	トマス・アクィナス	1225頃~74	ドミニコ修道会士『神学大全』を著述
中世	神学	ウィリアム・オッカム	1280頃~1349頃	フランチェスコ修道会士　唯名論を確立
中世	大学	ボローニャ大学(伊)、パリ大学(仏)、オクスフォード大学(英)などが成立		
中世	文学	騎士道物語	北方では戦場の騎士を描いた武勲詩が流行『ローランの歌』(11~12世紀、仏)	
中世	建築	ビザンツ様式	ヴェネツィアのサン・マルコ大聖堂	
中世	建築	ロマネスク様式	伊のピサ大聖堂	
中世	建築	ゴシック様式	「ゴートのような」の意。尖塔アーチ・ステンドグラス・垂直感が特色である。　仏のノートルダム大聖堂、独のケルン大聖堂、英のカンタベリ大聖堂など	
ルネサンス(1)	文学	ダンテ	1265~1321	俗語の優位性を主張『神曲』
ルネサンス(1)	文学	ボッカチオ	1313~75	市民層の好色話『デカメロン』
ルネサンス(1)	美術	ジョット	1266頃~1337	写実的。ルネサンス絵画の先駆
ルネサンス(1)	美術	ブルネレスキ	1377~1446	フィレンツェ大聖堂の天井を設計

キリスト教神学の研究の場はこの頃「スコラ」から大学へと移動する。またイベリア半島経由でイスラーム文化がラテン語訳され、自然科学が発達。ギリシアの学問もイスラーム文化を介して紹介された。

建築では高い尖塔と丸天井、ステンドグラスで垂直・上昇への志向を感じさせるゴシック様式が現れた。イタリア諸都市が地中海貿易や手工芸、工業などで栄えルネサンスが始まった時期でもある。

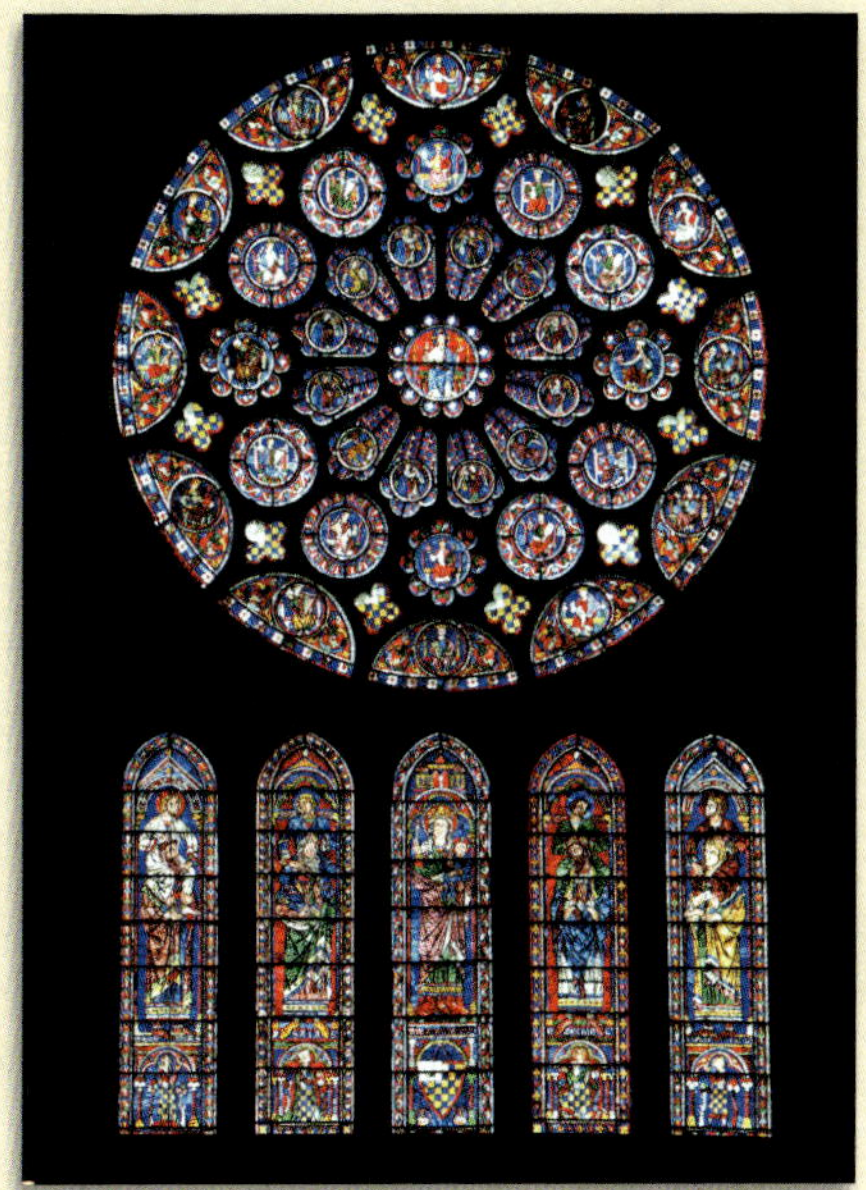

シャルトル大聖堂のステンドグラス

東アジア・北アジア・東南アジア史

1583 ヌルハチ、女真族統一開始
1616 後金成立
1636 後金、国号を清とする
1644 清、中国支配の開始
1727 キャフタ条約(ロシアー清)
1840 アヘン戦争勃発

日本史

1467 応仁の乱勃発
1495 北条早雲、小田原城奪う
1542 斎藤道三、美濃を奪う
1553 川中島の戦い勃発
1590 豊臣秀吉、天下統一
1600 関ヶ原の戦い勃発
1637 島原の乱勃発
1685 生類憐みの令
1716 享保の改革
1767 田沼意次の政治
1837 大塩平八郎の乱勃発

西アジア・南アジア史

1453 ビザンツ帝国滅亡
1501 サファヴィー朝建国
1526 ムガル帝国建国
1529 オスマン帝国、第1次ウィーン包囲
1600 イギリス、東インド会社設立
1710 ムガル帝国、
シク教徒の反乱勃発

第3章 近世

the Early Modern Ages

イギリス
オランダ
神聖ローマ帝国
フランス
ポルトガル
スペイン
地中海
ルイジアナ
プリマス
ヴァージニア
アメリカ史
1492 コロンブス、米大陸到達
1533 ピサロ、インカ帝国を滅ぼす
1607 イギリス、ヴァージニア植民地建設
1689 英仏植民地戦争勃発
1775 アメリカ独立革命勃発
1789 アメリカ、連邦政府発足
ヨーロッパ史
1455 イギリスでバラ戦争勃発
1479 スペイン王国成立
1618 三十年戦争勃発
1642 イギリスでピューリタン革命勃発
1648 ウェストファリア条約
1688 イギリスで名誉革命勃発
1740 オーストリア継承戦争勃発
1789 フランス革命勃発
1814 ウィーン会議、ナポレオン戦争後の処理
1840 アヘン戦争勃発
大西洋
ニューグラナダ副王国
ブラジル副王国
太平洋
ペルー副王国
ラプラタ副王国
ケープタウン

再統一された日本が鎖国をしている間に、ヨーロッパ諸国の世界進出が始まる

日本は戦乱から太平の時代へ

一四六七年、日本では応仁の乱がおこり室町幕府は弱体化、下克上の戦国時代へと突入する。そんな中、大航海時代を迎えていたヨーロッパから、鉄砲とキリスト教が伝来した。

やがて一七世紀初めに徳川家康が天下統一を終え、江戸幕府を開く。江戸幕府は、大名を統制して内政を安定させ、対外的には鎖国体制をとった。一八世紀に商品経済が発達し、安定政権の下、独自の庶民文化も花開いた。

膨張するヨーロッパ世界

一五世紀のヨーロッパ諸国は、西アジアに出現した強大なオスマン帝国を回避する新航路を求めた。新大陸に広大な植民地を築いたスペインは、一五八〇年にポルトガルを併合し勢力を誇った。植民地からの富は、スペインに続きイギリス、フランスで絶対王権を支えた。また植民地での労働力として、西アフリカを拠点に奴隷貿易が行なわれた。

一七世紀後半に議会が力をつけたイギリスは市民革命を達成。一八世紀にはアメリカが独立。フランスでは革命後の混乱ののち、ナポレオンの台頭をみる。この頃、イギリスは産業革命を経験し、「世界の工場」となり、資本主義社会も確立される。

中国では一六一六年に女真族が建てた後金が全土を支配、後に国号を清と改め、一七世紀後半にはロシアと国境を接するまでに拡大する。しかし衰退が顕著となった一九世紀、アジアに進出してきたイギリスとのアヘン戦争に敗れ欧米列強による植民地化が進むこととなる。

15世紀 1451〜1475年

前期 中期 後期

応仁の乱で日本が荒廃。同じ頃、英仏百年戦争が終結

この時代の日本史

●1452年
細川勝元《かつもと》が管領に就任する。

●1454年
畠山義就《よしなり》・政長《まさなが》の家督争いがおこる。

●1455年
足利成氏《しげうじ》が今川範忠《のりただ》に敗れ、下総古河へ逃れる。

●1457年
太田道灌《どうかん》が江戸城を築城する。

コシャマインの戦い、アイヌが和人の進出に対して蜂起する。

道灌堀。太田道灌が築いた城の外堀だったとされる

1 日野富子は守銭奴だったのか？

一般に日野《ひの》富子《とみこ》はわが子を将軍にしようと目論んだために応仁の乱を招く一方、高利貸しで金儲けをした悪女と見られる。しかしこれは、政治を顧みなかった夫、足利義政《よしまさ》の代わりを務めたのであり、高利貸しも貨幣経済を取り入れた進取の気性の表れだったともいえる。

応仁の乱の対立関係

	西軍	東軍
将軍位争い	足利義教 日野富子＝義政 義尚《よしひさ》	義視《よしみ》
対立	山名宗全《やまなそうぜん》	細川勝元
家督争い（畠山家《はたけやま》）	義就	政長
家督争い（斯波家《しば》）	義廉《よしかど》	義敏《よしとし》

この時代の世界史

1 1453年
コンスタンティノープル陥落。オスマン帝国によりビザンツ帝国が滅亡する。

コンスタンティノープルに入城するメフメト2世

2 英仏百年戦争が終結する。

3 1455年
イギリスでバラ戦争がおこる。

●1456年
グーテンベルクが活版印刷術を発明する。

16世紀中頃の印刷所の様子

1 コンスタンティノープル陥落

一四五三年、オスマン帝国に包囲されたコンスタンティノープルは、七〇〇〇の兵力を持つに過ぎなかった。対するオスマン帝国のメフメト二世は、七〇隻からの艦隊に山越えを敢行させるという奇策を用いて、コンスタンティノープルを陥落させた。最期を悟ったビザンツ皇帝コンスタンティヌス一一世は、帝衣を脱いで敵軍に突っ込み、一兵卒として戦死したといわれる。

1 1467年 応仁の乱がおこる。

応仁の乱勃発地の碑

2 1471年 蓮如が越前に吉崎御坊《ごぼう》を建立する。

新旧仏教の対立
新仏教
浄土真宗(開祖・親鸞)
専修寺派他
本願寺派
蓮如
明快な教えをもって民衆に布教していった
対立
戦乱、天災にあえぐ民衆にはかまわず加持祈禱の密教に終始
天台宗(開祖・最澄)
旧仏教

3 1474年 一休宗純《そうじゅん》が大徳寺の住持に就任する。

大徳寺の高桐院

2 すべては教団強化のため

浄土真宗本願寺派の僧蓮如《れんにょ》の布教戦術は徹底していた。まず仮名まじりの『御文《おふみ》』を書き、布教用に門徒対応方法のマニュアルを作っている。二七人も子供を作ったのは、寺々との姻戚関係を結び、結束を強めるためだった。

3 反骨の僧だった「一休さん」

昔話などの影響で、とんちのイメージの強い一休であるが、史実では、偽善を嫌い、堕落した禅宗《ぜんしゅう》を激しく非難したといわれる。晩年には、反骨を体現するがごとく酒や女に溺れ、七八歳で若い愛人を作り、死までの一〇年間、溺愛し続けた。

4 1469年 フィレンツェ、ロレンツォ・デ・メディチがメディチ家当主となる。
カスティリャ王女イサベルとアラゴン王子フェルナンドが結婚する。

イサベル

● 1471年 大越《だいえつ》がチャンパーを滅ぼす。
● 1474年頃 トスカネッリ『世界地図』を作成する。

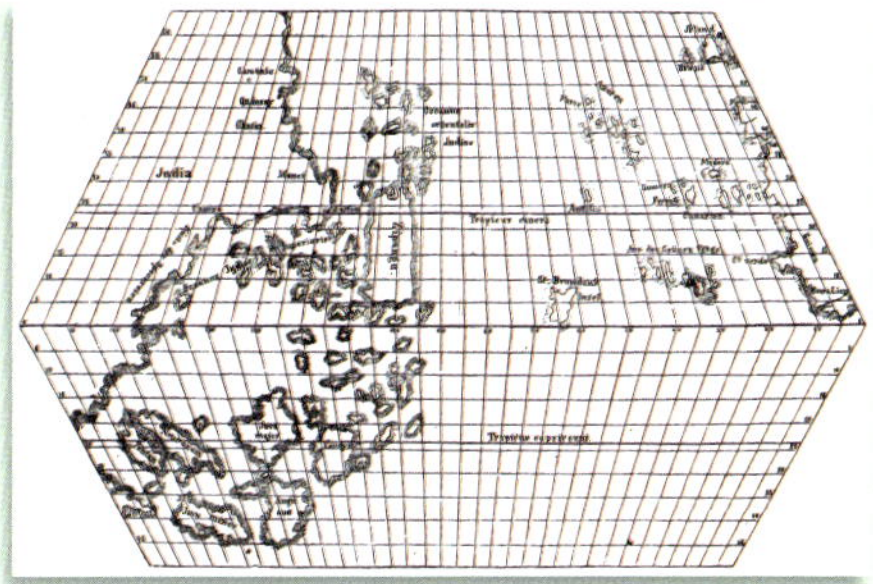
トスカネッリは地球球体説に基づいて『世界地図』を描いた

2 ヨーロッパ大転機の年

コンスタンティノープルが陥落する一方、一四五三年にイングランドがカレーより撤退し、一三三九年より続いていた英仏百年戦争が終結している。

3 じつは小規模だったバラ戦争

バラ戦争は三〇年続いたが、実際の戦闘は計四〇〇日強で、最も長い軍事行動でも四か月。内乱というよりはヨーク家とランカスター家の派閥争いで、かかわったのは両家とその家臣だけ。国土の荒廃もほとんどなかった。

4 ルネサンスを支えた夫婦

ローマの名家に生まれたクラリーチェ・オルシーニは、夫となるロレンツォ・デ・メディチが驚くほど醜い風貌だと、結婚式で初めて知った。だが夫婦仲は円満で、一〇人の子供を儲け、妻は夫の浮気に寛容だった。

ロレンツォ・デ・メディチ

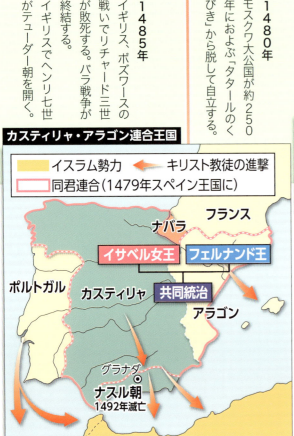

15世紀 1476～1500年

前期　中期　後期

北条早雲、小田原城を奪取。その頃、コロンブスはアメリカに到達する

この時代の日本史

● 1477年
応仁の乱が終結する。山城の土一揆がおこる。

● 1479年
蓮如が山科《やましな》に本願寺を建立する。

● 1480年
京都で徳政一揆がおこる。

1 1485年
山城の国一揆が始まる（～93年まで）。

1 国人たちの山城の国一揆

応仁の乱が終息しても、畠山義就と政長は家督争いを続けた。当初、それぞれの陣営について争っていた南山城《みなみやましろ》三郡の国人《こくじん》たちは疲弊し、団結すると畠山家に対して一揆をおこした。

一揆の広まり

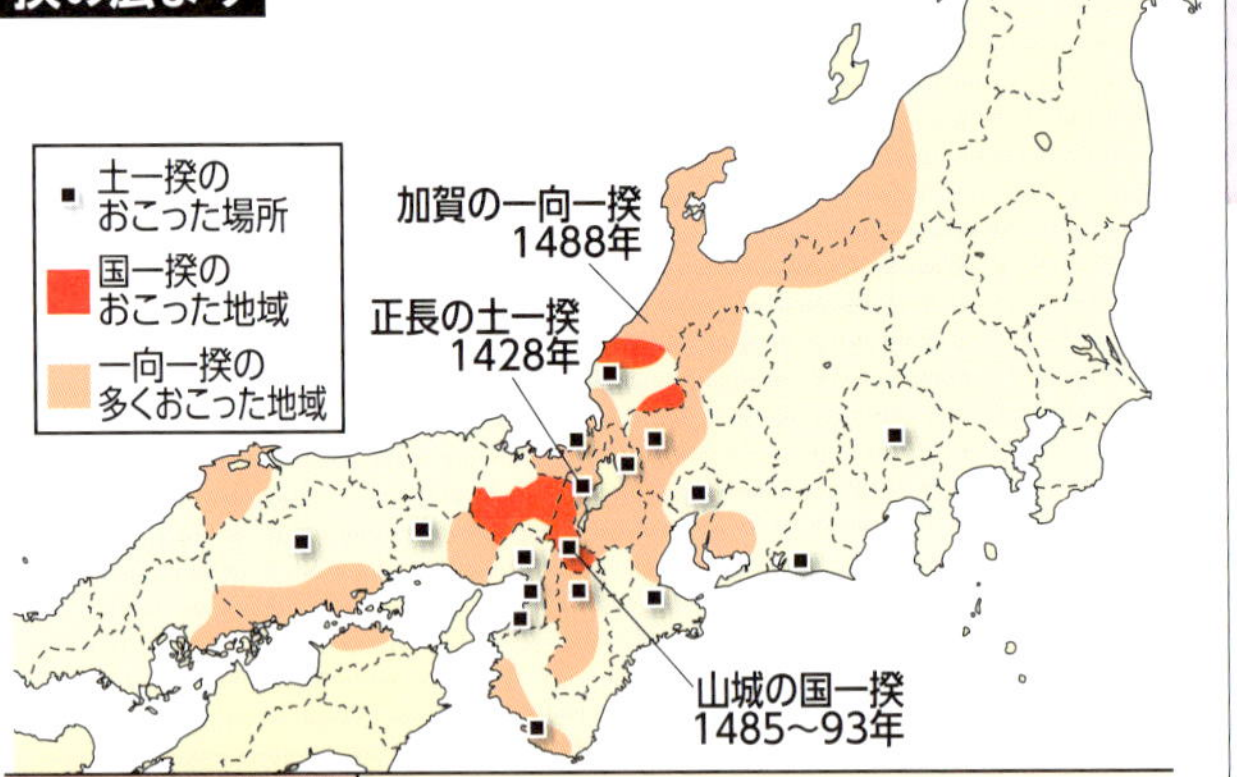
土一揆のおこった場所
国一揆のおこった地域
一向一揆の多くおこった地域
加賀の一向一揆 1488年
正長の土一揆 1428年
山城の国一揆 1485～93年

土一揆（15世紀前半）	農民が借金帳消しを求める
国一揆（15世紀後半）	土着の武士が守護から支配権を奪う
一向一揆（15世紀末～16世紀）	一向宗（浄土真宗）の門人が自治を求める

※一揆とは本来は一致団結することをいった

この時代の世界史

● 1478年
ロレンツォの弟、ジュリアーノ・デ・メディチが暗殺される。

1 1479年
スペイン王国が成立する。

● 1480年
モスクワ大公国が約250年におよぶ「タタールのくびき」から脱して自立する。

● 1485年
イギリス、ボズワースの戦いでリチャード三世が敗死する。バラ戦争が終結する。イギリスでヘンリ七世がテューダー朝を開く。

1 大恋愛から生まれた王国

イベリア半島のカスティリャ王国王女イサベルは、意に沿わない縁談を拒否し、自らアラゴンの王子フェルナンドに使いを送った。フェルナンドはこれに応え、商人に変装して会いに来た。このふたりの結婚から、カスティリャとアラゴンは統合され、大国スペインが生まれる。

現在のスペイン王宮

カスティリャ・アラゴン連合王国

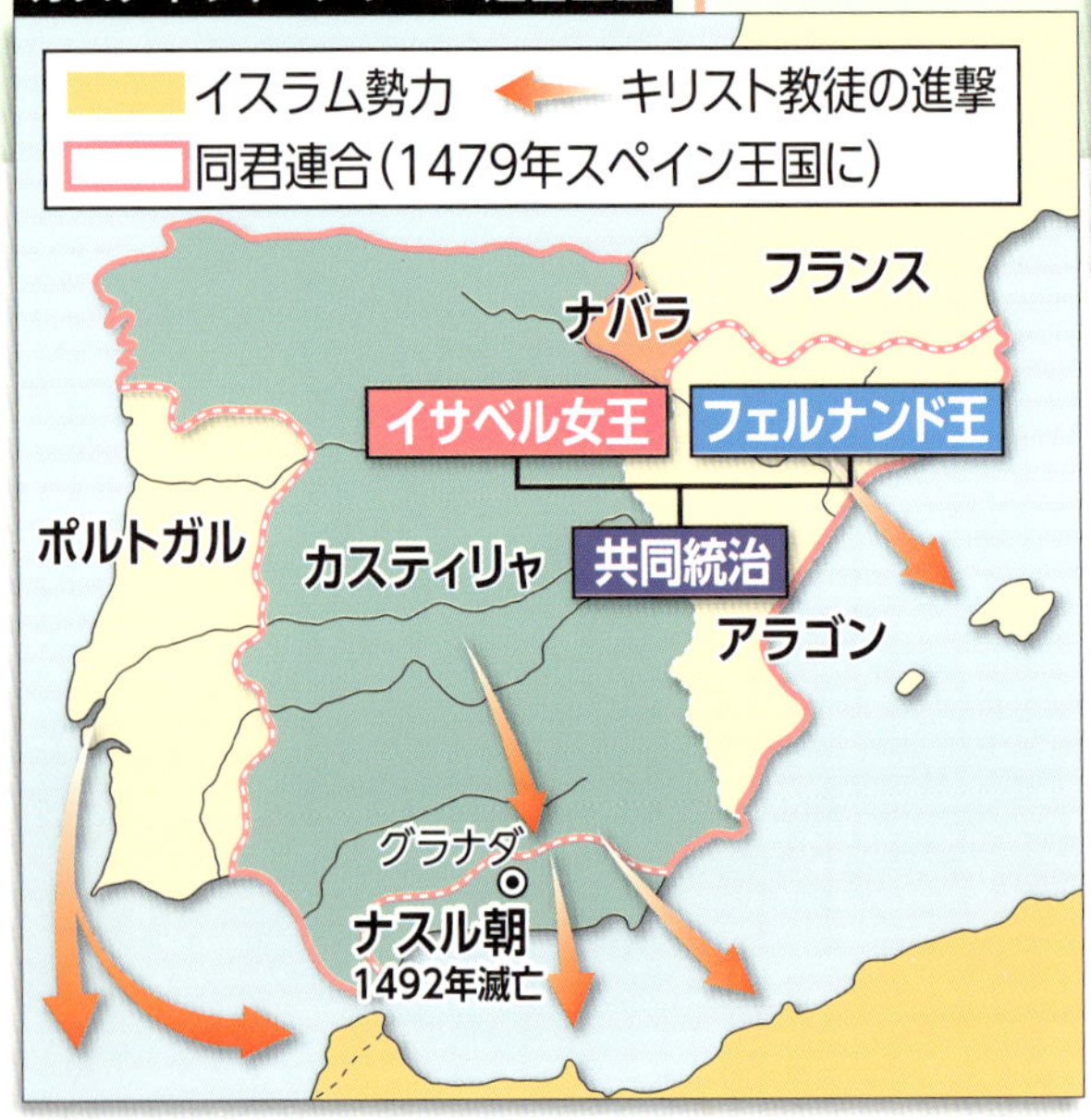
イスラム勢力
キリスト教徒の進撃
同君連合（1479年スペイン王国に）
フランス
ナバラ
イサベル女王
フェルナンド王
共同統治
ポルトガル
カスティリャ
アラゴン
グラナダ
ナスル朝
1492年滅亡

●1488年
加賀の一向一揆が始まる（〜1580年まで）。
●1489年
足利義政が銀閣を建てる。

銀閣

2 1495年
北条早雲、小田原城を奪う。

3 1500年
後土御門天皇崩御するも、葬儀も満足に行なえず。

北条早雲

2 北条早雲の正体

伊豆侵入以前の北条早雲《ほうじょうそううん》については確実な資料が残っておらず、謎に包まれているが、以前「伊勢新九郎《いせしんくろう》」と名乗っていたことから備中《びっちゅう》伊勢氏を出自とするという説が有力になっている。

2 小田原城攻略の奇策

北条早雲は、わずか一晩で小田原城を手に入れた。まず、城主の大森藤頼《おおもりふじより》と親しくして警戒をゆるめさせたあと、「箱根《はこね》山中で鹿狩りをしたい」と使いを出した。藤頼が許可すると、狩りの格好で兵を率いて箱根山に入り、夜を待って軍を動かし、小田原城を陥落したのである。

3 天皇は窮乏し退位も儘《まま》ならず

朝廷は、応仁の乱で幕府が弱体化すると、儀式の費用も賄《まかな》えないほどの財政難に陥った。しかし、大名たちが有名無実化した幕府より、天皇から官位や綸旨《りんじ》を受けることで箔《はく》づけを図ろうと、献金をするようになったため、やがて天皇の権威も回復していった。

●1486年
イタリアで魔女裁判の手引書『魔女の鉄槌』が出版される。
2 1488年
ポルトガル人ディアスが喜望峰に到達する。
●1492年
グラナダが陥落し、ナスル朝が滅亡する（レコンキスタ完了）。
3 コロンブスがアメリカ大陸に到達する。

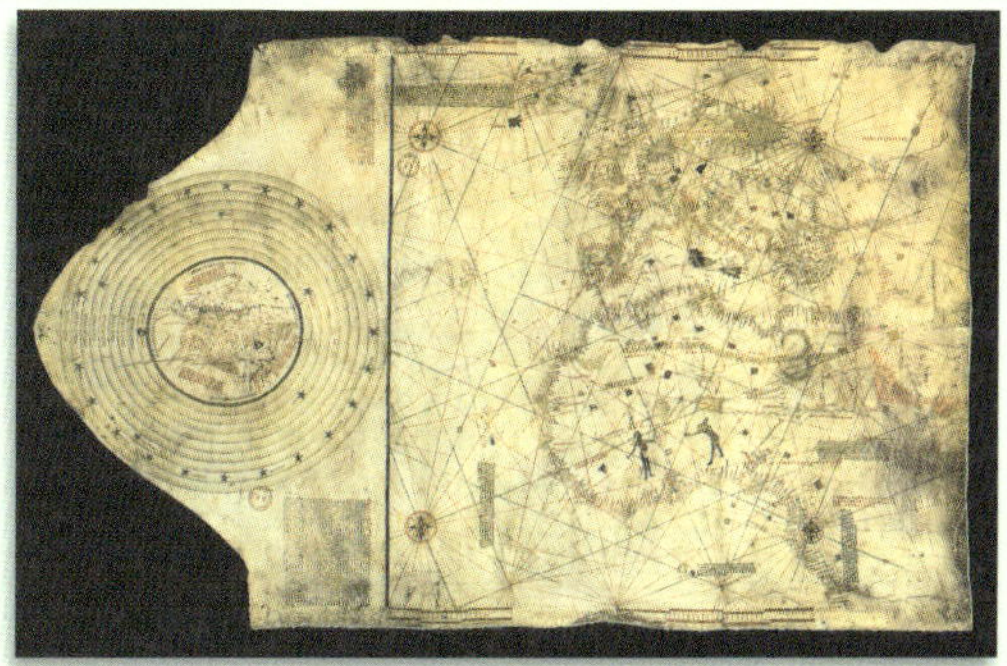
コロンブス作成と伝わる地図

●1498年
ヴァスコ・ダ・ガマがカリカットに到達する。
4 レオナルド・ダ・ヴィンチが『最後の晩餐』を完成させる。
●1500年
ティムール帝国のサマルカンドが滅亡。ヘラートも7年後に滅ぶ。

2 船に乗れなかった航海王子

航海学校を開設したり、西アフリカの探検を命じるなどしてポルトガルの海外発展に貢献したエンリケ航海王子であったが、自身は船酔いが激しく船に乗るのは苦手だったという。

3 褒賞金を横取りした航海者

コロンブスの航海では、陸地の第一発見者は褒賞金をもらえることになっていた。最初に陸地を見たのは水夫ロドリゴだったがコロンブスは、「私はその前夜に陸の火を見た」と主張し、スペイン王室からの褒美を奪ってしまった。

ナスル朝のボアブディル王と対面するカスティリャ王フェルナンド5世（中央）

4 アダになった新技術

『最後の晩餐』はひどく傷んでいたが、一九九九年に二〇年がかりの修復が完了した。

ダ・ヴィンチは、細かい技法を駆使したいと、壁に鉛白という顔料をひき、その上にテンペラ絵の具で描く手法をとったが、これでは絵の具が定着しない。このため、絵の劣化が著しかったのである。

16世紀 1501～1550年

前期 中期 後期

日本に鉄砲伝来！その頃、ピサロがインカ帝国を征服

この時代の日本史

1 斎藤道三の真の業績

斎藤道三《どうさん》は、油売りから身を興し土岐《とき》氏を美濃《みの》から追って国主となったとされてきたが、すべてが道三の功績なのではなく、じつは土岐氏の家臣に収まるまでは彼の父親の業績であったといわれている。

2 ザビエルと薩摩の殺人犯

イエズス会のフランシスコ・ザビエルは、マラッカでの布教時、人を殺して逃亡してきた薩摩《さつま》出身の日本人アンジローと出会った。このとき日本に興味を持ったザビエルは、アンジローから情報を得て、のちの日本への渡航に至るのである。

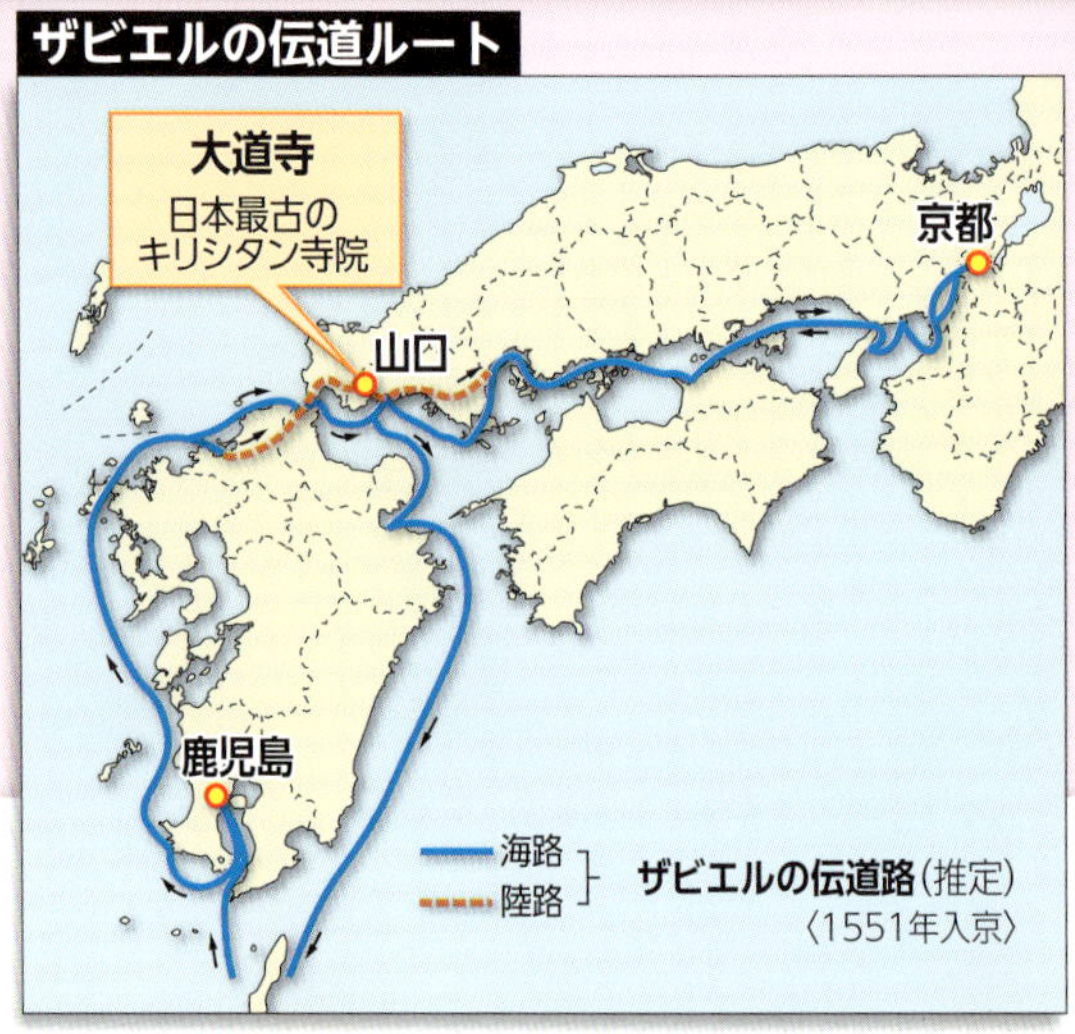
ザビエルの伝道ルート
大道寺
日本最古のキリシタン寺院
京都
山口
鹿児島
海路
陸路
ザビエルの伝道路（推定）
〈1551年入京〉

ザビエル

1 1542年
斎藤道三が土岐氏を追放し美濃を奪う。

● 1543年
ポルトガル人が種子島に漂着する（鉄砲伝来）。

2 1549年
7月、フランシスコ・ザビエルが鹿児島に上陸する（キリスト教伝来）。
11月、松平竹千代（徳川家康）が、今川氏の人質となる。

この時代の世界史

1 スペインのインカ帝国征服

スペイン人ピサロは、インカ帝国の内紛を利用し帝国を征服した。スペインの植民地支配が始まると、先住民の人口は、強制労働などにより激減した。

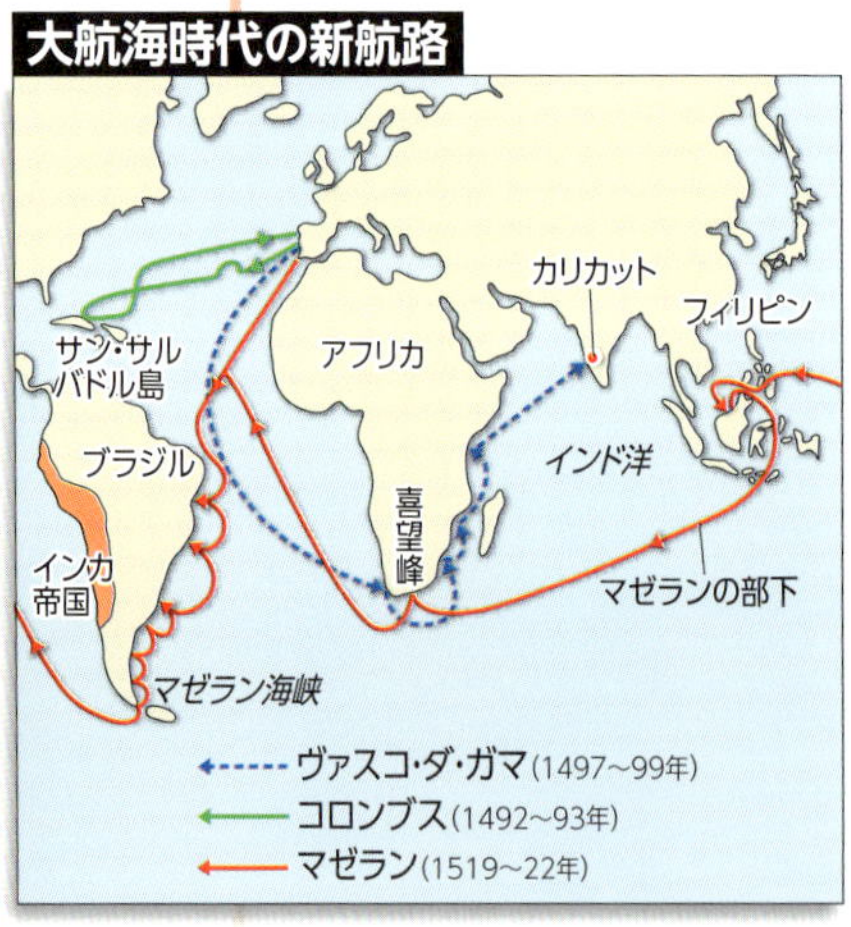
大航海時代の新航路
カリカット
フィリピン
サン・サルバドル島
アフリカ
ブラジル
インド洋
喜望峰
インカ帝国
マゼランの部下
マゼラン海峡
ヴァスコ・ダ・ガマ(1497～99年)
コロンブス(1492～93年)
マゼラン(1519～22年)

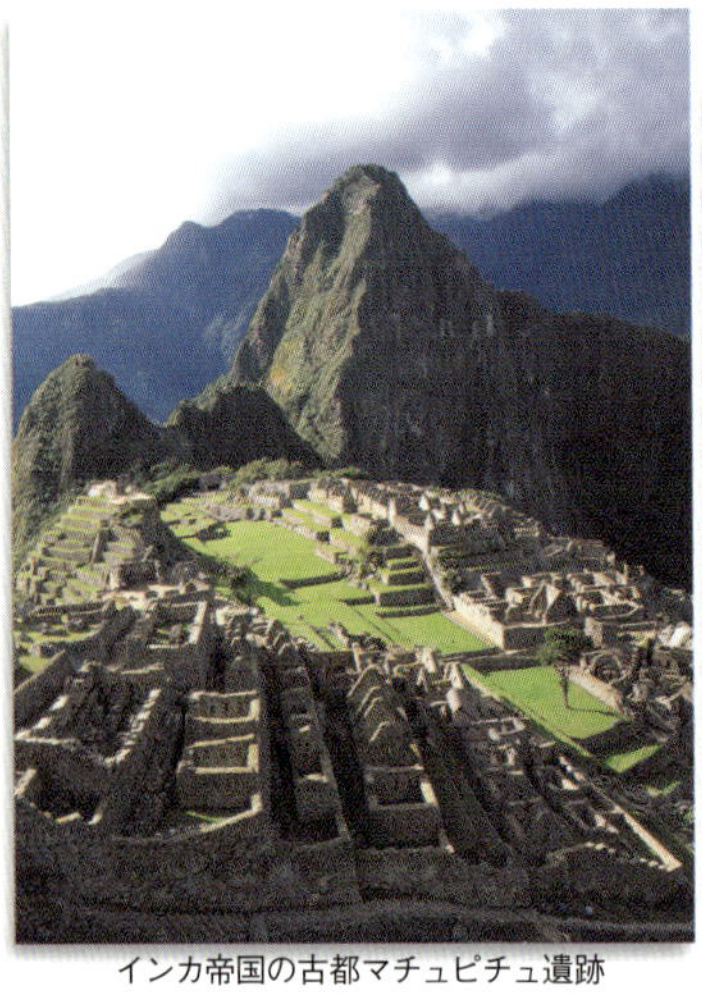
インカ帝国の古都マチュピチュ遺跡

● 1501年
イランでイスマーイールがサファヴィー朝を建国する。

● 1517年
ルター、「九十五カ条の論題」を掲示する（宗教改革の始まり）。

● 1519年
マゼランが世界一周航行に出発する。

● 1521年
コルテスがアステカ帝国を征服する。

● 1526年
インド、ムガル帝国が成立する。

1 1533年
ピサロがインカ帝国を征服する。

● 1534年
ヘンリ八世、首長令を制定し、イギリス国教会が成立する。

● 1543年
ポーランドのコペルニクスが地動説を発表する。

16世紀 1551～1560年

前期　中期　後期

武田信玄と上杉謙信が激闘を繰り広げていた頃、カール五世がルター派を容認

この時代の日本史

1 1553年
上杉謙信・武田信玄、川中島の戦い（～64年まで計五回戦う）。

● 1555年
厳島の戦いで毛利元就が陶晴賢を破る。

厳島神社

2 1560年
桶狭間の戦い、織田信長が今川義元に勝利。

1 川中島の戦いの事情

武田信玄《たけだしんげん》は、村上義清《むらかみよしきよ》を追って北信濃に進出した。上杉謙信《うえすぎけんしん》は義侠心から出陣したとされるが、じつは、信玄の進出に脅威を覚えたためだった。

一二年にわたり五回戦ったが、決着がつかなかった。

謙信と信玄の一騎討ち像

2 戦国の情報戦

織田信長は、桶狭間《おけはざま》の戦いで今川軍の状況を細かく報告させ、昼食休憩に入ったことを知るや一気に攻め込み、勝利した。

この時代の世界史

1 1554年
スペイン王子フェリペ二世がイギリス女王メアリ一世と結婚する。

メアリ一世

2 1555年
アウグスブルクの宗教和議、カール五世がルター派を承認する。

● 1558年
イギリス、エリザベス一世が即位する。

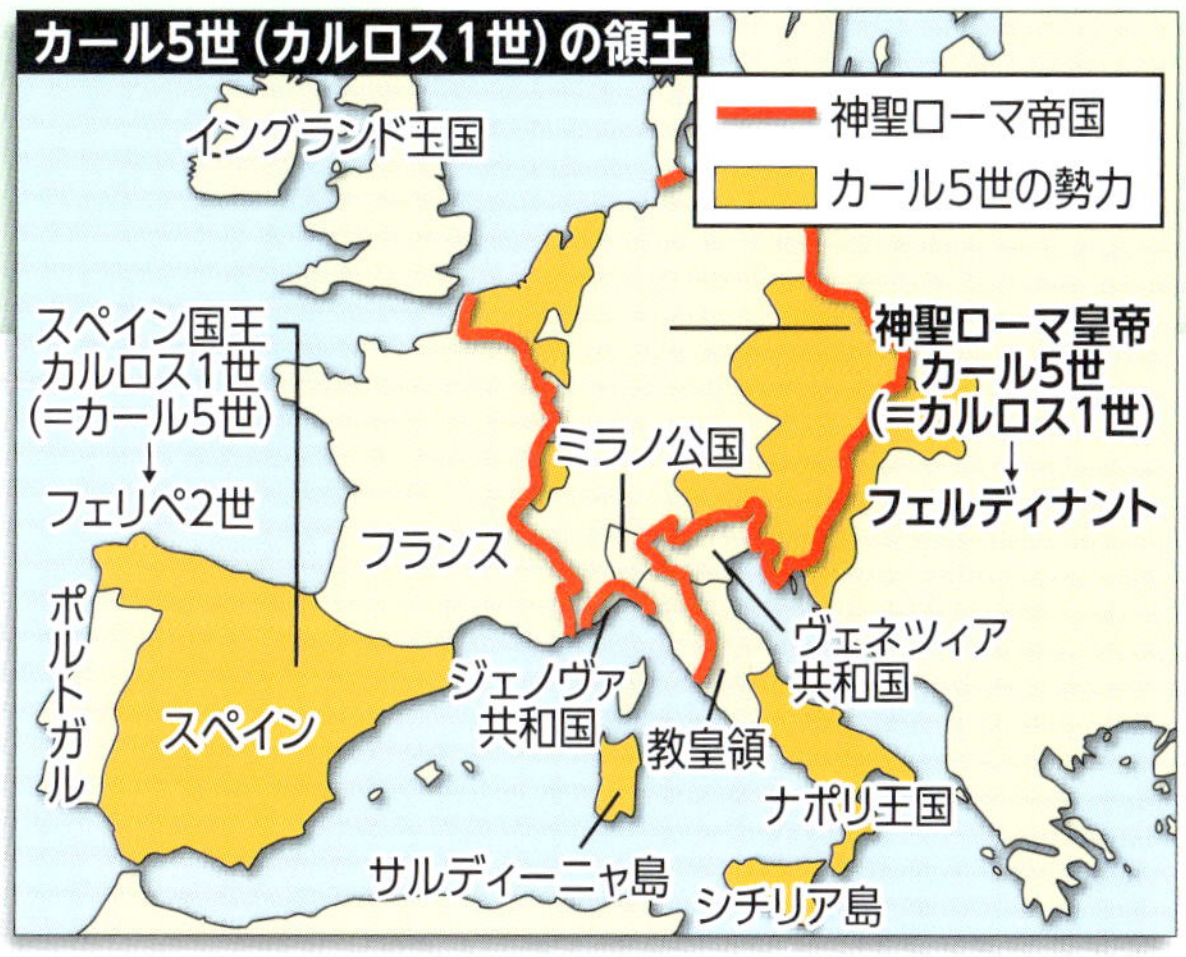
カール5世（カルロス1世）の領土
神聖ローマ帝国
カール5世の勢力
イングランド王国
スペイン国王
カルロス1世
(=カール5世)
↓
フェリペ2世
神聖ローマ皇帝
カール5世
(=カルロス1世)
↓
フェルディナント
ミラノ公国
フランス
ポルトガル
スペイン
ジェノヴァ
共和国
教皇領
ヴェネツィア
共和国
ナポリ王国
サルディーニャ島
シチリア島

1 血まみれの女王

一五三四年のイギリス国教会成立以来、イギリスはプロテスタント国だったが、カトリック教国スペインの王フェリペ二世との結婚を熱望した女王メアリ一世は、自国のプロテスタント教徒を大量に処刑。「ブラッディ・メアリ」と呼ばれた。

2 アウグスブルクの宗教和議

新教派諸侯の勢力が強まり、否定し続けてきたルター派を認めざるを得なかった神聖ローマ皇帝カール五世は、すべてに意欲を失い、翌年自ら退位した。

16世紀 1561〜1600年

前期　中期　後期

織田信長が本能寺の変に倒れる。その頃、スペインの無敵艦隊がイギリスに大敗

この時代の日本史

●1568年
信長が足利義昭を奉じて入京する。

長篠の合戦

●1573年
信長が足利義昭を河内へ追放。室町幕府が滅亡する。

1 長篠の合戦の実態

後藤寿一氏によると、長篠《ながしの》の合戦は、戦闘時間が八時間にもおよび、鉄砲の数も三〇〇丁程度。鉄砲の連射による壮絶な戦いではなく、武田勝頼《かつより》に絶望した家臣たちの、まるで集団自殺のような戦いだったという。

2 本能寺の変には黒幕がいた？

本能寺の変においては、明智光秀の動機について、信長との軋轢《あつれき》説、天下取りの野望説など諸説ある。

また黒幕の存在説では、正親町《おおぎまち》天皇、近《この》衛《え》前久《さきひさ》ら公家グループ、足利義昭らは、いずれも動機があり、光秀を動かすことも可能だった。

3 秀吉は遷都を考えていた

豊臣秀吉は、大坂の町を築いた際、遷都も計画した。天皇の住む内裏用として天満《てんま》に土地まで確保していたといわれる。

この時代の世界史

●1562年
フランスでユグノー（プロテスタント）戦争が始まる。

●1568年
オランダ独立戦争が始まる。

1 1569年
オスマン帝国がフランスにカピチュレーションを与える。

●1571年
レパントの海戦、スペイン・ローマ教皇・ヴェネツィア連合軍がオスマン軍を破る。

●1572年
フランスでサン・バルテルミの虐殺がおこる。旧教徒による大量虐殺。

サン・バルテルミの祝日にカトリック教徒によるユグノー虐殺が行なわれた

1 オスマンとフランスの蜜月

オスマン帝国のスレイマン一世は、通商特権を認めた条約カピチュレーションをフランスと結んだ。これまでヨーロッパ諸国とオスマン帝国は常に対立してきたが、フランソワ一世はオーストリアのハプスブルク家を敵視し、この逆転的な外交に打って出たのである。

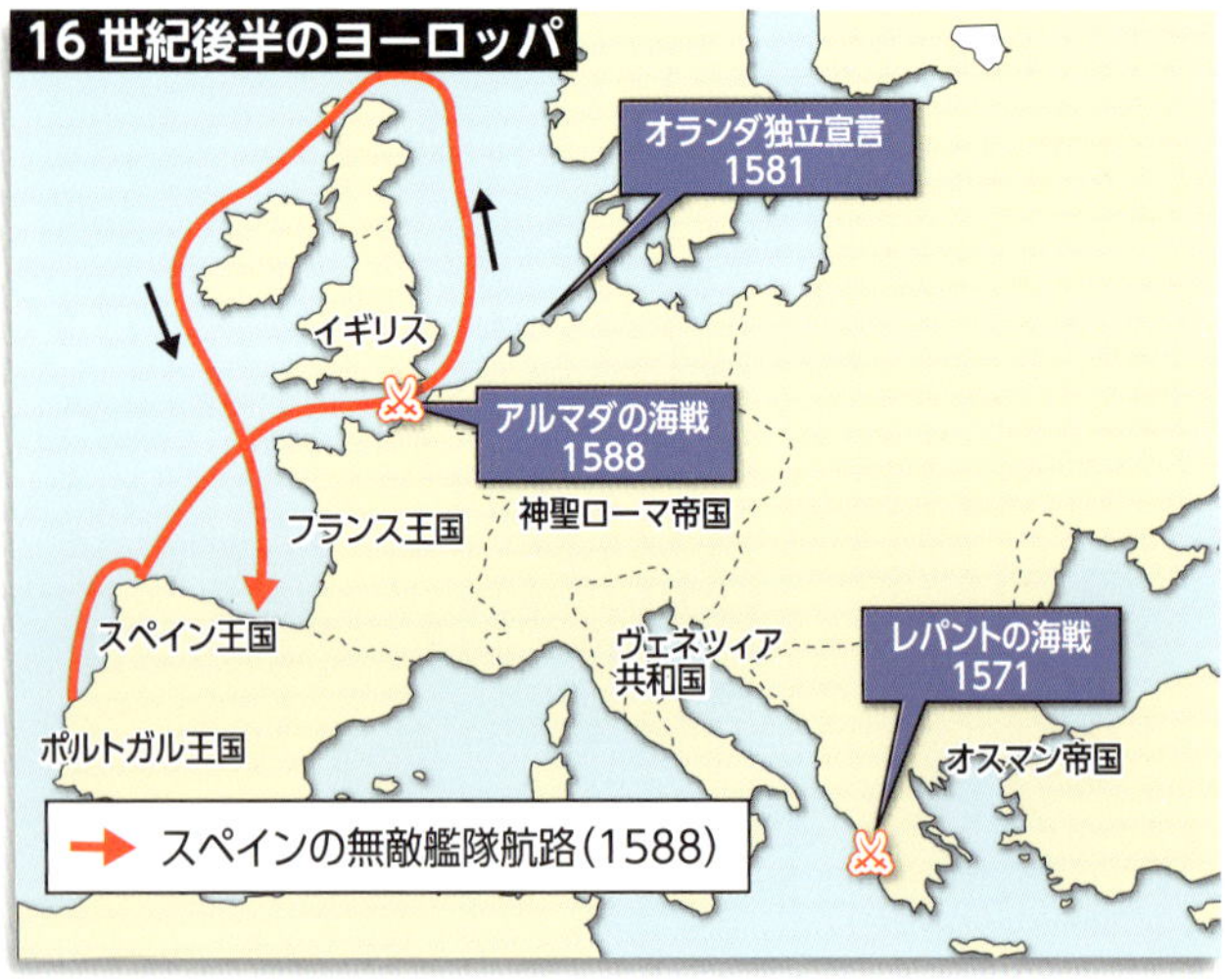
16世紀後半のヨーロッパ
オランダ独立宣言 1581
イギリス
アルマダの海戦 1588
フランス王国
神聖ローマ帝国
スペイン王国
ヴェネツィア共和国
レパントの海戦 1571
ポルトガル王国
オスマン帝国
スペインの無敵艦隊航路（1588）

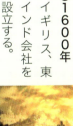

1 1575年
長篠の合戦。

2 1582年
本能寺の変で信長が自刃する。

3 1583年
羽柴秀吉が大坂城築城を開始する。

● 1586年
秀吉が太政大臣に就任する。豊臣姓を受ける。

● 1590年
4月からの秀吉の小田原攻めで、7月、北条氏が滅亡する。8月、秀吉が奥州を平定し全国を統一する。

● 1592年
文禄の役、朝鮮へ出兵する。

● 1597年
慶長の役、朝鮮へ出兵する。

● 1598年
秀吉が没す。

「本能寺の変」を巡る人間関係

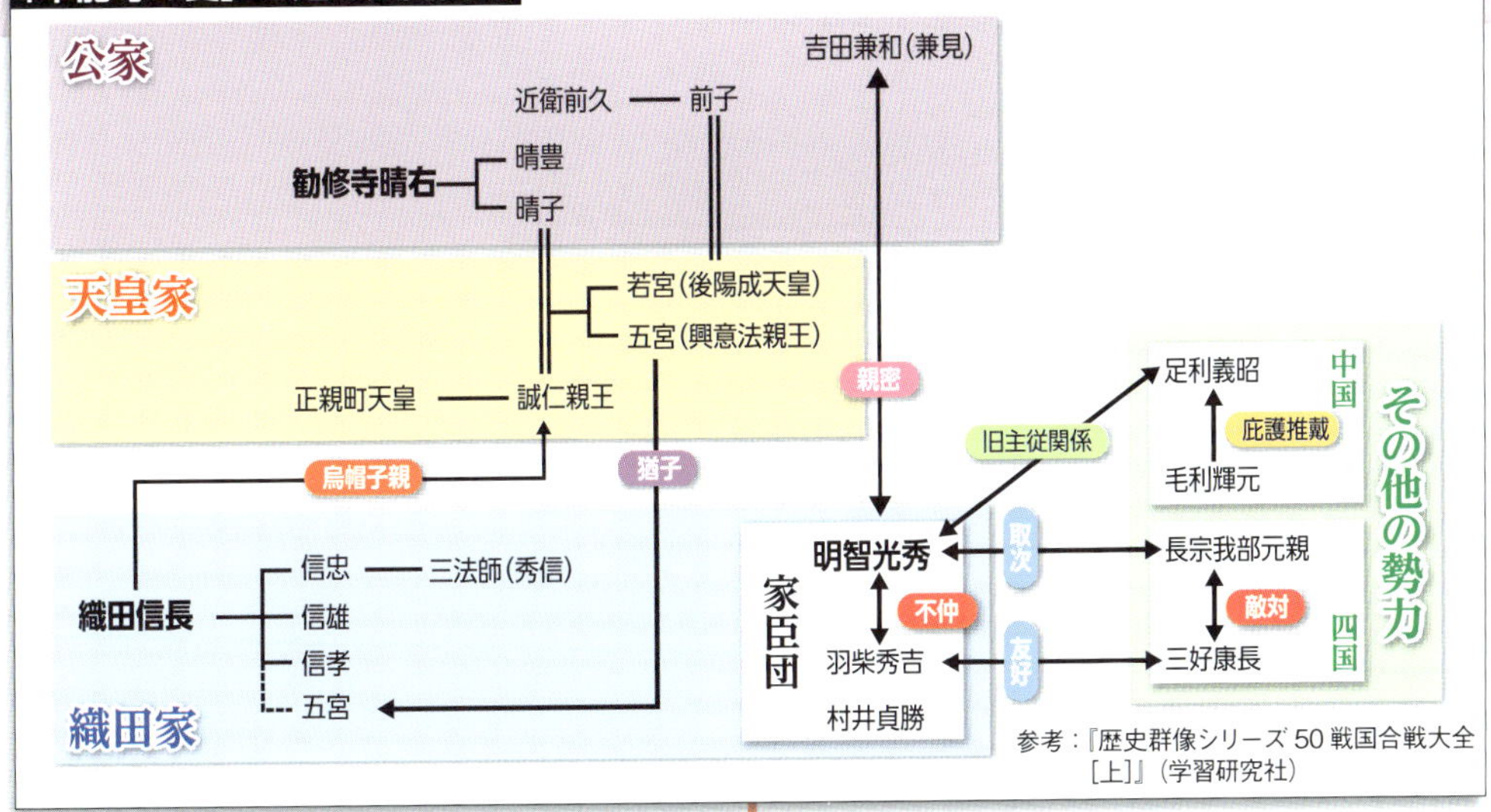
公家
吉田兼和(兼見)
近衛前久
前子
勧修寺晴右
晴豊
晴子
天皇家
若宮(後陽成天皇)
五宮(興意法親王)
正親町天皇
誠仁親王
親密
烏帽子親
猶子
旧主従関係
足利義昭
中国
庇護推戴
毛利輝元
その他の勢力
明智光秀
家臣団
不仲
羽柴秀吉
村井貞勝
取次
友好
長宗我部元親
敵対
三好康長
四国
織田信長
信忠
三法師(秀信)
信雄
信孝
五宮
織田家

参考：『歴史群像シリーズ 50 戦国合戦大全[上]』(学習研究社)

豊臣時代の大坂城は黒い天守だった

● 1581年
オランダがスペインから独立を宣言する。
コサック首長イェルマークがシベリアに進出する。

● 1583年
女真族ヌルハチが中国東北地方で自立する。

● 1584年
イギリスが北アメリカのヴァージニアに植民を開始する。

2 1587年
イギリスでメアリ・ステュアートが処刑される。

3 1588年
スペインの無敵艦隊がイギリス艦隊に大敗する。

● 1598年
フランス、ユグノー戦争が終結する。ナントの勅令で新教徒に信仰の自由を保証する。

● 1600年
イギリス、東インド会社を設立する。

アルマダの海戦で敗北するスペイン無敵艦隊

2 嫉妬深かった女王陛下

ヴァージン・クイーンこと、エリザベス一世は、大変嫉妬深かった。元愛人ダドリーの妻の宮廷立ち入りを禁じ、美貌で人気者のスコットランド女王メアリ・ステュアートに、あらぬ罪を着せ処刑してしまった。

3 名前負けだった「無敵艦隊」

アルマダ(無敵艦隊)の海戦において、スペインの本格的な軍船は二〇隻しかなく、商船を武装して補った。イギリス遠征では、一三〇隻のうち半数を喪失。「無敵」ではない艦隊だった。

3 二度目の撃沈だった「無敵艦隊」

エリザベス一世のイギリス海軍に無敵艦隊を破られたフェリペ二世だが、過去に政治的な意図から結婚を申し込み、断られている。

絶対王政の統治

フェリペ2世		エリザベス1世
カトリック主義 ＝対宗教改革	宗教	統一令→ 英国国教会
広大な領土 「太陽の沈まぬ国」	内政	枢密院中心 議会無視
地中海支配 レパントの海戦 ポルトガル併合 オランダの独立 アルマダの海戦（敗）	外交	オランダ独立支援 アジア・新大陸進出 東インド会社設立 アルマダの海戦（勝）
弱い国内産業	経済	貨幣制度統一 毛織物工業発展

17世紀

1600〜1632年

前期　中期　後期

徳川家康が関ヶ原の戦いに勝利した頃、シェークスピアが『ハムレット』を執筆

この時代の日本史

1 ●1600年
関ヶ原の戦い、徳川家康が西軍を破る。

●1603年
家康、征夷大将軍に就任。江戸幕府を開く。

2 出雲阿国が、女歌舞伎を創始する。

出雲阿国

●1609年
薩摩藩島津家久《しまづいえひさ》、琉球王国に侵攻。琉球王国、日明両属となる。

●1612年
禁教令、キリシタン信仰を禁止。

●1614年
大坂冬の陣おこる。

●1615年
4月、大坂夏の陣おこる。

1 家康に読まれた豊臣勢の内幕

関ヶ原の戦いを前にした徳川家康は、淀君《よどぎみ》派と北政所《きたのまんどころ》派とに分かれる豊臣勢の反目を煽《あお》ることで分断を図った。

徳川家康像

関ヶ原の戦い
西軍
石田三成
東軍
徳川家康
西軍
吉川広家
南宮山
毛利秀元
松尾山
小早川秀秋
西軍
戦闘に参加したもの（積極的西軍）
徳川方に内応し戦闘に参加したもの（積極的裏切り軍）
徳川方に内応し戦闘に参加しなかったもの（消極的内応軍）
日和見的立場で動かなかったもの（傍観軍）
東軍

この時代の世界史

●1601年頃
シェークスピアが『ハムレット』を執筆。

●1602年
オランダ、東インド会社を設立する。

●1604年
フランス、東インド会社を設立する。カナダ植民を開始する。

●1606年頃
シェークスピアが『マクベス』を執筆。

●1610年
フランスのアンリ四世が暗殺される。

●1613年
ミハイル・ロマノフが帝位に就き、ロマノフ朝が始まる。

1 ●1616年
ヌルハチが後金国を建国する。

1 後金と日本　明を挟んだ動向

少数の部下とともに立った女真族のヌルハチは、一六一六年に満州をほぼ征服し、後金《こうきん》を建国した。この成功の裏には、豊臣秀吉の出兵に対し、明軍が朝鮮半島に出動していたことも幸いした。

オランダがジャワ島に建設したバタヴィア市の旧市庁舎

2 最後の宗教戦争

三十年戦争は、最後にして最大の、カトリックとプロテスタントの宗教戦争である。ヨーロッパ諸国を巻き込んだこの戦争の舞台となったドイツの荒廃は悲惨なものであった。戦場となった地域では、人口の三〇〜九〇％を失った。

HENRICVS DVX BRABANTIÆ.
アンリ4世

5月、豊臣氏が滅亡する。7月、武家諸法度を制定し、大名を統制する。7月、禁中並公家諸法度を制定し、朝廷統制の基準を示す。

●1616年
ヨーロッパ船の寄港地を平戸と長崎に限定する。

3 家康没す。

2 愛人の死も興業ネタ

歌舞伎の祖、出雲阿国《いずものおくに》は、愛人の名古屋山三郎を刃傷《にんじょう》沙汰で殺されるが、直後に事件を題材に興行をうったといわれる。

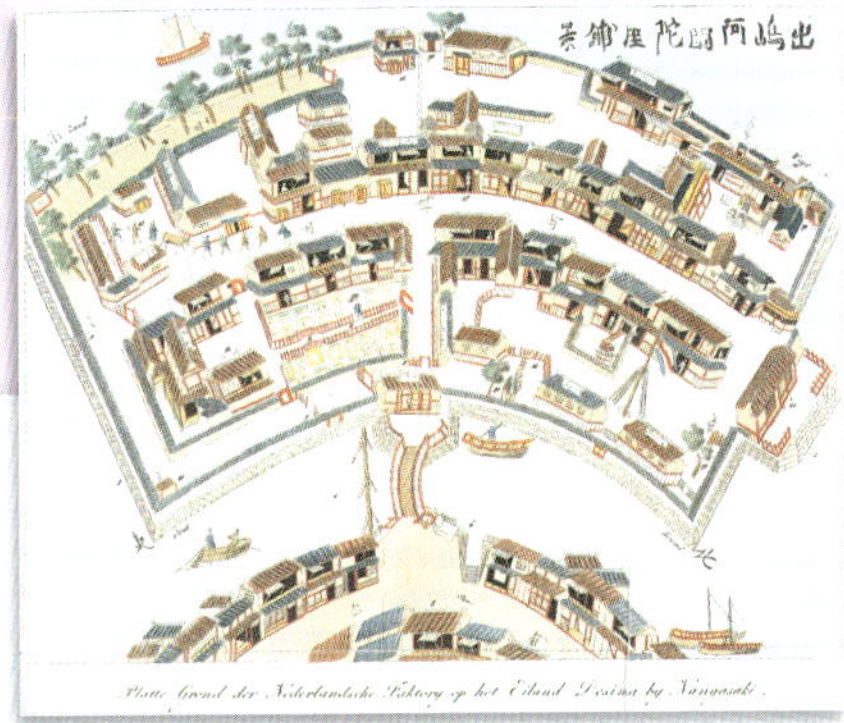
出島。扇形をしている

3 家康の女性観

人質時代の家康は、祖母の於富《おとみ》が世話をみた。於富は、五回結婚し、うち四人の夫と死別している。家康が側室に、未亡人など世間を知る女性を選んだ理由は、於富の影響かもしれない。

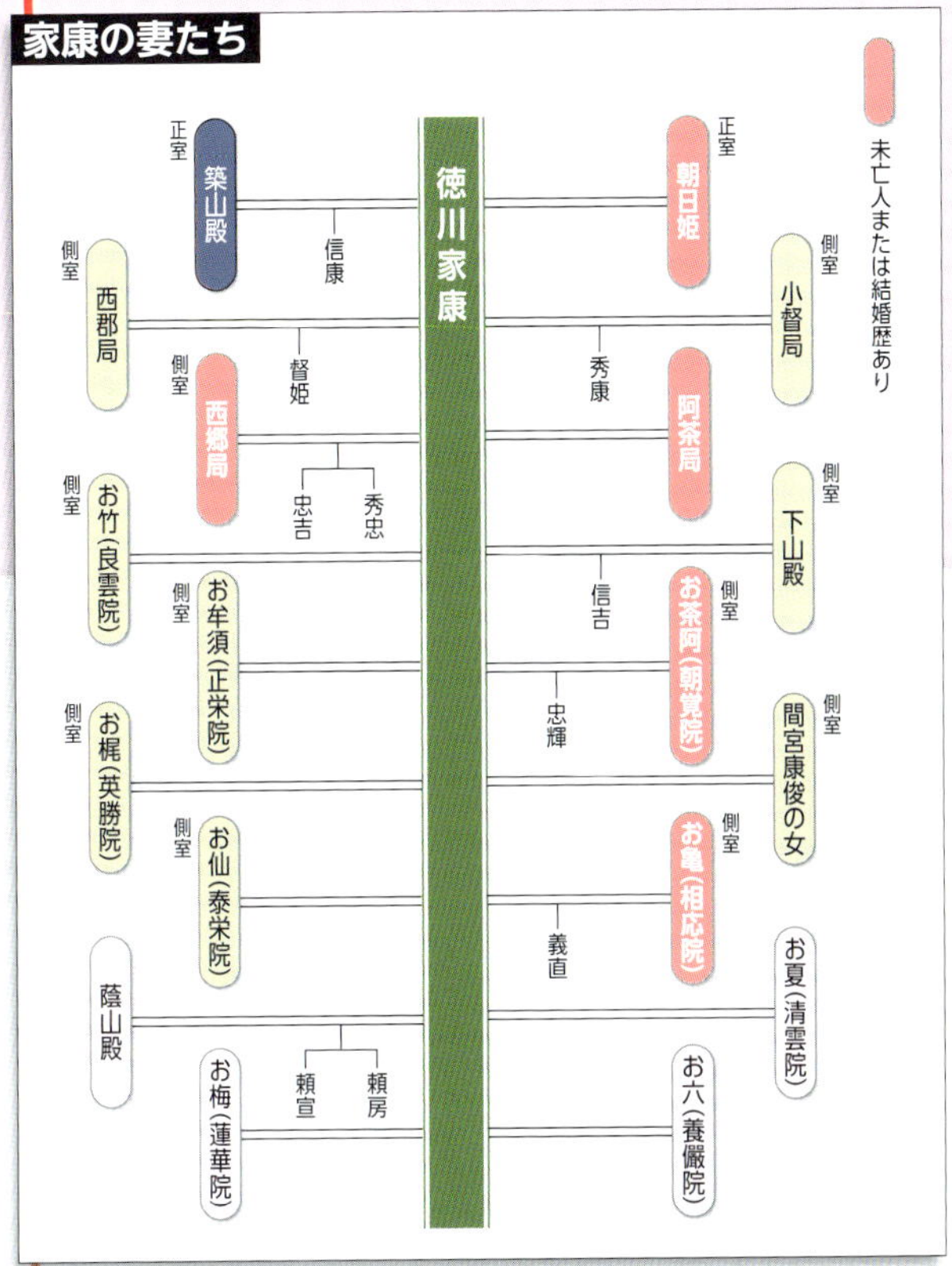
家康の妻たち
未亡人または結婚歴あり
徳川家康
正室 朝日姫
側室 小督局
秀康
阿茶局
側室 下山殿
信吉
側室 お茶阿(朝覚院)
忠輝
側室 間宮康俊の女
側室 お亀(相応院)
義直
お夏(清雲院)
お六(養儼院)
正室 築山殿
信康
側室 西郡局
督姫
側室 西郷局
秀忠
忠吉
側室 お竹(良雲院)
側室 お牟須(正栄院)
側室 お梶(英勝院)
側室 お仙(泰栄院)
蔭山殿
頼房
頼宣
お梅(蓮華院)

●1631年
駿府の徳川忠長が乱行をはたらき幽閉、翌年改易される。

2 1618年
神聖ローマ帝国で三十年戦争がおこる。

3 1620年
ピルグリム・ファーザーズがアメリカ大陸プリマスに上陸する。

清教徒を運んだメイフラワー号

●1626年
オランダがマンハッタン島を購入する。

●1632年
明、徐光啓《じょこうけい》が宰相となる。

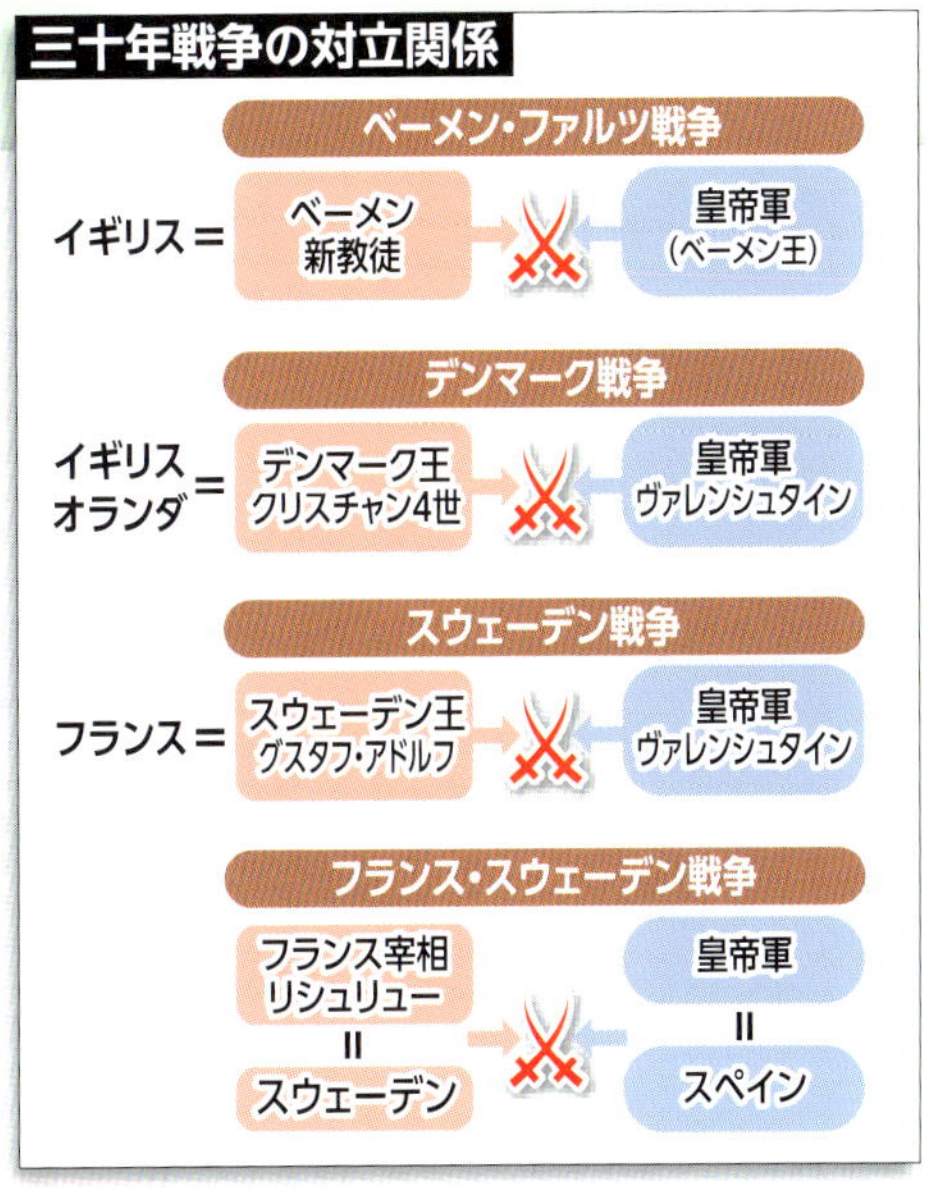
三十年戦争の対立関係
ベーメン・ファルツ戦争
イギリス＝
ベーメン新教徒
皇帝軍(ベーメン王)
デンマーク戦争
イギリス オランダ＝
デンマーク王クリスチャン4世
皇帝軍ヴァレンシュタイン
スウェーデン戦争
フランス＝
スウェーデン王グスタフ・アドルフ
皇帝軍ヴァレンシュタイン
フランス・スウェーデン戦争
フランス宰相リシュリュー
＝
スウェーデン
皇帝軍
＝
スペイン

3 入植の歴史の真実

信仰の自由を求めて大陸へ渡ったとされるピルグリム・ファーザーズだが、清教徒《せいきょうと》だけでなく食いつめ者も多く、友好的な先住民から食料を奪い、あるいは謀殺した。

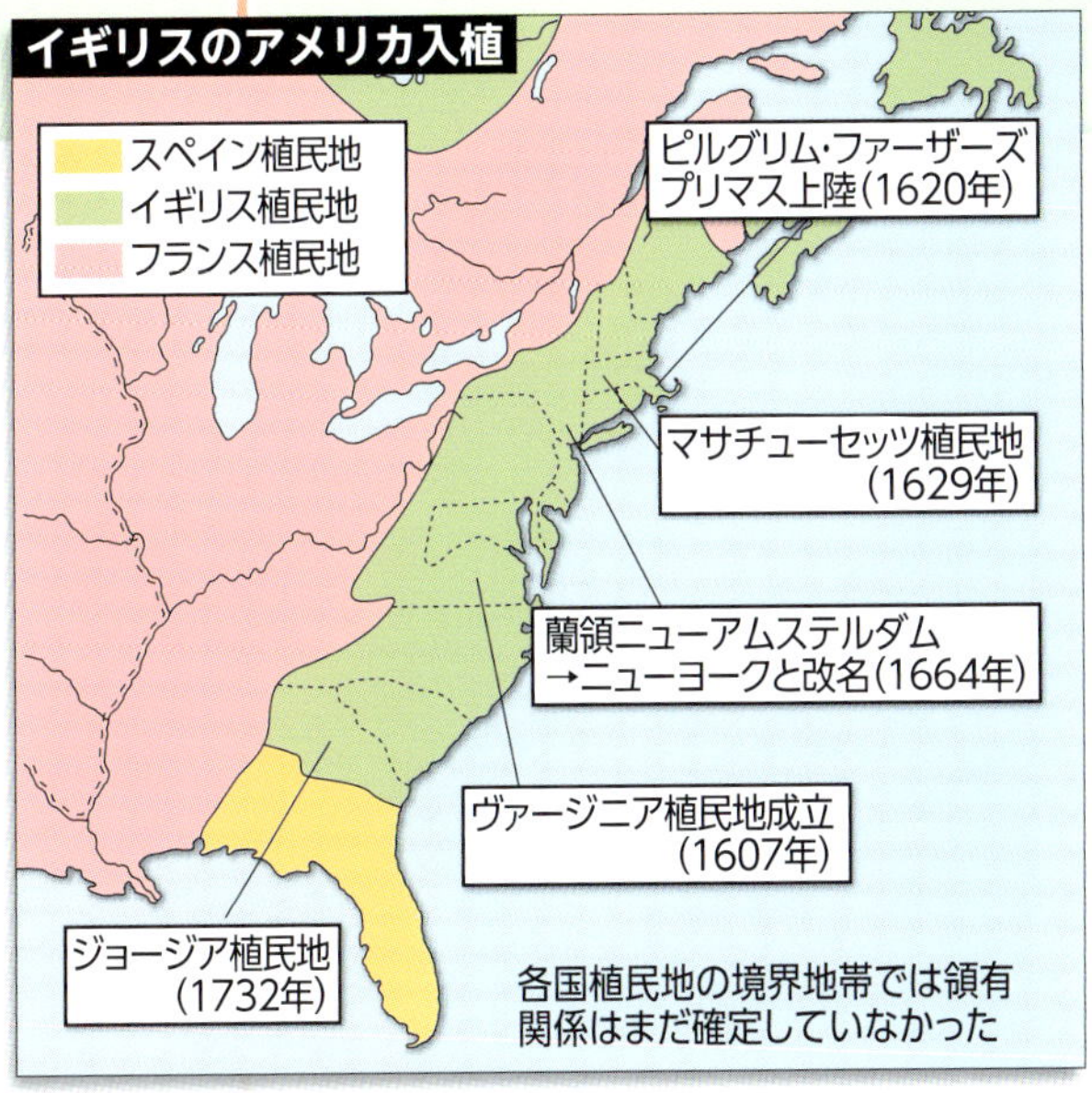
イギリスのアメリカ入植
スペイン植民地
イギリス植民地
フランス植民地
ピルグリム・ファーザーズ プリマス上陸(1620年)
マサチューセッツ植民地(1629年)
蘭領ニューアムステルダム →ニューヨークと改名(1664年)
ヴァージニア植民地成立(1607年)
ジョージア植民地(1732年)
各国植民地の境界地帯では領有関係はまだ確定していなかった

17世紀 1633～1659年

前期 中期 後期

島原の乱がおこる。その頃、ガリレオは地動説を放棄

この時代の日本史

●1633年 奉書船以外の海外渡航を禁止する。

●1635年 日本人の海外渡航・帰国を全面禁止する。

●1636年 日光東照宮の陽明門などが完成する。

1 1637年 島原の乱、天草四郎によるキリシタン一揆がおこる。

●1639年 ポルトガル船の来航を禁止する。

2 1641年 オランダ商館を出島に移す。鎖国完成。

●1643年 春日局《かすがのつぼね》が亡くなる。

1 島原の乱で残ったもの

島原の乱後の処理は徹底的で、信者たちの遺品までもすべて処分された。ところが、よりによって天草四郎《あまくさしろう》の陣中旗だけが現存している。これは、戦功のあった鍋島大膳《なべしまたいぜん》という者が、戦利品として所持を認められたからである。

1 天草四郎は生き延びていた?

天草四郎は、島原の乱後も生きていると噂された。

天草四郎

首実検で、母親が認めなかったこと、四郎の顔を知る家臣が立ち合わなかったことなど、討ち死にには疑問の余地が残っている。

2 鎖国後も貿易していた二国

鎖国体制が完成したあとも、幕府は清とオランダとの貿易を続けていた。

この時代の世界史

1 1633年 ガリレオ・ガリレイがローマ教皇庁から異端の有罪判決を受ける。

●1635年 フランスが神聖ローマ帝国を舞台とする三十年戦争に介入。

●1636年 後金国の太宗ホンタイジが国号を清と改める。
オランダでチューリップバブルが発生する。

●1638年 ロシア帝国、太平洋に到達しオホーツク市を建設する。

●1642年 イギリス、ピューリタン革命がおこる。

2 1644年 李自成が北京を陥落させ、明が滅亡する。

1 「それでも地球は回っている」

異端審問《いたんしんもん》にかけられたガリレオは、やむなく地動説を捨てた。そのとき、「それでも地球は回っている」とつぶやいたといわれるが、これは後世に作られた伝説に過ぎない。ガリレオは自分の研究にプライドを持っており、こうした伝説が生まれるのもうなずける。

1 ガリレオの名誉回復

ガリレオの名誉については、まず一九八三年、ローマ教会が誤りを認めて謝罪。次いで一九九二年、教皇ヨハネ・パウロ二世によって回復された。

ガリレオ

●1649年
慶安の御触書を出し、農民の生活を統制する。

春日局像

3 1651年
由比正雪の乱。兵学者由比正雪による幕府転覆未遂事件がおこる。

●1654年
改流工事により、利根川が太平洋に注ぐようになる。

●1657年
明暦の大火、江戸の市中を五割以上焼失(振袖火事)。徳川光圀《みつくに》、『大日本史』の編纂を始める。

徳川光圀

禁教と鎖国

1604 糸割符制度
↓
1616 ヨーロッパ船入港長崎・平戸に限定
↓
1635 海外渡航と帰国の禁止
↓
1637〜38 島原の乱
↓
1639 ポルトガル船来航禁止
↓
1641 オランダ商館を出島に

1612 キリスト教禁教
↓
1629 踏絵始まる
↓
1635 寺請制度
↓
1637〜38 島原の乱
↓
1640 宗門改役

長崎・平戸のオランダ商館

3 由比正雪の乱の黒幕

由比正雪《ゆいしょうせつ》の乱の黒幕として取り沙汰された人物は、徳川頼宣《よりのぶ》である。頼宣は、家康の子で紀州藩主。正雪は、頼宣に軍学を講じていた。幕府の調査に、頼宣は潔白を主張したが、以後一〇年間、紀州へ帰ることを許されなかった。

●1648年
ウェストファリア条約。三十年戦争が終結しオランダ・スイスの独立が承認される。

●1649年
イギリス、チャールズ一世を処刑し共和政へ。クロムウェルの独裁始まる。

●1651年
ホッブスが政治思想書『リヴァイアサン』を出版する。

●1653年
ムガル帝国、タージ・マハル廟が完成する。

タージ・マハル廟

2 国より愛人

呉三桂《ごさんけい》が、明の武将として山海関《さんかいかん》で清と対峙していたとき、北京で李自成《りじせい》の乱がおこった。北京に残していた愛人の陳円円《ちんえんえん》が李自成軍に連れ去られたことを知ると、呉三桂はそれまで敵だった清に下り、清軍の先導を務めて、北京から李自成軍を追い出した。そして円円を奪還し、清の下で領地を得た。

三藩の乱をおこした藩

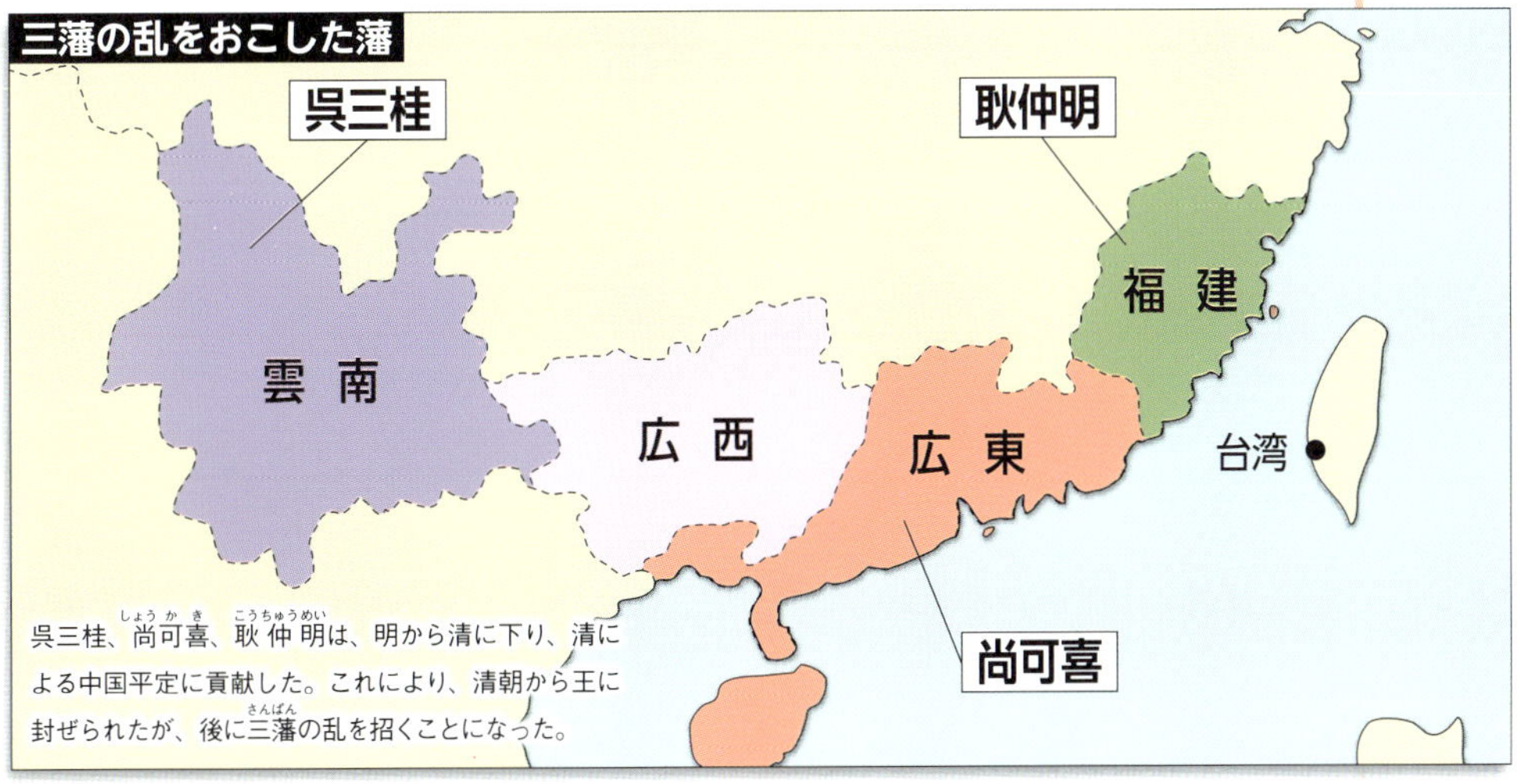

呉三桂、尚可喜《しょうかき》、耿仲明《こうちゅうめい》は、明から清に下り、清による中国平定に貢献した。これにより、清朝から王に封ぜられたが、後に三藩《さんぱん》の乱を招くことになった。

17世紀 1660〜1700年

前期 中期 後期

生類憐みの令が出される。その頃、ルイ一四世が莫大な費用をかけてヴェルサイユ宮殿を建設

この時代の日本史

●1661年 越前国福井藩、銀札を発行する（最初の藩札）。

●1666年 酒井忠清が大老に就任。

●1669年 シャクシャインの戦い。アイヌが松前藩支配に蜂起する。

●1673年 三井《みつい》高利《たかとし》が越後屋呉服店を開く。

●1675年 代官の伊奈忠易が小笠原諸島を探検し、幕府に土産をもたらす。

1 1680年 徳川綱吉が五代将軍になる。

2 1682年 井原西鶴の『好色一代男』が刊行される。

福山藩の藩札

歌川広重による越後屋のチラシ

1 八百屋の娘だった家光の側室

徳川《とくがわ》家光《いえみつ》の側室のお玉《たま》の方は、八百屋の娘で、小間使いとして大奥《おおおく》に入った。彼女は学問に励んで教養をつけ、大奥で洗練され、やがて家光の手がつき、徳松(綱吉)が生まれる。

1 大穴だった将軍

四代将軍家綱《いえつな》の次期将軍は綱重《つなしげ》と目されていた。しかし、綱重は病没。家綱も世継《よつ》ぎを

この時代の世界史

1 1660年 イギリス、王政復古。

2 1661年 フランス、ルイ一四世の親政が始まる。

●1670年 ステンカ・ラージンの反乱、ロシアで農民による反乱がおこる。

ヴェルサイユ宮殿

ピョートル1世

クロムウェル

1 墓を暴かれた革命指導者

一六四二年、チャールズ一世と議会が対立し内戦となり、議会派のクロムウェルらにより共和制が始まる。クロムウェルは終身護国卿《ごこくきょう》に就任、軍事的独裁を行なった。しかし、国王処刑やそのあとの独裁に国民は反発。クロムウェルが没すると、国王殺しと非難され、墓が暴かれた。

ピューリタン革命前後の推移

1625〜	チャールズ1世 ピューリタン弾圧
1639	スコットランドの反乱 議会派 vs 王党派
1642	**ピューリタン革命** 始まる
1645	ネイズビーの戦い クロムウェル勝利
1649	チャールズ1世処刑
1651	航海法
1653	クロムウェル護国卿就任 独裁政治
1658	クロムウェル病没
1660	**王政復古** チャールズ2世即位

● 1685年
綱吉、生類憐みの令を出す。

中野の犬屋敷跡

● 1689年
松尾芭蕉が『奥の細道』の旅に出る。

葛飾北斎による松尾芭蕉像

残さず没した。このときも後西《ごさい》天皇の皇子を将軍にという声が強かった。しかし、御三家《ごさんけ》のひとつ、水戸藩の徳川光圀《みつくに》が、将軍の弟・綱吉《つなよし》を推したことから、綱吉が将軍となる。のちに光圀は、生類憐《しょうるいあわれ》みの令に関し綱吉を諫《いさ》める行動を取るが、綱吉は光圀に恩義を感じてか、簡単には処罰できなかったようだ。

2 意外と知らない西鶴の本業

浮世草子《うきよぞうし》で有名な井原西鶴《いはらさいかく》だが、本業は俳《はい》諧師《かいし》で奇抜な句を詠み「阿蘭陀《おらんだ》西鶴」の異名をとった。時間内に数多く俳句を作る「矢数俳諧」に秀で、一日に二万三五〇〇もの句を作ったという記録がある。あまりの速さに書記も書き留められず、ただ線を引いて数えたという。

井原西鶴の本業・副業

井原西鶴

俳諧師＝本業

貞門派 松永貞徳 ─ □ ─ □ ─ 談林派 西山宗因 ─ 西鶴
　　　　　　　　　　　└ □
　　　　　　└ □ ─ 松尾芭蕉

異名　阿蘭陀西鶴
俳諧　奇抜な句　矢数俳諧

作家＝副業

好色物：『好色一代男』
武家物：『武道伝来記』
町人物：『日本永代蔵』
『世間胸算用』

● 1682年
ロシア、ピョートル一世が即位する。

● 1683年
清が台湾を占領する。
オスマン軍の第二次ウィーン包囲。

ウィーンを包囲するオスマン軍

● 1687年
ニュートンが万有引力の法則などをまとめ発表する。

● 1688年
イギリスで名誉革命がおこる。

● 1689年
イギリス、権利章典を発布する。
ネルチンスク条約、ロシアと清のアルグン川等の国境を画定する。

● 1700年
ロシアとスウェーデン間の北方戦争がおこる。

2 絶対王政の象徴ヴェルサイユ

ルイ一四世が建設させたヴェルサイユ宮殿は、王の部屋とベッドが王宮のちょうど中央に置かれ、ヴェルサイユでの細かい礼儀作法は、王への服従を意味した。たとえば、王の夜会で椅子に座れることは、大変な特権だった。

2 ヴェルサイユ宮殿のトイレ事情

ヴェルサイユ宮殿にはトイレがなかったという説がある。しかし、一八世紀半ばには、水で流すタイプのトイレが五〇か所ほどあった。

フランス絶対王政

ルイ14世
＝
フランス絶対王政最盛期

宰相 マザラン → フロンドの乱鎮圧
財務総監 コルベール → 重商主義政策
ヴェルサイユ宮殿建設
ナントの勅令廃止

ルイ 14 世

18世紀 1701～1750年

前期 中期 後期

日本で享保の改革が始まる。その頃、ピョートル一世がペテルブルクを建設

この時代の日本史

1 1702年
赤穂《あこう》事件、大石内蔵助らが吉良上野介を討つ。

● 1707年
富士山が噴火する（現在までで最新の噴火）。

● 1709年
徳川家宣が六代将軍に就任。朱子学者新井白石《あらいはくせき》を徳川家宣が幕閣に登用する。

2 1716年
徳川吉宗が八代将軍となり、享保の改革が始まる。

● 1717年
大岡忠相《ただすけ》を江戸町奉行に登用する。

● 1721年
目安箱《めやすばこ》設置、庶民の直訴を受け付ける。

1 内匠頭はリーダー失格

赤穂事件の発端となった松の廊下事件は、吉良上野介《きらこうずけのすけ》が、賄賂を贈らなかった浅野内匠頭《たくみのかみ》に殿中《でんちゅう》作法を教えなかったことが原因だという。一般的に吉良が非難されるが、内匠頭は同じ職を経験済みで作法は知っていたはずで、賄賂は当時の礼儀だった。そもそも殿中で刀を抜くなど、藩主失格である。

大石内蔵助

刃傷事件の現場

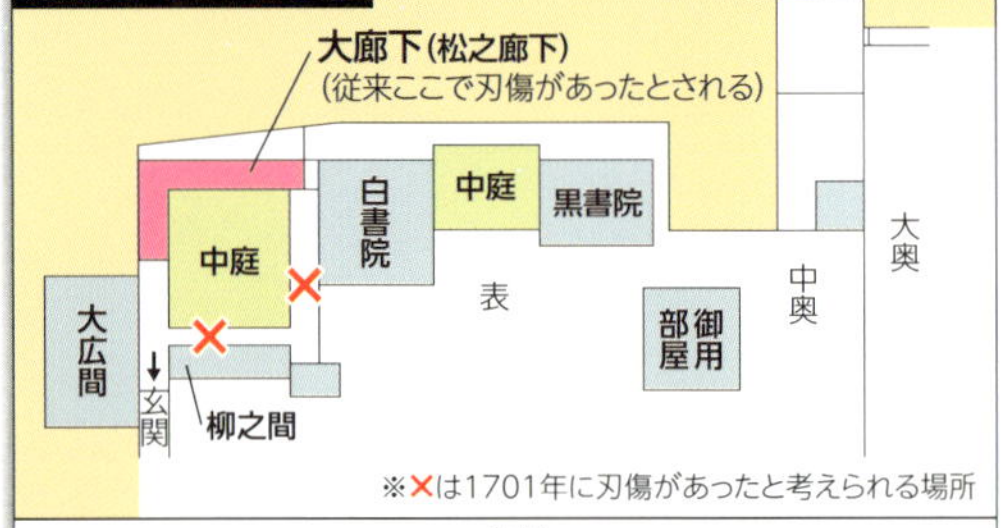
大廊下（松之廊下）
（従来ここで刃傷があったとされる）
中庭
白書院
中庭
黒書院
大広間
表
御用部屋
中奥
大奥
玄関
柳之間
※×は1701年に刃傷があったと考えられる場所

［表］……謁見《えっけん》その他儀式を行なう広間等
［大広間・白書院・黒書院］……将軍宣下《せんげ》など重要儀式
［柳之間］……四位以上の外様《とざま》と高家《こうけ》の部屋
［中奥］……将軍の公邸
［御用部屋］……幕府首脳部の部屋
［大奥］……将軍の私邸

この時代の世界史

1 1701年
スペイン継承戦争がおこる。

● 1702年
アメリカで、アン女王戦争がおこる（英仏植民地戦争）。

2 1703年
ロシア、ペテルブルク市が建設される。

● 1705年
イギリスで最初の実用的蒸気機関が発明される。

● 1713年
ユトレヒト条約でスペイン継承戦争・アン女王戦争が終結する。

● 1714年
ドイツのハノーヴァー選帝侯ゲオルクがジョージ一世としてイギリス国王に就任。

● 1721年
ニスタット条約で北方戦争が終結する。

1 スペイン継承戦争

一七〇〇年、嗣子のないスペイン王カルロス二世の遺言により、王位継承者はルイ一四世（王妃がスペイン王女である）の孫フィリップ（フェリペ五世）とされた。西仏の合併の可能性すら生まれ、脅威を感じたヨーロッパ諸国が反発。スペイン継承戦争が勃発する。

スペイン継承戦争期、西仏王の関係

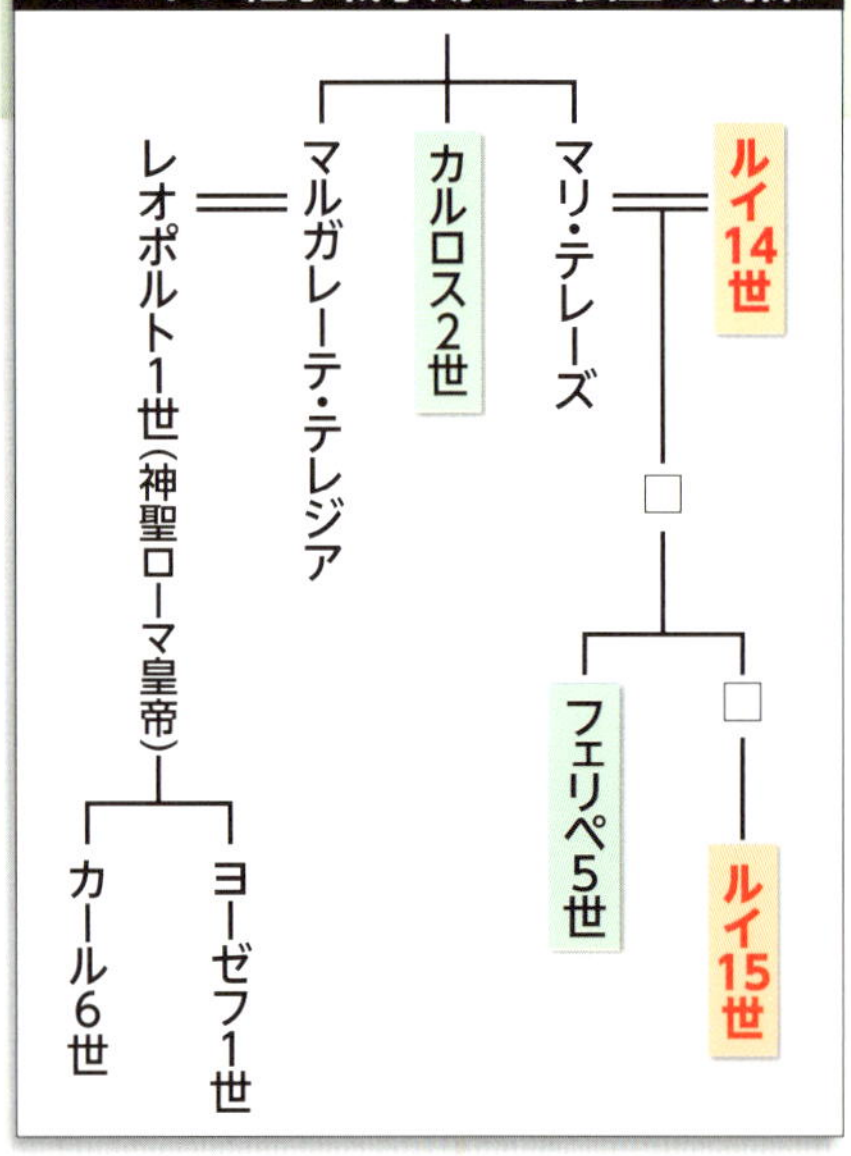
ルイ14世
マリ・テレーズ
カルロス2世
マルガレーテ・テレジア
レオポルト1世（神聖ローマ皇帝）
□
□
フェリペ5世
ルイ15世
ヨーゼフ1世
カール6世

ジョージ1世

●1722年
小石川薬園（現小石川植物園）ができる。

小石川植物園

●1732年
享保の大飢饉がおこる。

●1735年
青木昆陽がサツマイモの性質・栽培法などを記した『蕃薯考』を著す。

●1742年
大岡忠相ら公事方御定書《くじがたおさだめがき》を編纂、裁判の基準とする。

●1748年
『仮名手本忠臣蔵《かなでほんちゅうしんぐら》』が初演される。

1 内蔵助のリーダー資質は？

刃傷《にんじょう》事件の報を受け、大石内蔵助《おおいしくらのすけ》は藩の財政を適正に処分し、浅野家再興の可能性を残すべく急進派浪士をうまく抑え、状況変化に対応。最終的に討ち入りを達成した彼は、優れたリーダーといえる。

2 将軍の面接

徳川吉宗《よしむね》は、将軍就任の際、五人の老中を面接したという。自ら年貢高などを質問したところ、答えられない老中が多かった。こうして政治の主導権を握ったのである。

青木昆陽

享保の改革

倹約令	ぜい沢・華美禁止、支出抑制
目安箱	庶民の意見→町火消設置など
上米の制	大名に米を差し出させ参勤交代の江戸滞在期間を減らす
公事方御定書	裁判の基準文書として越前守大岡忠相が編纂

3 ●1723年
バッハ、ライプチヒの教会の音楽監督に就任する。

●1727年
清とロシア、キャフタ条約でモンゴル方面の国境を画定する。

●1732年
北アメリカ、一三州植民地が成立する。

●1735年
乾隆帝が清の皇帝に就任する。

オーストリア継承戦争におけるフォントノワでの会戦

●1740年
オーストリア継承戦争がおこる。

●1748年
アーヘンの和約、オーストリア継承戦争の講和が成立する。

2 船大工になった皇帝

ピョートル一世は豪胆だった。青年時代、ヨーロッパ使節団に参加。文化や制度を見聞し、オランダでは造船所で雇われ、鎚を振るって働き、技術を学んだ。そうした知識と経験がペテルブルク市建設に大いに役立った。

ロシアの版図とピョートル１世の獲得地

3 「音楽の父」は二〇人の父

バッハは最初の妻と死別すると、一六歳年下のソプラノ歌手と結婚する。ふたりの妻との間に、合わせて二〇人の子供が生まれた。成長したのは八人だったが、うち五人が音楽家になった。

18世紀 1751〜1789年

前期　中期　後期

寛政の改革が行なわれていたのと同じ頃、フランス革命が勃発

この時代の日本史

●1767年
田沼意次が側用人に就任する。

●1771年
御蔭《おかげ》参りに二〇〇万人が参加し、伊勢神宮を参拝する。

お蔭参りをテーマにした歌川広重の浮世絵

田沼意次の政治

性格	重商主義
施策	株仲間の積極的公認 幕府による専売制の開始 長崎貿易の制限緩和（俵物） 蝦夷地開発計画
結果	賄賂政治が一般化 (天災頻発) 田沼意知暗殺、意次失脚

1 田沼意次の政治

賄賂政治家といわれる田沼意次《たぬまおきつぐ》だが、賄賂は、当時の習慣だった。株仲間の公認などは重商主義政策として評価される。権力と商人との接近は否定できないが、のちの松平定信《まつだいらさだのぶ》政権による政治喧伝により、悪いイメージが固定された。

この時代の世界史

1 1756年
七年戦争おこる。オーストリアのマリア・テレジアが失地回復を企図。

1 1757年
プラッシーの戦い。インドで英仏が衝突する。

●1759年
大英博物館ができる。

●1762年
エカチェリーナ二世がロシア皇帝に即位する。

●1765年
イギリス、印紙法で植民地に増税を行なう。

●1772年
ロシア・プロイセン・オーストリア、第一次ポーランド分割を行なう。

●1773年
ロシア、プガチョフ率いる農民反乱がおこる。

●1775年
アメリカ独立革命が始まる。

1 英仏植民地戦争

プロイセンとオーストリアの戦いは、フランスの介入を機にヨーロッパ中に拡大。英仏の植民地争いが絡み、インドやアメリカでも戦いが行なわれた。

ヨーロッパの海外進出

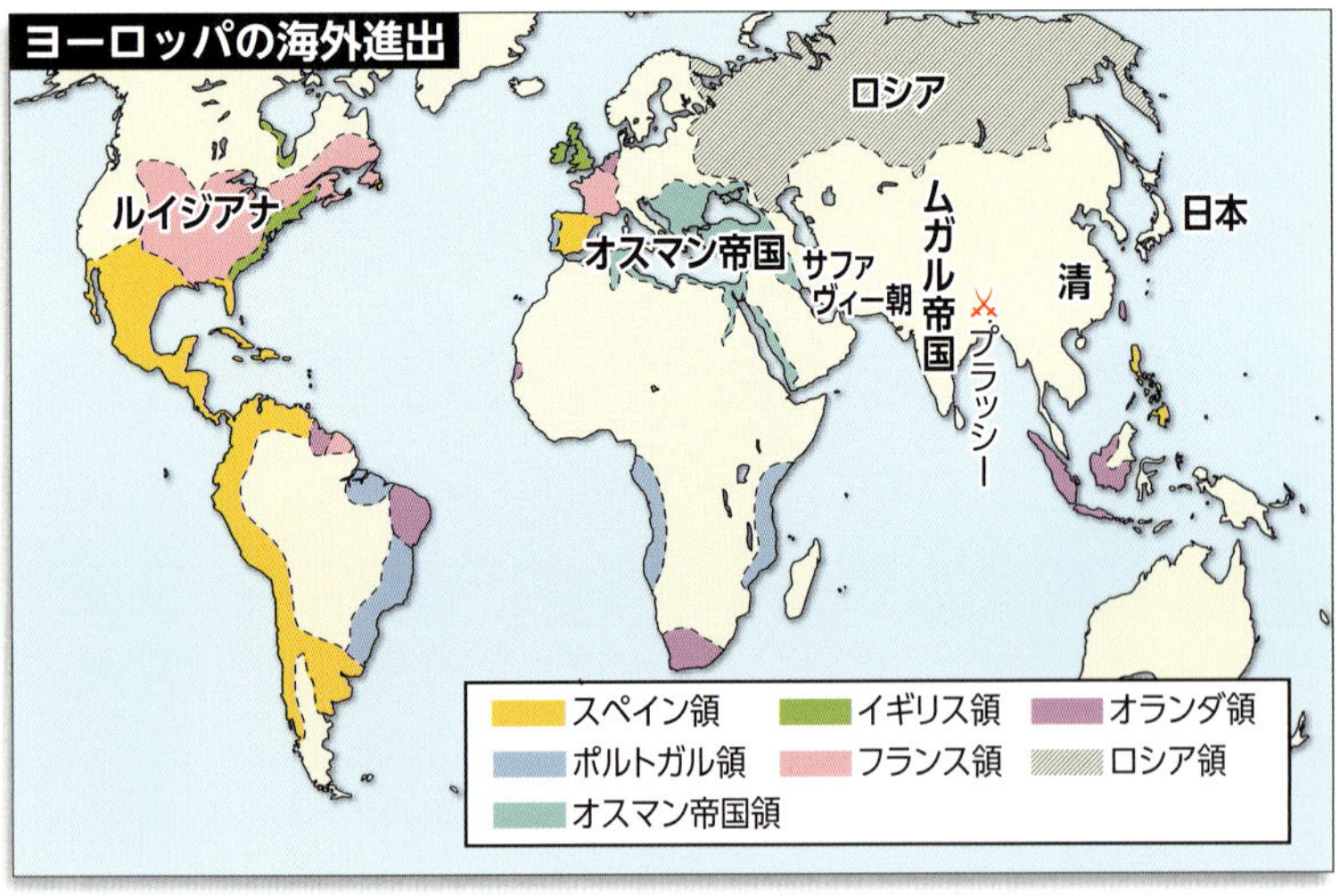
ロシア
ルイジアナ
オスマン帝国
サファヴィー朝
ムガル帝国
プラッシー
清
日本
スペイン領
イギリス領
オランダ領
ポルトガル領
フランス領
ロシア領
オスマン帝国領

1 1772年
田沼意次、老中に就任する。

● 1774年
前野良沢・杉田玄白らの『解体新書』が刊行される。

2 1776年
平賀源内がエレキテルを復元。

エレキテル

● 1782年
印旛沼・手賀沼の干拓が行なわれる。

3 ● 1783年
天明の大飢饉が始まる。
浅間山が噴火する。

4 1787年
松平定信が老中首座に就任する。
寛政の改革が始まる。

松平定信

2 好奇心旺盛な平賀源内の職歴

平賀源内《ひらがげんない》の肩書きは多岐にわたる。発明家、コピーライター、浄瑠璃《じょうるり》作家、細工櫛の製造販売も行なった。しかし本人は、あくまでも学者志望だったという。

3 天明の大飢饉

天明の飢饉では、夏でも綿入れを着る冷害で稲作は壊滅的な打撃を受けた。
前年の不作、浅間山噴火の降灰、冷夏と続き、餓死者は九〇万人ともいわれ、食人の記録まで残っている。

4 松平定信の倹約手腕

天明の大飢饉では、白河藩でも大凶作だったが、藩主の松平定信の財政引き締めなどでなんとか乗り切った。定信の倹約姿勢は老中就任後も発揮され、将軍家斉のセックスの回数まで制限した。

寛政の改革

性格	農業重視 復古的理想主義（享保の改革目標）
施策	農村復興（旧里帰農令で帰村者援助） 囲米の制で米を備蓄 人足寄場で犯罪者など職業訓練 思想・風俗の統制
結果	一時的に幕府緊張 民衆の不満 定信失脚

2 1780年
ロシアのエカチェリーナ二世提唱による、対英武装中立同盟が成立する。

軍を率いて渡河するワシントン

● 1783年
パリ条約、イギリスがアメリカの独立を承認する。

3 1789年
フランス革命がおこる。

フランス革命の背景

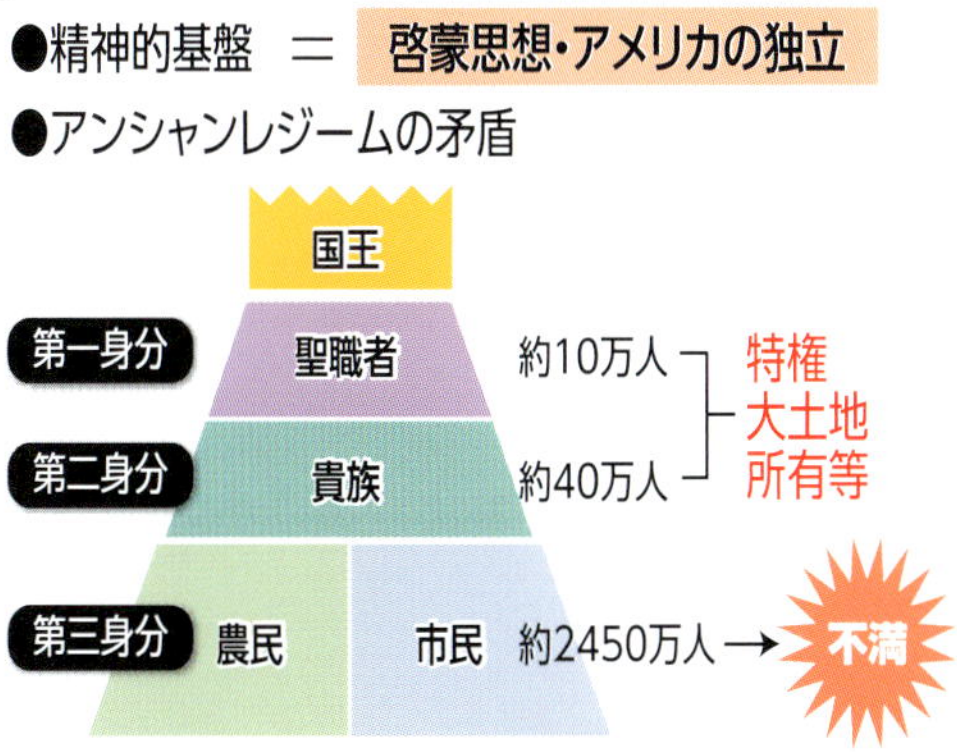
●精神的基盤 ＝ 啓蒙思想・アメリカの独立
●アンシャンレジームの矛盾
国王
第一身分
聖職者
約10万人
特権
大土地
所有等
第二身分
貴族
約40万人
第三身分
農民
市民
約2450万人
不満

2 「売春婦」と指弾された女帝

女帝エカチェリーナ二世は、ロシアの版図を最大にしたが、数多くの寵臣《ちょうしん》を愛人とし、父親の違う子供を三人（五人という説も）生んでいる。

3 王妃が嫌われた本当の理由

マリー・アントワネットは国の財政状態に関心を向けずに、豪遊を続けたので、革命勃発以前から評判が悪く、「赤字夫人」とあだ名をつけられていた。

3 バスティーユ監獄襲撃の真実

パリの民衆が襲撃したバスティーユ監獄には当時七人しか囚人がおらず、しかも政治犯はいなかった。じつは民衆の目的は武器調達にあったのである。

バスティーユ監獄襲撃の様子

18世紀 1790〜1800年

前期 中期 後期

ロシアのラクスマン、日本に来航。その頃、ロベスピエールの恐怖政治が始まる

この時代の日本史

1 ●1790年
『古事記伝』の最初の五巻が刊行される。

2 ●1792年
大黒屋光太夫とともにロシアのラクスマンが根室に来航、通商を要求する。

●1797年
ロシア人が択捉《えとろふ》島に上陸する。

●1798年
幕臣近藤重蔵が択捉島を探査する。

●1800年
伊能忠敬が蝦夷地を測量する。

1 本居宣長のライフワーク

本居宣長《もとおりのりなが》は賀茂真淵《かものまぶち》の激励で、一七六四年、三五歳のとき『古事記《こじき》』研究に取りかかる。註釈書の『古事記伝《こじきでん》』全四四巻の完成は六九歳、死の三年前である。宣長のあらゆる思想・知識が盛り込まれている。

2 ロシアの女帝に会った日本人

暴風雨に遭いアリューシャン列島の島へ漂着した船頭の大黒屋光太夫《だいこくやこうだゆう》は、苦難の末ロシアに渡る。両親に会いたい一心で帰国を乞い、女帝エカチェリーナ二世に謁見、許可された。しかし、一〇年ぶりに戻った日本では、軟禁生活を強いられ両親との再会は果たせなかった。

エカチェリーナ宮殿。大黒屋光太夫はここでエカチェリーナ2世に謁見した

この時代の世界史

●1792年
フランスで共和政が宣言される。

●1793年
1月、ルイ一六世が処刑される。

1 ジャコバン派のロベスピエールによる恐怖政治が始まる。
イギリス首相ピットの提唱で、第一回対仏大同盟が結成される。

●1794年
7月、テルミドールの九日のクーデター。総裁政府が成立する。

●1799年
イギリス・オーストリア・ロシアなどが第二回対仏大同盟を結ぶ。
11月、ブリュメール一八日のクーデター。ナポレオンが大統領政府を樹立する。

1 ジャコバン派の恐怖政治

ジャコバン派は農民への土地の分配などの業績もあったが、恐怖政治を行ない、革命に反対すると見なされた者はすぐさま処刑された。ジャコバン政権下での処刑や獄死による死者は、三万五〇〇〇～四万人といわれる。

クーデターの結果、ロベスピエールは恐怖政治の象徴として処刑された

ロベスピエール

フランスの恐怖政治の前後

国内	国外
ヴァンデー県 王党派指導の 農民反乱	第1回対仏大同盟 イギリス　プロイセン オーストリア　オランダ スペイン　サルディーニャ

↓

国内外の困難に対応するため
ジロンド派政権に代わって、
強硬なジャコバン派政権誕生

↓

恐怖政治

↓

テルミドールの反動

19世紀 1801〜1850年

前期　中期　後期

日本が天保の大飢饉で苦しんだ頃、清ではアヘン戦争がおこる

この時代の日本史

●1804年
ロシア使節レザノフ、長崎に来航し通商を要求する。

●1808年
間宮林蔵《まみやりんぞう》が樺太《からふと》を探査する。

●1825年
異国船打払令《うちはらいれい》により、日本沿岸に近づく外国船の撃退が命じられる。

●1830年
御蔭参りに五〇〇万人が参加し、伊勢神宮を参拝する。

●1833年
天保の大飢饉が始まる。

1 1837年
大塩平八郎の乱がおこる。
アメリカ船モリソン号を浦賀で砲撃する。

●1839年
水野忠邦が老中首座に就任する。

●1842年
薪水《しんすい》給与令が出され、打払令が緩和される。

1 勧善懲悪の人、大塩平八郎

与力《よりき》の大塩平八郎《おおしおへいはちろう》は悪事を一切許さず、常人を超えた潔癖さの持ち主だった。天保《てんぽう》の大飢饉で救民策を上申するが奉行に握りつぶされる。そして、その奉行の不正を知るや、蜂起を決めた。

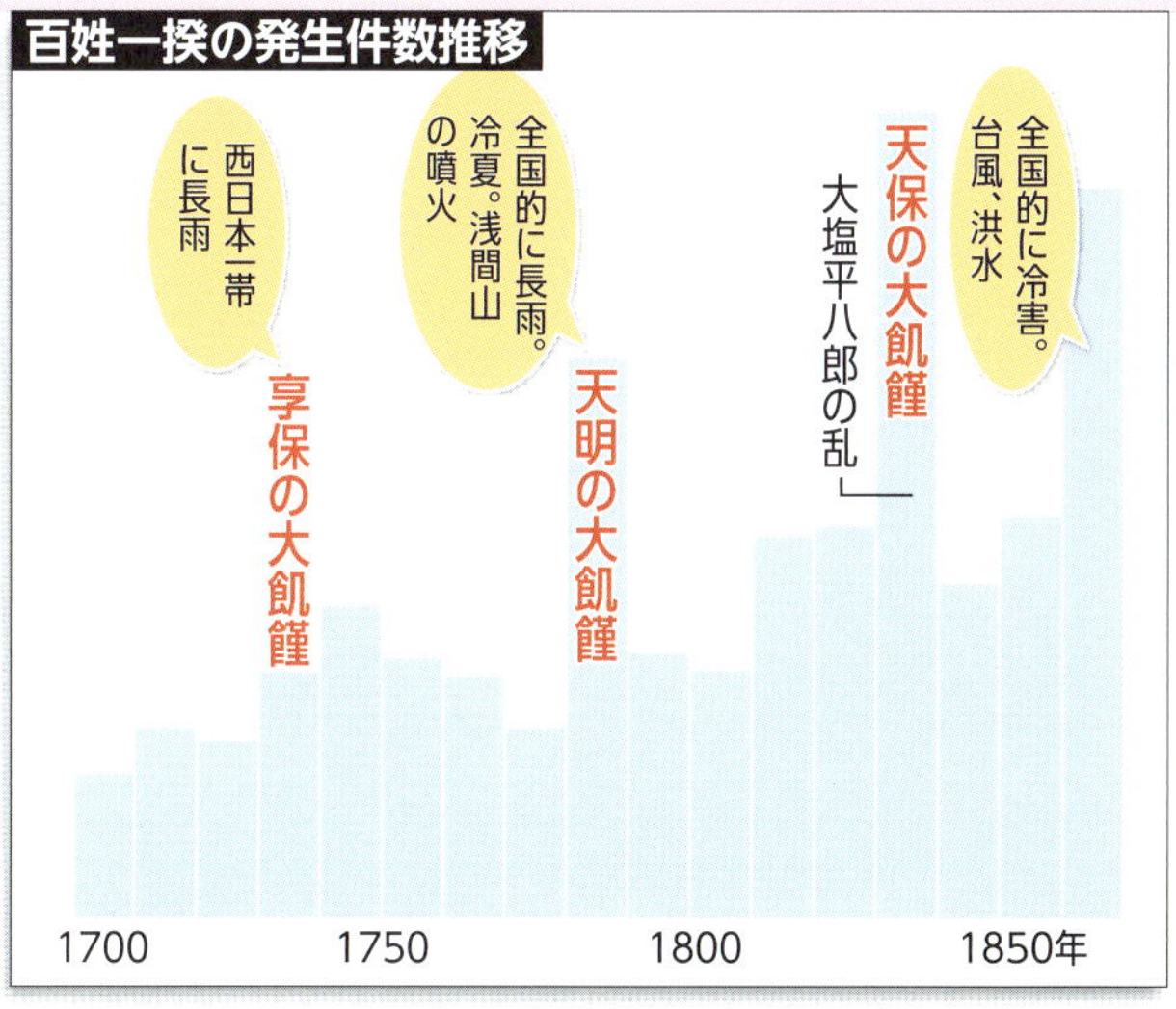
百姓一揆の発生件数推移
全国的に冷害。台風、洪水
天保の大飢饉
大塩平八郎の乱
全国的に長雨。冷夏。浅間山の噴火
天明の大飢饉
西日本一帯に長雨
享保の大飢饉
1700
1750
1800
1850年

この時代の世界史

1 1804年
ナポレオンが皇帝に即位する。

●1806年
ライン同盟が成立し、神聖ローマ帝国が消滅する。

●1811年
シモン・ボリバルによりベネズエラが解放され、独立する。

●1812年
ナポレオン軍、ロシア侵攻に失敗する。

●1814年
フランスでブルボン朝が復活する。
ウィーン会議で保守反動の国際体制（ウィーン体制）へ。

●1821年
対オスマン帝国、ギリシア独立戦争がおこる。

●1830年
フランス、七月革命で立憲君主制が成立する。

2 1840年
アヘン戦争がおこる。

●1848年
フランス、二月革命で共和制が成立する。

1 ナポレオンと女性たち

ナポレオンは、二四歳のとき名家の令嬢と婚約したが、間もなく年上のジョゼフィーヌに夢中になり結婚。跡継ぎができずジョゼフィーヌと離婚したのち、血筋にこだわりハプスブルク家の皇女マリー・ルイズと結婚。後年、流刑先から妻に手紙を書いたが、返事はなかったという。

ナポレオン

2 敢然とアヘンを禁じた林則徐

清の高官林則徐《りんそくじょ》は、アヘンを徹底的に取り締まった。イギリスの貿易監督官からも大量のアヘンを没収すると海岸に池を作りアヘンをそこで処分し、内外に決意を表明。英国の提督も林の勇気に感心したという。

から商人、庶民へと移っていったが、富裕商人から絶対君主へと移っていった

アジアの文化

明(2)	実学	『本草綱目』	李時珍	古来の薬学の集大成
		『崇禎暦書』	徐光啓	ドイツ人宣教師アダム・シャールとともに作成
	小説	『西遊記』	呉承恩	唐の玄奘のインド旅行を題材とした長編小説
		『金瓶梅』	作者不詳	宋代を舞台にしながら、明代の腐敗した社会を描写
清	小説	『紅楼夢』	曹雪芹	満州上流社会を描写
	編纂事業	『康熙字典』	康熙帝の命	最も代表的な字典 4万7000余字収納

西アジア・東南アジア	オスマン帝国	【スレイマン・モスク】 スレイマン1世の命により、スィナンが設計。ハギア・ソフィアに対し「オスマン人の誇り」として建築
	サファヴィー朝	【シャー・モスク（現イマーム・モスク）】 「世界の半分」と称えられたイスファハーンの「王の広場」を見下ろす位置に立つ。アラベスクと鍾乳石紋というアーチ上部の装飾に彩られる
	ムガル帝国	【ラージプート絵画】 色彩豊かな民衆芸術。ヒンドゥー教神話を題材とする 【タージ・マハル廟】 シャー・ジャハーンが愛妃ムムターズ・マハルを悼んでアグラに建てた白大理石の壮麗な墓廟
	コンバウン朝（ミャンマー）	【シュウェタゴン・パゴダ】 パゴダ＝仏塔。14世紀半ばから建設が始まり、コンバウン朝に高さ100mの大仏塔を完成させた。金色に輝く仏塔はビルマ仏教建築の代表作

明では産業・商業が発展し、またキリスト教宣教師によって西洋学術が導入された。工芸では、宋・元時代にひきつづき優れた陶磁器を生み、染付けや赤絵の技法などが完成され、これらはバロック式やロココ式芸術に取り入れられた。

インドではイスラームとヒンドゥー教という本来異質の宗教の出会いが、インド・イスラーム文化を生んだ。オスマン帝国下では、巨大なドームとミナレット（尖塔）を特徴とするトルコ式モスクの様式が完成した。

タージ・マハル廟

日本の文化

桃山文化	建築	城　郭	安土城、姫路城、大坂城		
	美術	『唐獅子図屏風』(狩野永徳《かのうえいとく》)			
	生活	茶　道	千利休 (わび茶完成)	歌舞伎	出雲阿国 (歌舞伎踊り)
元禄文化	文学	浮世草子	井原西鶴『日本永代蔵』		
		俳　諧	松尾芭蕉『奥の細道』		
	美術	建　築	日光東照宮、桂離宮		
		装飾画	俵《たわら》屋《や》宗達《そうたつ》『風神雷神図屏風』		
	学問	朱子学	林《はやし》羅山《らざん》		
化政文化	文学	小　説	滝沢《たきざわ》馬琴《ばきん》『南総里見八犬伝』		
		俳　諧	小林一茶『おらが春』		
	美術	浮世絵	喜多川歌麿［美人画］		
		装飾画	葛飾北斎［風景画］		
	国学	本居宣長『古事記伝』			
	蘭学	医　学	杉田玄白・前野良沢『解体新書』		
		物理学	平賀源内　エレキテルの発明		

桃山文化は、新興の大名・大商人の権力や経済力を背景とする豪華絢爛で勇壮な文化である。仏教の影響が少なく南蛮文化の影響が強く見られる。天守を持つ巨大な城郭が建設され、壁には金箔を貼った障壁画が飾られた。

江戸時代になり幕藩体制が安定すると大坂の豪商を中心に現実的な浮世草子のような文学が町人の共感を呼んだ。化政文化では文化の中心は江戸庶民に移り、社会不安などを背景に風刺や滑稽ものが流行した。

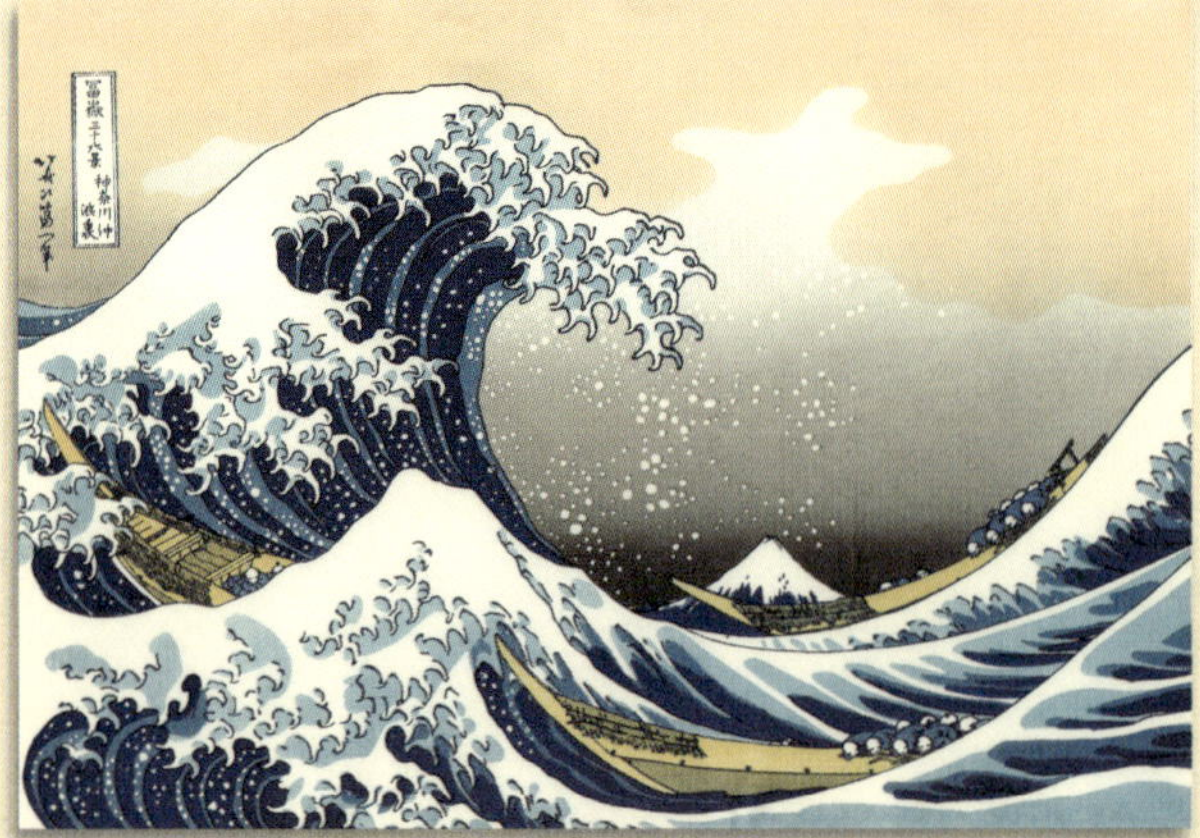

葛飾北斎『神奈川沖浪裏』

コラム

近世の文化

日本では文化の担い手が、大名 ヨーロッパでは芸術の擁護者が、

ヨーロッパの文化

ルネサンス(2)	思想	マキャヴェリ	1469~1527	フィレンツェの外交官『君主論』
	美術	ボッティチェリ	1445~1510	フィレンツェ出身『春』『ヴィーナスの誕生』
		レオナルド・ダ・ヴィンチ	1452~1519	フィレンツェやミラノで活躍『最後の晩餐』『モナ・リザ』
		ミケランジェロ	1475~1564	フィレンツェ出身『ダヴィデ像』『最後の審判』
		ラファエロ	1483~1520	ローマで活躍『アテネの学堂』
西ヨーロッパのルネサンス	文学	シェークスピア(英)	1564~1616	悲劇『ロミオとジュリエット』『ハムレット』
	思想	エラスムス(蘭)	1469頃~1536	人文主義者 聖職者の堕落を批判『愚神礼賛』
		トマス・モア(英)	1478~1535	現実社会の不合理を風刺『ユートピア』
	美術	デューラー(独)	1471~1528	エラスムスやルターと交流『四使徒』『アダムとエヴァ』
自然科学と技術	天文学	コペルニクス(ポ)	1473~1543	天動説を批判
		ガリレオ(伊)	1564~1642	物体落下の研究。自作の望遠鏡で地動説を実証するが異端とされた
	技術	グーテンベルク(独)	1400~68	活版印刷術を開発したといわれる

17・18世紀のヨーロッパ	美術	【バロック式】レンブラント(蘭)	1606~69	強い光のコントラストの中で人間の内面を描く『夜警』
		バロックとは、不整形の真珠をさす言葉から派生。代表建築 ヴェルサイユ宮殿(仏)		
		【ロココ式】ワトー(仏)	1684~1721	ルーベンスなどの影響『シテール島への船出』
		ロココとは、庭園の岩石や貝殻をさす言葉から派生。代表建築 サンスーシ宮殿(普)		
	音楽	バッハ(独)	1685~1750	バロック音楽を大成『マタイ受難曲』
		モーツァルト(墺)	1756~91	ザルツブルクに生まれ諸国を巡った『ジュピター』『フィガロの結婚』
	文学	ミルトン(英)	1608~74	ピューリタン革命政府の書記『失楽園』
		スウィフト(英)	1667~1745	当時のイギリス社会を徹底的に風刺した『ガリバー旅行記』
自然科学		ニュートン(英)	1642~1727	万有引力の法則などを発見『プリンキピア』
		フランクリン(米)	1706~90	独立革命の政治家。避雷針を発明
		ジェンナー(英)	1749~1823	医師。種痘法を開発

■産業革命の技術革新

1733	ケイ、飛び杼《ひ》を発明
1764	ハーグリーヴズ、ジェニー紡績機発明
1769	ワット、蒸気機関改良
1814	スティーヴンソン、蒸気機関車発明

ルネサンスでは、君主やフィレンツェのメディチ家のように富裕な商人がパトロンとなって文化を担った。メディチ家・ローマ教皇に仕えたミケランジェロは、寡黙で態度も粗暴なところがあったが、芸術家としての腕は多くの人が認め制作依頼は絶えなかった。

ルネサンスは西欧に拡大、人文主義がカトリックや社会の現状を批判し、美術も人文主義や宗教改革と密接に展開した。神秘主義と科学は未分化で、占星術や錬金術がイスラーム文化から伝播し科学の基礎となった。

ミケランジェロ『最後の審判』

絶対王政下では宮廷が芸術の擁護者となり、君主の威光を輝かせることを目的とした華麗で豪華なバロック式が主流となった。ロココ時代にはフリードリヒ2世のサンスーシ宮殿のように、中国趣味の陶磁器による装飾や自然体の庭園が建設された。

経験論や演繹法を基礎とする自然科学が確立された。とくにニュートンの物理学は、産業革命とそれに続く工業化技術の基礎となった。イギリスの綿工業から始まった産業革命では、13歳以下の子供と女性が労働者の過半数を占めていた。

ヴェルサイユ宮殿

終章 近現代 the Present Ages

東ヨーロッパ・ソ連史

1904 日露戦争勃発
1917 レーニン、ソヴィエト政府樹立
1922 ソヴィエト社会主義共和国連邦成立
1941 独ソ開戦
1956 ハンガリー、反ソ暴動勃発
1968 ワルシャワ条約機構軍のチェコ侵攻
1981 ワレサ、「連帯」議長に選出
1991 ソ連消滅

日本史

1854 日米和親条約
1860 桜田門外の変勃発
1867 大政奉還
1868 明治維新
1877 西南戦争勃発
1894 日清戦争勃発
1904 日露戦争勃発
1937 日中戦争勃発
1941 太平洋戦争勃発
1945 日本、無条件降伏
1951 サンフランシスコ平和条約

東アジア・東南アジア史

1851~64 太平天国の乱勃発
1884 清仏戦争勃発
1912 中華民国成立
1931 柳条湖事件勃発
1941 太平洋戦争勃発
1946 インドシナ戦争勃発
1950 朝鮮戦争勃発
1965 米軍の北ヴェトナム爆撃

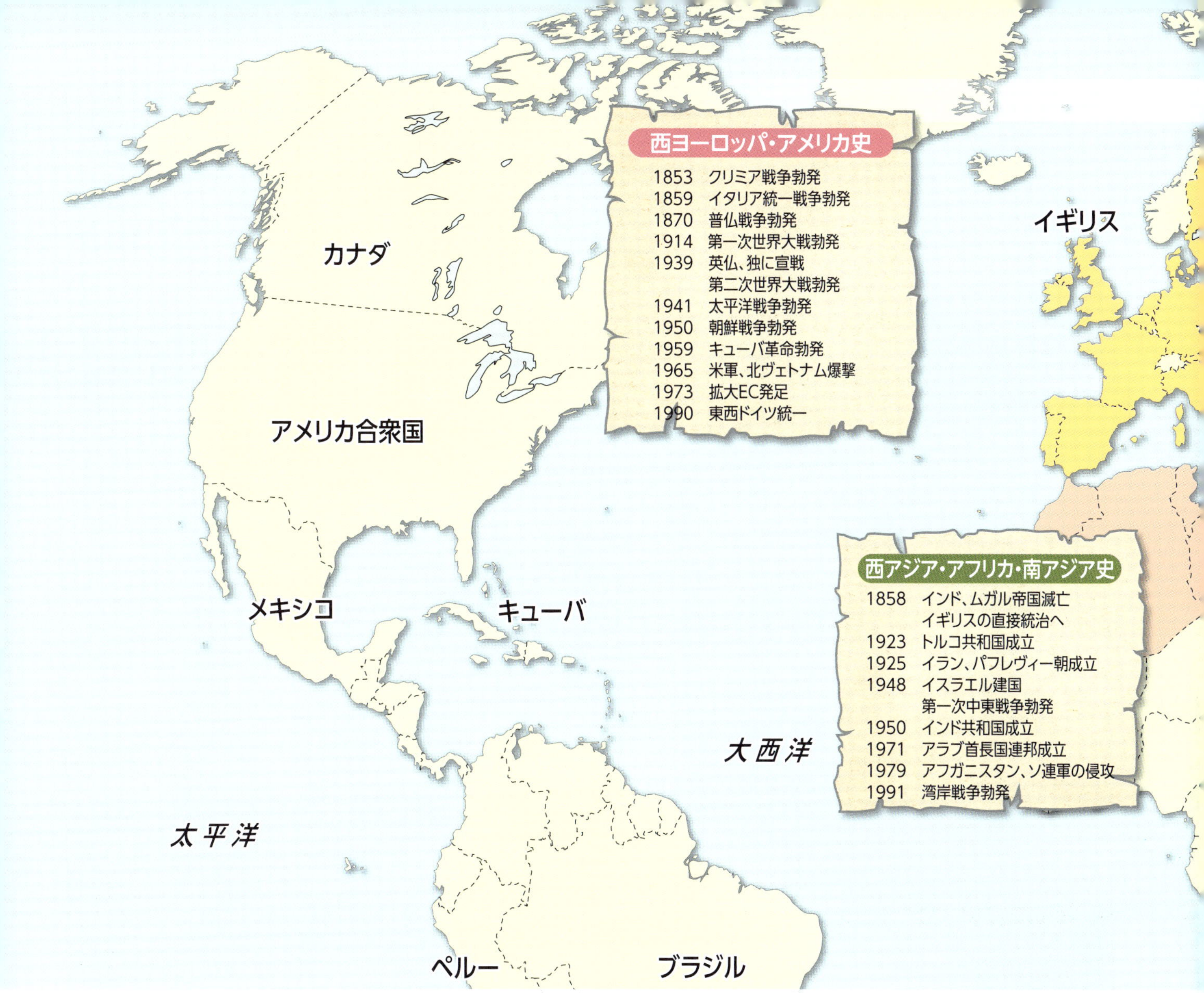
西ヨーロッパ・アメリカ史
1853 クリミア戦争勃発
1859 イタリア統一戦争勃発
1870 普仏戦争勃発
1914 第一次世界大戦勃発
1939 英仏、独に宣戦
第二次世界大戦勃発
1941 太平洋戦争勃発
1950 朝鮮戦争勃発
1959 キューバ革命勃発
1965 米軍、北ヴェトナム爆撃
1973 拡大EC発足
1990 東西ドイツ統一
西アジア・アフリカ・南アジア史
1858 インド、ムガル帝国滅亡
イギリスの直接統治へ
1923 トルコ共和国成立
1925 イラン、パフレヴィー朝成立
1948 イスラエル建国
第一次中東戦争勃発
1950 インド共和国成立
1971 アラブ首長国連邦成立
1979 アフガニスタン、ソ連軍の侵攻
1991 湾岸戦争勃発
カナダ
イギリス
アメリカ合衆国
メキシコ
キューバ
大西洋
太平洋
ペルー
ブラジル

科学技術が進歩し緊密になった世界は、対立と衝突を繰り返す

開国、そして世界戦争へ

江戸幕府は、ペリーの来航により開国を余儀なくされ、一八五八年、日米《にちべい》修好《しゅうこう》通商《つうしょう》条約《じょうやく》を結ぶ。明治維新が達成されると、新政府は国会を開設し、一八八九年、大日本帝国憲法を発布。制度・文化両面で急速な欧米化を始める。

欧米では、資本主義が発展。資源供給地にして製品市場でもある植民地獲得のため、アジア・アフリカに進出する帝国主義政策をとった。これにより圧迫されたアジアや中南米では、近代化と自立の動きが活発化する。

こうして世界各地で緊張が高まる中、一九一四年、ドイツ・オーストリアなど同盟国とフランス・ロシア・イギリスなどを中心とした協商国《きょうしょうこく》の利害が衝突し、第一次世界大戦が勃発。この毒ガス、戦車などの近代兵器を用いた戦争は長引き、ヨーロッパは荒廃した。

大戦中にロシア革命がおこり、ソヴィエト政権が樹立されている。

二度目の大戦と新たな対立

第一次世界大戦後、ヴェルサイユ体制による国際秩序が作られる。しかし、ドイツなどにファシズムが生まれ、世界恐慌を機に再び世界は緊張。枢軸《すうじく》国と連合国との間に第二次世界大戦が勃発する。

戦後、新たな国際機構として国際連合が成立。しかし、米ソ対立が激化し、世界は冷戦へと突入していった。

日本は敗戦後、アメリカの占領下で復興を遂げ、独立後、高度経済成長時代を迎える。

19世紀 1851〜1864年

前期 中期 後期

ペリーが浦賀に来航！その頃、洪秀全が太平天国を建国

この時代の日本史

1 1853年
アメリカのペリーが浦賀に来航する。

● 1854年
日米和親条約を締結する。

● 1858年
4月、井伊直弼、大老に就任する。6月、日米修好通商条約を締結する。9月、安政の大獄がおこる。

● 1859年
吉田松陰らが処刑される。

2 1860年
桜田門外の変。水戸浪士らが井伊直弼を暗殺する。

● 1862年
皇女和宮《かずのみや》、将軍家茂《いえもち》と結婚する。生麦事件。薩摩藩士がイギリス人を殺傷する。

1 黒船はペリー以前に来ていた

アメリカ東インド艦隊司令長官ペリーの七年前に、前任ビッドルが軍艦を率いて浦賀《うらが》に来航しており、また、幕府はペリーについても、じつは、オランダから知らされていたのである。

2 井伊直弼暗殺の契機

井伊直弼《いいなおすけ》は、孝明天皇の勅許《ちょっきょ》を得ずに通商条約を結んだため、尊攘派《そんじょうは》の標的となった。

江戸湾南部の台場設営地図

江戸湾
富津
打沈め線
観音崎
浦賀
浦賀水道
三崎
城ケ島
乗止め検問線
洲崎
主な国内航路
江戸湾台場設営地

この時代の世界史

1 1851年
洪秀全《こうしゅうぜん》、宗教結社の信徒と太平天国の建国を宣言する。ロンドンで世界初の万国博覧会が開催される。

● 1853年
クリミア戦争がおこる。ロシアとオスマン帝国が開戦する。

● 1857年
シパーヒー（セポイ）の蜂起を機に、インドで大反乱がおこる。

● 1858年
イギリスのインド直轄統治が始まる。

● 1861年
イタリア王国が成立する。ロシア、農奴解放令が発令される。アメリカ、南北戦争がおこる。

2 1863年
リンカーン、奴隷解放宣言を行なう。

1 神の幻を見た洪秀全

洪秀全は、科挙《かきょ》失敗後に見た幻覚から「太《たい》平天国《へいてんごく》」を設立し、自ら「天王《てんおう》」を名乗った。太平天国の兵士らは中国全土を席捲《せっけん》し、一時は三〇〇万人にまで達した。

2 奴隷は解放されなかった

リンカーンは、南軍に黒人兵士が多いことを知り、奴隷解放宣言で南軍内部が乱れることを企図した。だが、宣言には合衆国軍が宣言以降に占領した地域という制限があり、宣言によって直接解放された奴隷はひとりもいなかった。

リンカーンが閣僚に対して奴隷解放宣言の草案を提示している場面

19世紀 1865〜1900年

前期 中期 後期

戊辰戦争がおこる。その頃、ヨーロッパではドイツ帝国が成立

この時代の日本史

1 1866年
薩長同盟、坂本龍馬が斡旋する。

● 1867年
大政奉還。一五代将軍徳川慶喜、政権を返上する。

● 1868年
2 1月、戊辰《ぼしん》戦争がおこる。
9月、明治と改元される。

● 1871年
廃藩置県が行なわれる。

● 1877年
最大の士族反乱、西南戦争がおこる。

● 1889年
大日本帝国憲法が発布される。

● 1894年
日清戦争が始まる。

● 1899年
日英通商航海条約が発効、不平等条約が改正される。

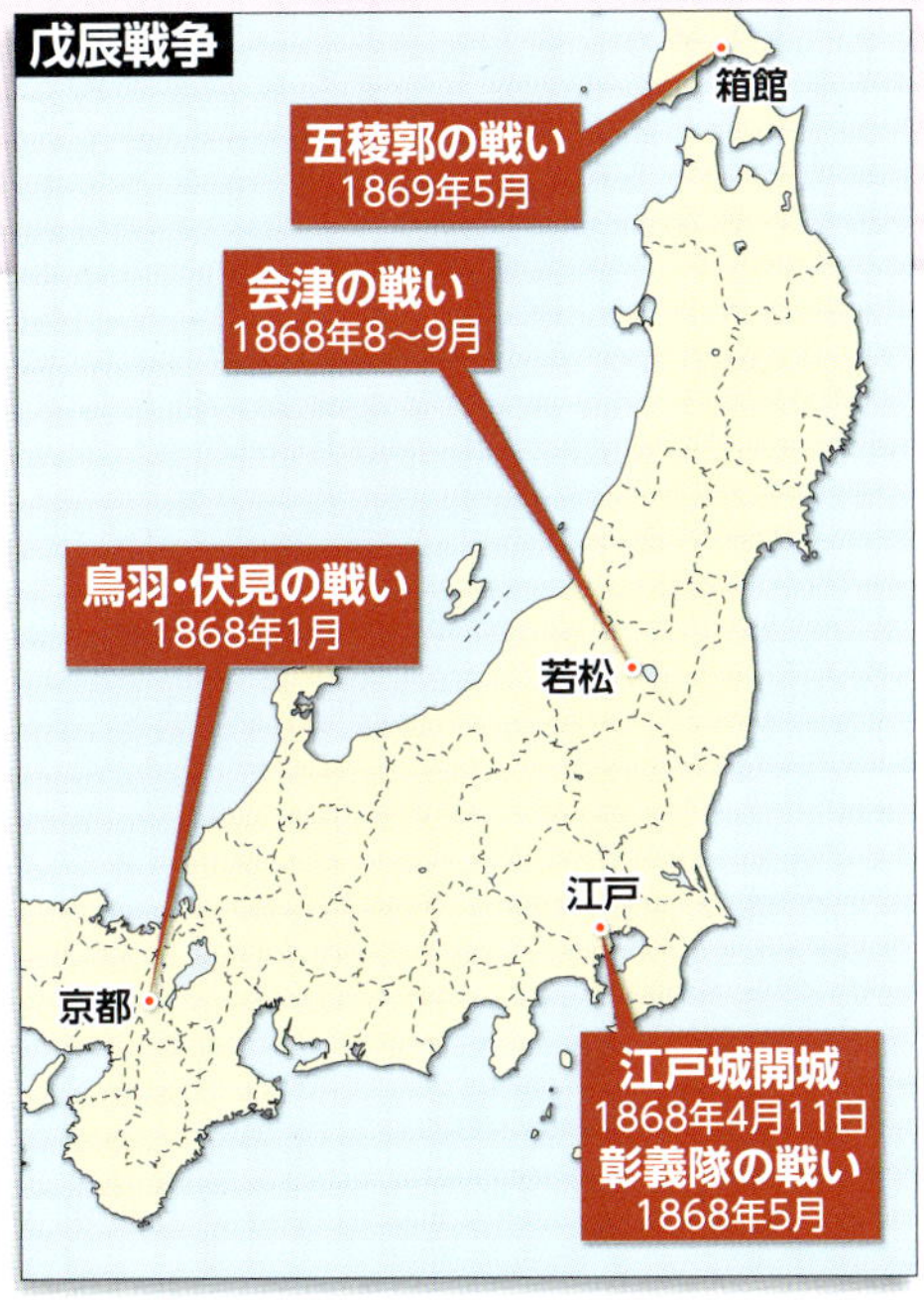

戊辰戦争
箱館
五稜郭の戦い
1869年5月
会津の戦い
1868年8〜9月
鳥羽・伏見の戦い
1868年1月
若松
江戸
京都
江戸城開城
1868年4月11日
彰義隊の戦い
1868年5月

1 間に合わなかった龍馬

薩長同盟の結ばれた薩摩屋敷に龍馬が入ったのは、同盟締結の二日後だった。

2 苦肉の策だった戊辰の砲兵

薩長軍は旧幕府軍に戦いを挑んだものの、なかなか兵が集まらなかった。このため西郷は鳥羽・伏見の戦いで火器を導入したところ、砲撃が絶大な効果を発揮。その威力が戦況を決定づけたとされている。

この時代の世界史

1 1865年
リンカーンが暗殺される。

2 1867年
ノーベルがダイナマイトを発明する。

● 1869年
スエズ運河が開通する。

● 1870年
イタリアが統一される。

3 1871年
ドイツ帝国が成立する。

● 1882年
独墺伊三国同盟が成立する。

● 1887年
フランス領インドシナ連邦が成立する。

● 1900年
義和団事件。白蓮教系集団の蜂起に八か国が共同出兵する。

1 大男だったリンカーン

リンカーンは二メートルに迫る大男だったため、暗殺された遺体を運べる大きさの寝台車を所有していた鉄道会社はただ一社。遺体に付き添った人々から乗り心地が好評で、需要が一気に高まった。

2 生涯独身を通したノーベル

ノーベルは、パリで知り合い結婚の約束までした少女が突然死んでしまい、深く傷つき一生結婚しなかった。

3 ドイツ皇帝戴冠式の場所とは？

普仏戦争でパリを包囲したプロイセンは、ヴェルサイユ宮殿「鏡の間」で、ヴィルヘルム一世のドイツ皇帝戴冠式を挙行。フランス国民に屈辱を与えた。

ヴェルサイユ宮殿で行なわれたヴィルヘルム1世の戴冠式

20世紀 1901～1940年

前期 中期 後期

東郷平八郎がバルチック艦隊を壊滅させる。その頃、アインシュタインが相対性理論を発表

この時代の日本史

1 1904年
日露戦争が始まる。

● 1914年
第一次世界大戦に参戦する。

● 1919年
ヴェルサイユ条約締結。

● 1920年
国際連盟に加盟、常任理事国となる。

● 1931年
柳条湖事件、満州事変が勃発する。

● 1932年
五・一五事件がおこる。

● 1936年
二・二六事件がおこる。

● 1937年
盧溝橋事件、日中戦争が勃発する。日独伊防共協定を締結する。

1 奇策「東郷ターン」の勝利

東郷平八郎《とうごうへいはちろう》率いる連合艦隊は、ロシアのバルチック艦隊から八キロの距離で突然進路を変更し、行く手を塞いだ。日本軍の正確な砲撃がロシア艦隊に集中し、バルチック艦隊は壊滅した。

旗艦「三笠」の前に建つ東郷平八郎像

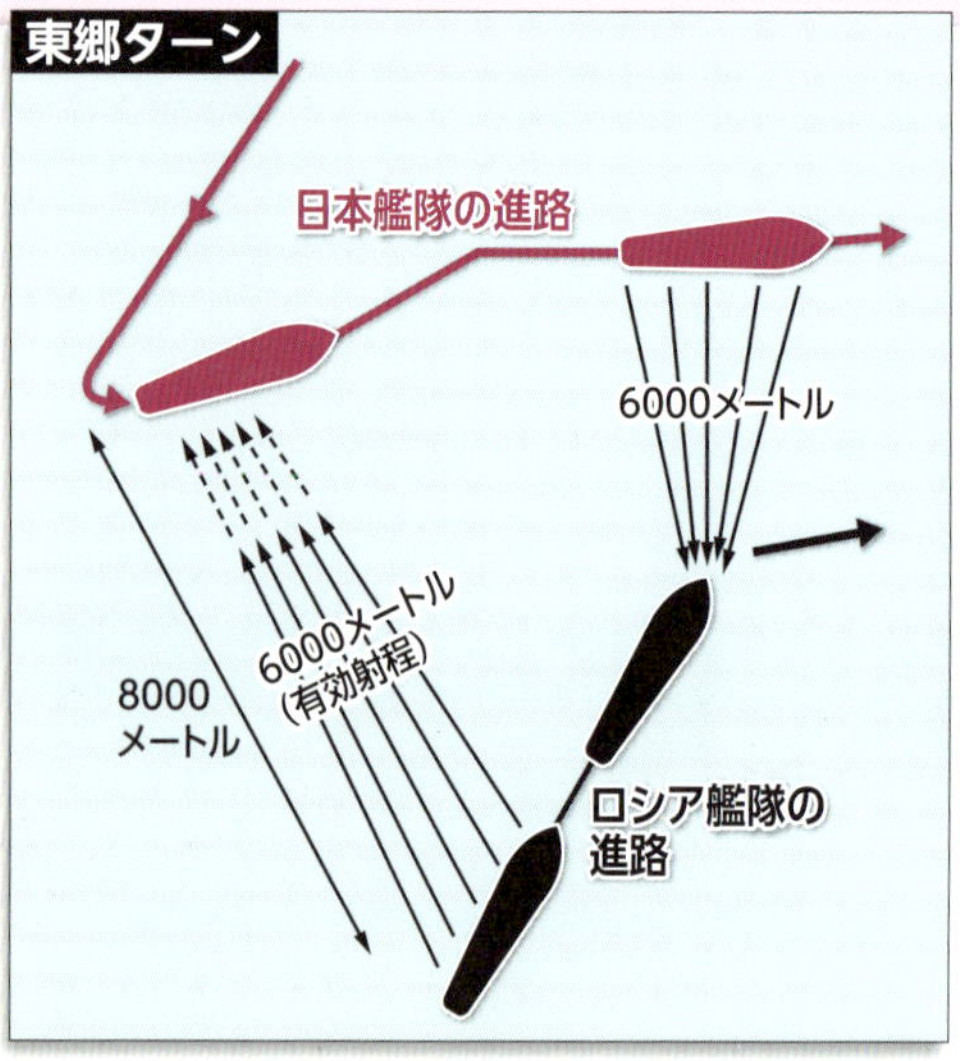

この時代の世界史

1 1905年
アインシュタインが特殊相対性理論を発表する。

● 1907年
英仏露三国協商が完成する。

● 1911年
清、辛亥革命がおこる。

2 1912年
第一次バルカン戦争がおこる。

● 1914年
第一次世界大戦が始まる。

1 1915年
アインシュタインが一般相対性理論を発表する。

● 1917年
ロシア革命がおこる。

● 1919年
第一次世界大戦が終結し、ヴェルサイユ条約が成立する。

● 1929年
10月、世界大恐慌がおこる。

● 1933年
ヒトラーが首相に就任する。

● 1939年
英仏が対独宣戦。第二次世界大戦が始まる。

1 天才アインシュタインの伝説

アインシュタインには、数学で落第したという逸話が伝わるが、じつはこの話はフィクション。だが、科学誌が開いた相対性理論を三〇〇〇字で要約するコンテストについて、本人が「自分にはできそうにない」と言ったという話は、どうやら事実である。

2 ヨーロッパの火薬庫

バルカン半島は民族構成が複雑なゆえ独立運動が激化、南下政策のロシアはパンスラヴ主義を、ドイツ・オーストリアはパン・ゲルマン主義を唱えそれぞれの民族を支援し、一触即発の状態になった。

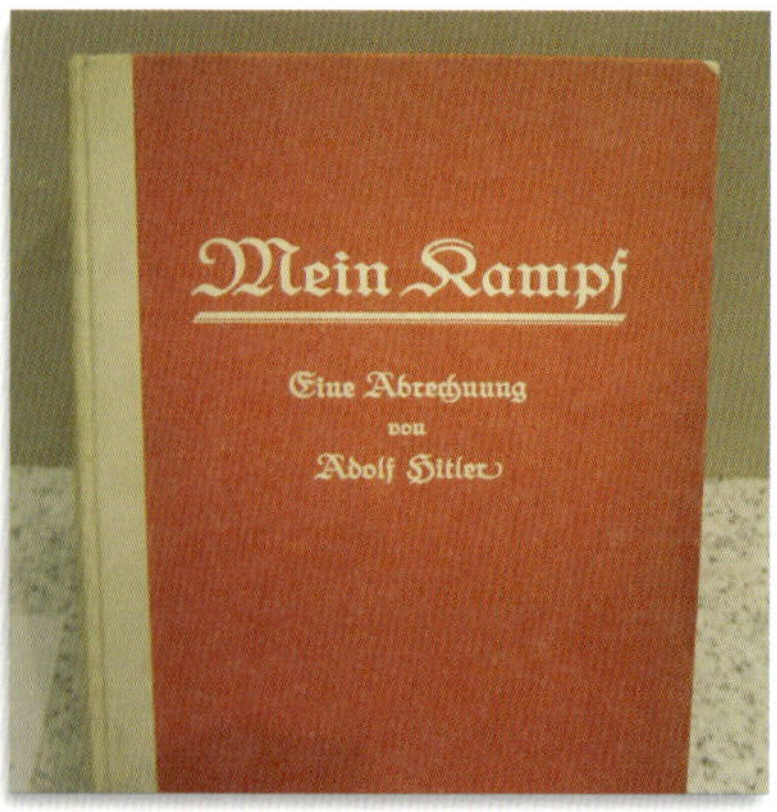

ヒトラーがみずからの世界観や政策などをまとめた著書『我が闘争』の初版本

20世紀 1941～2000年
前期 中期 後期

真珠湾攻撃と同じ頃、独ソ戦が進行する

この時代の日本史

1 1941年
ハワイ真珠湾を奇襲攻撃する。

2 1942年
ガダルカナル島へアメリカ軍が上陸する。

3 1943年
連合艦隊司令長官山本五十六が戦死する。

● 1945年
広島・長崎に原爆が投下される。ポツダム宣言を受諾し、降伏文書に調印する。

● 1947年
日本国憲法が施行される。

● 1951年
サンフランシスコ講和条約に調印する。日米安全保障条約に調印する。

● 1956年
国際連合に加盟する。

● 1972年
アメリカ、沖縄の施政権を返還する。沖縄県が発足。

● 1997年
アイヌ文化振興法が成立する。

● 1998年
長野オリンピックが開催される。

1 真珠湾奇襲の戦果

多数の戦艦を撃沈するなど、奇襲成功といわれる真珠湾攻撃だが、ドックやガソリンタンク、空母などの本来の攻撃目標は無傷で残った。

日本軍による真珠湾攻撃で着底するアメリカ軍の戦艦

2 戦場を知らなかった陸軍

太平洋戦争のターニングポイントがガダルカナル島の戦いだが、日本の海軍と陸軍は連絡がとれておらず、当初陸軍は島の位置すら知らなかった。

3 山本五十六機を撃墜したのは？

山本五十六は、前線を視察飛行中に撃墜されて死亡した。戦後、アメリカではふたりの空軍パイロットが撃墜者として名乗り出て、裁判にまで発展した。

この時代の世界史

● 1941年
6月、独ソ戦が始まる。

1 1943年
1月、スターリングラードのドイツ軍が降伏する。
9月、イタリアが降伏する。

2 1945年
5月、ドイツ、無条件降伏する。

● 1948年
イスラエルが建国を宣言する。
第一次中東戦争が勃発する。

● 1949年
北大西洋条約機構（NATO）が成立する。
中華人民共和国が成立する。

● 1955年
ワルシャワ条約機構が成立する。

● 1965年
アメリカが北ヴェトナムを爆撃する。

● 1970年
核不拡散条約が発効する。

● 1989年
米ソ首脳が会談、冷戦の終結を宣言する。

1 ナチスの後退

ドイツ軍はスターリングラード攻略に失敗、九万人が降伏した。これ以降、連合軍は各地で攻勢に転じ始める。

2 独裁者の最期

ヒトラーは官邸の地下壕でピストル自殺、部下が遺体を火葬した。ソ連軍が踏み込んだが、遺体の場所は発表されず、ヒトラー生存説を生むこととなった。

第二次世界大戦中のヨーロッパ

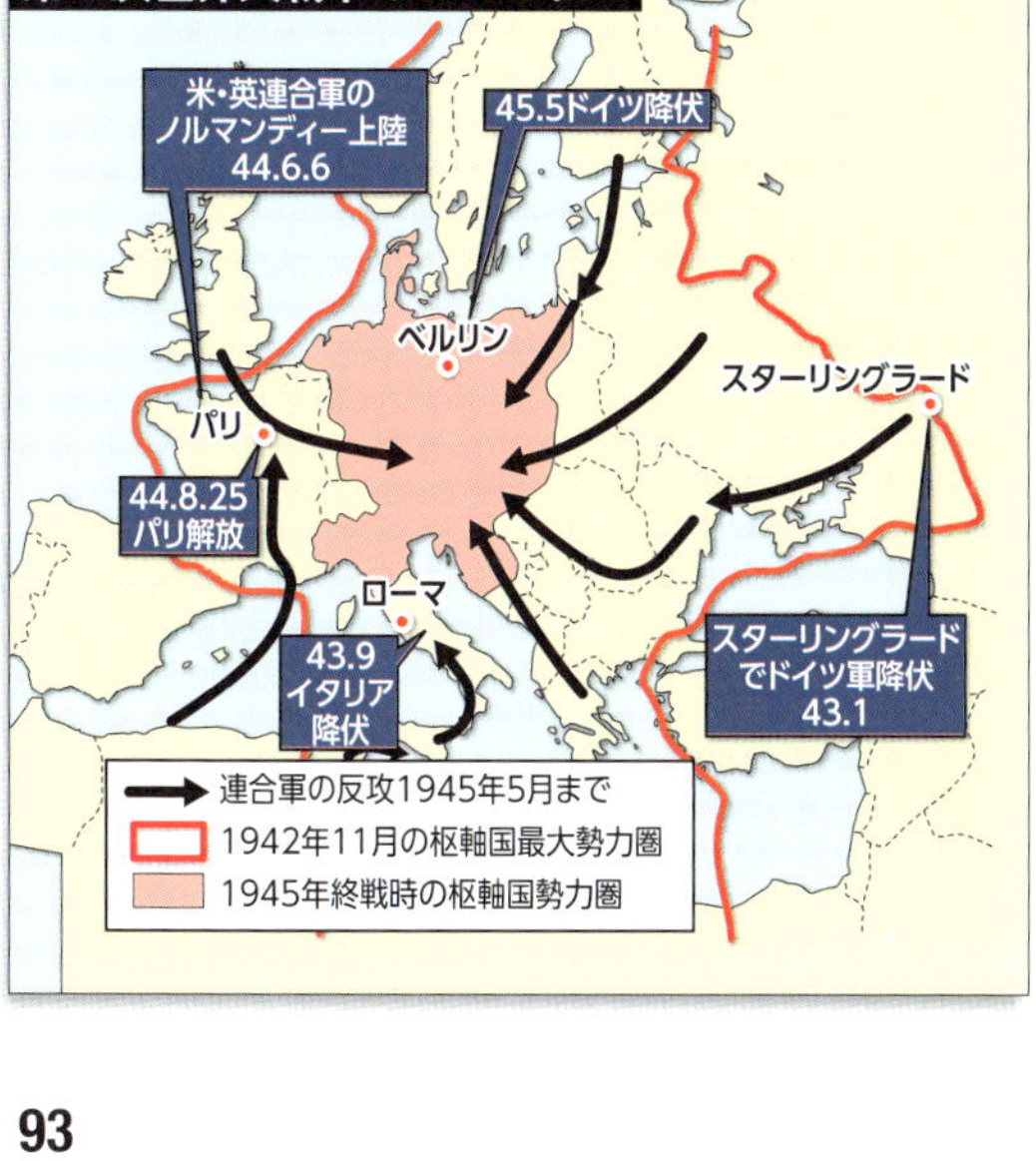
米・英連合軍の
ノルマンディー上陸
44.6.6
45.5ドイツ降伏
ベルリン
スターリングラード
パリ
44.8.25
パリ解放
ローマ
43.9
イタリア
降伏
スターリングラード
でドイツ軍降伏
43.1
連合軍の反攻1945年5月まで
1942年11月の枢軸国最大勢力圏
1945年終戦時の枢軸国勢力圏

より、人間観・世界観が変革し、
化の市場を作った

19世紀欧米の文化

美術	ロマン主義	ドラクロワ（仏）	1798～1863	劇的な表現『キオス島の虐殺』
美術	自然主義	ミレー（仏）	1814～75	農民の素朴な姿『落穂拾い』『晩鐘』
美術	印象派	ルノワール（仏）	1841～1919	明るい色彩で女性像や花を多く描いた『ムーラン・ド・ラ・ギャレット』
美術	後期印象派	ゴーガン（仏）	1848～1903	文明生活から逃れてタヒチに移る『タヒチの女たち』
美術	彫刻	ロダン（仏）	1840～1917	苦悩や官能を力強く表現『考える人』『地獄門』
音楽	古典派	ベートーヴェン（独）	1770～1827	古典派からロマン派への道を開く『運命』
音楽	国民楽派	チャイコフスキー（露）	1840～93	ロシア的な明暗を叙情的に表現『白鳥の湖』
文学	古典主義	ゲーテ（独）	1749～1832	疾風怒濤運動を経て古典主義を完成『若きヴェルテルの悩み』『ファウスト』
文学	ロマン主義	ワーズワース（英）	1770～1850	自然美を日常語でうたった『叙情歌謡集』
文学	写実主義	ドストエフスキー（露）	1821～81	人間存在の根本問題を探った『罪と罰』『カラマーゾフの兄弟』

西欧では、18世紀半ばにポンペイ遺跡が発掘されローマ王朝への憧れがかきたてられていた。フランス革命とナポレオンによる征服ののち、歴史や民族の伝統を尊重する古典主義、ロマン主義が広まった。

19世紀中頃になると資本主義経済の問題点が顕在化し、市民社会の成熟・科学技術の発展とあいまって、人生の現実を写し取る写実主義や社会の矛盾をも見つめる自然主義が生まれた。絵画では、パリの形式化したサロン（官展）に反発して農村に人間本来の生き方を求めたミレーなどである。

音楽では、民族伝統に基づく音楽を作曲するものも現れた。

ロダン『考える人』

日本の文化

文学	写実主義	坪内逍遥『小説神髄』
文学	ロマン主義	森鷗外『舞姫』
文学	反自然主義	夏目漱石『吾輩は猫である』
文学	新思潮派	芥川龍之介『羅生門』
絵画	日本画	横山大観『無我』
絵画	洋　画	黒田清輝『湖畔』『読書』
絵画	彫　刻	高村光雲『老猿』
絵画	建　築	コンドル・鹿鳴館、片山東熊・赤坂離宮

学問	医　学	北里柴三郎	破傷風の血清療法成功
学問	医　学	野口英世	黄熱病の研究
学問	物理学	長岡半太郎	原子構造の研究
学問	物理学	湯川秀樹	中間子論
学問	民俗学	柳田国男	日本民俗学の確立『遠野物語』
学問	経済学	河上肇	マルクス経済学『貧乏物語』
学問	政治学	吉野作造	民本主義

開国にともない明治政府は、近代技術・社会制度を西欧から輸入した。教育が次第に普及してきたこともあり、文学や自然科学等に目覚ましい発達が見られる。学制公布では「唱歌」が登場するが、オルガンもなければ教師も足らず、音楽教育が開始されるのは後年のこととなる。

西欧文化の流入期に、伝統的な日本画や江戸末期からの流れを受け継ぐ洋画は一時停滞するが、フェノロサや岡倉天心などにより価値が再認識されることとなる。

芥川龍之介

コラム 近現代の文化

科学技術の急速な発展にマスメディアが芸術・文

20世紀の文化

文学	ジョイス（アイルランド）	1882～1941	実験小説『ユリシーズ』
文学	魯迅（中国）	1881～1936	白話運動『狂人日記』『阿Q正伝』
美術	【キュビズム】ピカソ（西）	1881～1973	キュビズム創始『ゲルニカ』『アヴィニョンの娘たち』
音楽	ストラヴィンスキー（ソ）	1882～1971	20世紀音楽の展開に決定的な影響『春の祭典』『火の鳥』
哲学	【実存哲学】サルトル（仏）	1905～80	無神論的実存主義『存在と無』
人文・社会	【心理学】フロイト（墺）	1856～1939	精神分析学創始『夢判断』『精神分析学入門』
人文・社会	【経済学】ケインズ（英）	1883～1946	近代経済学『雇用・利子および貨幣の一般理論』
自然科学	【物理学】アインシュタイン（独）	1879～1955	相対性理論、核兵器禁止運動

近代科学は技術に応用され、ことに20世紀に入ってから人間観・世界観・宇宙観を変革した。スイス特許局に技師として勤務していたドイツ生まれのユダヤ人アインシュタインは、物理学を革新した特殊相対性理論、自然観を覆す一般相対性理論を完成させ、晩年は一貫して平和運動に身を投じた。

思想では「存在とは何か」を論じる実存哲学が生まれた。また精神分析学の創始者フロイトは、ニーチェとともに20世紀前半の知識・芸術の潮流に影響を与えた。

現代美術は、既存の美術概念に挑戦するという意味で常に前衛的であった。また新聞・テレビといったマスメディアの発達と複製技術の発達は文化の市場化をもたらした。

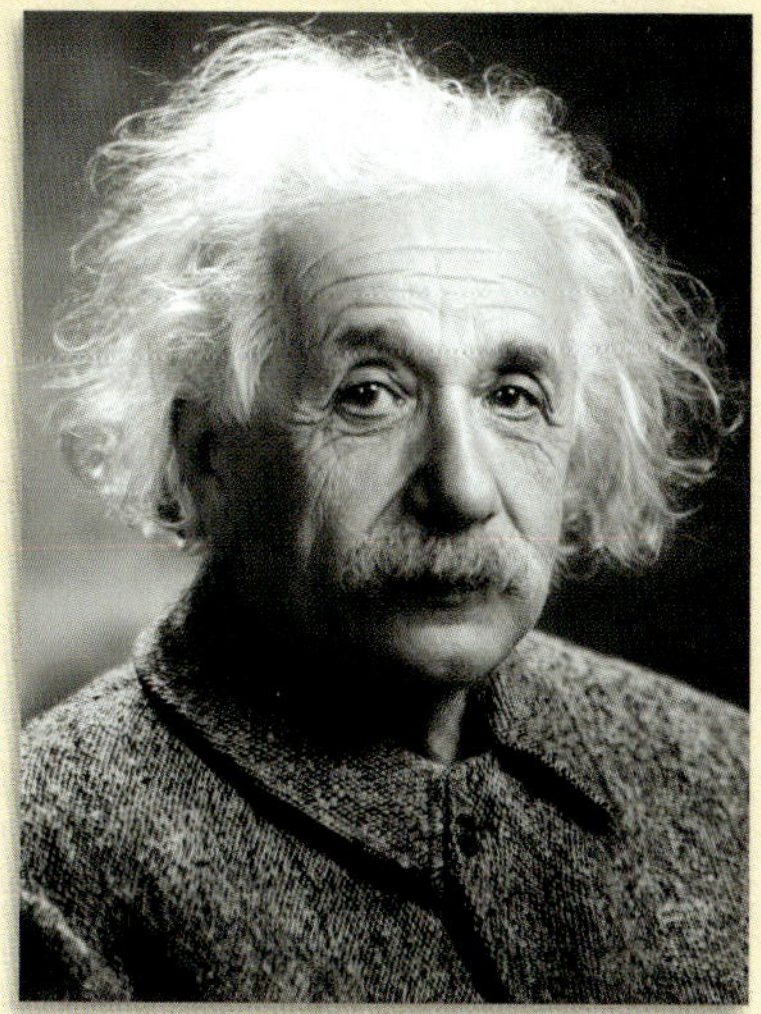

アインシュタイン

19世紀欧米の学問・科学・技術

哲学	ドイツ観念論	カント（独）	1724～1804	合理論と経験論から観念論を創始『純粋理性批判』
哲学	唯物論	マルクス（独）	1818～83	弁証法と唯物論を批判して弁証法的唯物論を形成。唯物史観
哲学	世紀末思想	ニーチェ（独）	1844～1900	力への意思に基づく新しい道徳『ツァラトゥストラ』
経済学	古典派	マルサス（英）	1766～1834	産業革命後の社会悪の根源を食料と人口の関係に求めた『人口論』
自然科学	物理学	マリア・キュリー	1867～1934	夫ピエールとラジウムを発見
自然科学	生物学	ダーウィン（独）	1809～82	測量船ビーグル号による調査研究で進化論を発表『種の起源』
発明	ノーベル（スウェーデン）		1833～96	ダイナマイト

哲学では、カントに始まるドイツ観念論をヘーゲルが大成し、弁証法を確立した。ニーチェは『ツァラトゥストラ（ゾロアスター）』の中で「神は死んだ」と衝撃的な主張をした。

科学とそれに基づく技術の発展は目覚ましく、エネルギー保存の法則や電磁誘導の法則などが発見された。ダーウィンが発表した『進化論』は、社会科学・人文科学にまで影響を与えたが、キリスト教関係者の強い反発を招いた。

技術や思想の変革の中、ガソリン・エンジン自動車、白熱灯、電話などが次々に発明されていった。

ベンツのガソリン自動車

参考文献

※以下の文献などを参考とさせていただきました。

『中国の歴史　第6巻　元・明』愛宕松男、寺田隆信、『神聖ローマ帝国』菊池良生、『モンゴル帝国の興亡〈上〉軍事拡大の時代』杉山正明、『中国五千年［下］』陳舜臣、『第03巻 ファーストエンペラーの遺産(秦漢帝国)』鶴間和幸、『白村江』遠山美都男、『にっぽん亭主五十人史』永井路子(以上、講談社)／『古代天皇１０１の謎』松尾光編、『謎の日本史―鎌倉・室町・戦国―』安田元久監修、『別冊歴史読本特別臨時増刊　日本史知ってるつもり！？』山本光編、『地中海の歴史と旅』、『歴史読本ワールド特別増刊』『世界の国王と皇帝たち』(以上、新人物往来社)／『おどろき日本史249の雑学』太田公、『日本の歴史・合戦おもしろ話』小和田哲男、『琉球王朝記』童門冬二、『世界おどろき史話』並木伸一郎、『図説幕末・維新おもしろ事典』奈良本辰也監修、『世界の歴史がわかる本　[古代四大文明～中世ヨーロッパ］篇』綿引弘(以上、三笠書房)／『目からウロコの日本史―ここまでわかった！　通説のウソと新事実』河合敦、『徳川慶喜と幕末９９の謎』後藤寿一、『日本史「敗者」たちの言い分　負けた側にも正義あり』岳真也、『世界戦史99の謎―トロイア戦争から湾岸戦争まで』武光誠(以上、ＰＨＰ研究所)／『図説　ヨーロッパの王妃』石井美樹子、『中国歴代皇帝人物事典』岡崎由美、王敏監修・編、『日本の歴史が動いた２０の大転機　この事件を理解すると日本史がよくわかる』武光誠(以上、河出書房新社)／『早わかり鎌倉・室町時代―時代の流れが図解でわかる！』河合敦、『早わかり日本史―時代の流れが図解でわかる！』河合敦、『歴史おもしろエピソード』不二龍彦、淡野史良、『早わかり古代史―時代の流れが図解でわかる！』松尾光、『早わかり　中東＆イスラーム世界史』宮崎正勝(以上、日本実業出版社)／『ヒストリカル・ガイド・イギリス』今井宏、『新版　世界各国史１３　ドイツ史』木村靖二編、『詳説世界史研究』木村康彦、木村靖二、吉田寅、『ちょっとまじめな日本史Ｑ＆Ａ　上　原始古代・中世』五味文彦、野呂肖生編著、『世界史図録ヒストリカ』谷澤伸、甚目孝三、柴田博、高橋和久(以上、山川出版社)／『世界史を読む事典(地域からの世界史第20巻)』朝日新聞社編、『週刊朝日百科　世界の歴史４８』野上毅編、『週刊朝日百科　世界の歴史４３』野上毅編(以上、朝日新聞社)／『歴史群像シリーズ特別編集チンギス・ハーン　大モンゴル蒼き狼の覇業』、『歴史群像シリーズ５０　戦国合戦大全　[上]』、『歴史群像シリーズ特別編集　図説・戦国合戦集』、『歴史群像シリーズ６　風林火山』(以上、学習研究社)／『中国傑物伝』陳舜臣、『持統天皇と藤原不比等』土橋寛、『鄭和の南海大遠征』宮崎正勝、『レオナルド・ダ・ヴィンチ　伝説の虚実―創られた物語と西洋思想の系譜』竹下節子(以上、中央公論新社)／『図解雑学　世界の歴史』岡田功、『日本の文化』中澤伸弘、『日本の歴史』前澤桃子、『図解雑学　戦国史』源城政好(以上、ナツメ社)／『フィレンツェ　上』クリストファー・ヒバート著、横山徳爾訳、『図説　中世の光と影(下)』フェルディナント・ザイプト著、永野藤夫訳、『ラルース図説世界史人物百科２　ルネサンス―啓蒙時代』フランソワ・トレモリエール、カトリーヌ・リシ編、樺山紘一日本語版監修、『ラルース図説世界史人物百科１　古代―中世』フランソワ・トレモリエール、カトリーヌ・リシ編、樺山紘一日本語版監修(以上、原書房)／『集英社版日本の歴史４　天平の時代』栄原永遠男、『華麗なる宮廷才女』円地文子監修、『集英社版日本の歴史３　古代王権の展開』吉村武彦(以上、集英社)／『考古学を知る事典』熊野正也、堀越正行、『古代史を知る事典』武光誠、『日本史の中の女性逸話事典』中江克己(以上、東京堂出版)／『ありのままのイギリス　幻のケルトからダイアナ妃まで』石井美樹子、『面白いほどよくわかる世界の王室―激烈なるヨーロッパ中世・近代史を読み解く』鈴木晟、『面白いほどよくわかる戦国史―動乱の時代を勝ち残った戦国群雄の軌跡』鈴木旭(以上、日本文芸社)／『なぜ偉人たちは教科書から消えたのか［肖像画］が語る通説破りの日本史』河合敦、『歴史毒本―英雄の素顔、大事件の裏側』山本茂(以上、光文社)／『中国英傑伝』塚本青史、『偉人たちの死亡診断書』中原英臣、佐川峻(以上、小学館)／『中東がわかる古代オリエントの物語』小山茂樹、『キーワードで探る四大文明』吉村作治、後藤健、松本健、近藤英夫、鶴間和幸(以上、日本放送出版協会)／『世界の都市の物語１４　イェルサレム』高橋正男、『歴史をさわがせた女たち　日本篇』永井路子(以上、文藝春秋)／『なんかヘンだぞ！　世界史』後藤寿一、『なんかヘンだぞ！　日本史』後藤寿一(以上、雄鶏社)／『増補ジュニア版日本の歴史　第1巻　日本のなりたち』永原慶二、青木和夫、佐々木潤之介、『増補ジュニア版日本の歴史　第2巻　武士の社会』永原慶二、青木和夫、佐々木潤之介(以上、読売新聞社)／『アラブ1500年の闘い』リチャード・ポープ編、吉村作治、川床睦夫訳(ＴＢＳブリタニカ)／『知っておきたい中東１』歴史教育者協議会編(青木書店)／『日本の歴史３　平安時代』保立道久(岩波書店)／『百人一首の作者たち』目崎徳衛(角川学芸出版)／『９０分でわかる世界史の読み方』水村光男(かんき出版)／『新世界史―同時代にみる日本と世界―』吉村文成(三一書房)／『古代史の謎知れば知るほど』黛弘道監修(実業之日本社)／『つくられた暴君と明君―隋の煬帝と唐の太宗―』布目潮(清水書院)／『世界の宗教と経典　総解説』(自由国民社)／『東方の光と影』高橋保行(春秋社)／『ばら戦争　装甲騎士の時代(オスプレイ・メンアットアームズ・シリーズ)』テレンス・ワイズ(新紀元社)／『中国重要人物１０１』井波律子編(新書館)／『ヴァイキングの世界』谷口幸男、遠藤紀勝(新潮社)／『アレクサンドロス大王〈上巻〉』ロビン・レイン・フォックス(青土社)／『[図説]　アステカ文明』リチャード・Ｆ・タウンゼント著、増田義郎監修、武井摩利訳(創元社)／『世界地図なら日本史と世界史がひと目でわかる！』武光誠監修(宝島社)／『大学受験のための世界史図説資料集』長澤和俊、野口洋二監修(帝国書院)／『図説イェルサレムの歴史』ダン・バハト著、高橋正男訳(東京書籍)／『新世紀図説　世界史のパサージュ』小川幸司監修(東京法令出版)／『図説　イギリス物語』クリストファー・ヒバート著、小池滋監訳、植松靖夫訳(東洋書林)／『女帝伝説(知ってるつもり?!３)』日本テレビ編(日本テレビ放送網)／『東ゴート興亡史』松谷健二(白水社)／『新版世界史事典』山崎宏、兼岩正夫編(評論社)／『面白すぎる歴史人物たちの旅２０話』前田良一(扶桑社)／『世界から見た日本の歴史38話』歴史教育者協議会(文英堂)／『世界大惨事事典』スチュワート＆ドリス・フレクスナー(北星堂書店)／『ノルマン民族の秘密』グスタフ・ファーバー(佑学社)／『縄文「ムラ」の考古学』川崎保編(雄山閣)／『考古学キーワード』安蒜政雄編(有斐閣)／『アンコール・ワットを読む』石澤良昭(連合出版)

著者紹介

歴史の読み方研究会

学校の授業や教科書からはなかなか見えてこない歴史の側面を探るべく結成されたグループ。通史の調査・情報収集のみならず、年表、系図、歴史的遺物などから、日々新しい読み方を提案している。

本文デザイン：小野寺勝弘（gmdesigning）
写 真 提 供：PIXTA、fotolia、Photolibrary

※本書はＰＨＰ研究所から刊行された『[図解]日本史と世界史 並列年表』（2007年８月刊）をカラー化し、再編集したものです。

見て楽しい！
[オールカラー図解] 日本史＆世界史並列年表

2016年８月５日　第１版第１刷発行
2023年９月26日　第１版第22刷発行

著　者：歴史の読み方研究会
発行者：永田貴之
発行所：株式会社PHP研究所
東京本部　〒135-8137　江東区豊洲5-6-52
ビジネス・教養出版部　☎03-3520-9615（編集）
普及部　☎03-3520-9630（販売）
京都本部　〒601-8411　京都市南区西九条北ノ内町11
PHP INTERFACE　https://www.php.co.jp/
組　版：gmdesigning
印刷所：大日本印刷株式会社
製本所：東京美術紙工協業組合

ISBN978-4-569-83126-8